中外经典文库

蒙田文选

李瑜青 主编

上海大学出版社
·上海·

图书在版编目(CIP)数据

蒙田文选 / 李瑜青主编. —上海：上海大学出版社，2023.2
(中外经典文库)
ISBN 978-7-5671-4578-8

Ⅰ.①蒙… Ⅱ.①李… Ⅲ.①蒙台涅(Montaigne, Michel Eyquem Seigneur de 1533-1592)—文集 Ⅳ.①B565.299-53

中国国家版本馆 CIP 数据核字(2023)第 023886 号

统　　筹　刘　强
责任编辑　颜颖颖
封面设计　柯国富
技术编辑　金　鑫　钱宇坤

中外经典文库
蒙田文选
李瑜青　主编
上海大学出版社出版发行
(上海市上大路 99 号　邮政编码 200444)
(https://www.shupress.cn　发行热线 021-66135112)
出版人　戴骏豪

*

南京展望文化发展有限公司排版
上海华教印务有限公司印刷　各地新华书店经销
开本 890mm×1240mm　1/32　印张 10　字数 233 千字
2023 年 2 月第 1 版　2023 年 2 月第 1 次印刷
ISBN 978-7-5671-4578-8/B·136　定价 48.00 元

版权所有　侵权必究
如发现本书有印装质量问题请与印刷厂质量科联系
联系电话：021-36393676

目录
CONTENTS

自命不凡 …… 001

论人的差别 …… 038

良心 …… 049

勇敢 …… 054

荣誉 …… 062

伟人 …… 078

论忧伤 …… 085

想象力 …… 089

论说谎 …… 096

论恐惧 …… 102

友谊 …… 106

论习俗 …… 121

论学究气 …… 139

书籍 …… 153

经验谈 …… 167

交谈 …… 224

论预言 …… 252

对孩子的教育 …… 257

相貌谈 …… 281

自命不凡

对荣誉的一种追求是夸大自己的长处。我们的自爱本能,使我们把自己看得比实际要高,就像爱情能使恋爱的人失去正常明晰的判断力,把他们所爱的人看得比实际情况更加完美一样。

我不是因为害怕犯这种错误而希望别人看轻自己。我并不希望大家把自己看得比实际上更糟。在任何情况下评价都应当是公正的,对自己的评价也应符合实际,是凯撒的话,那就大胆坦率地承认自己是世上最伟大的元帅。我们关心的不过是体面,体面弄得我们头晕目眩,使我们对事物的本质模糊不清,我们抓牢了树枝,却放弃了树干。女士们在提到一些事情时会感到羞耻,但她们去做这些事情时却毫不害羞;我们羞于说出我们某些器官的名称,但我们会不知羞耻地去使用这些器官干各种淫秽的勾当。体面不许我们说出合法正常的事情,对此我们完全服从;理智不让我们做出不合法不正常的事情,对此我们却不加理睬。体面的规矩在束缚我们的手脚,它既不让我们肯定自己,也不让我们否定自己,对此我们不必细说。

有些人因命运(如果你愿意,可以称为好命运或坏命运)而高高在上,他们可以用令人瞩目的行为来显示自己的为人。而一些平凡的人,如果他们自己不说就无人会谈起他们;要是他们大胆向

希望了解他们的人谈论自己,那也是情有可原的,在这方面卢齐利乌斯①是个榜样:

> 他像诉说给最忠实的朋友那样,
> 把他的隐秘诉说给他的著作——
> 他成功或失败的唯一倾听者。
> 这位老人的一生就这样描绘下来了,
> 就像写在还愿的板上一样。②

他在纸上记下了自己的所思所为,并根据自己的感觉把自己描写下来。卢齐利乌斯和斯考鲁斯并没有因此而受到怀疑,也没有因此而受到责难。③

我因此而想起,在我年幼时,别人就从我身上发觉某种我自己也难以说清的气质,显示出一种愚幻的自豪感。为此,我首先要说的是,我们生来就会具备某些特点与倾向,这是正常的。这些特点和倾向在我们身上根深蒂固,使我们无法察觉出。在这种自然特点和倾向的作用下,我们不知不觉地形成了某种习惯:意识到自己的美并以此而装腔作势。使亚历山大的脑袋稍稍倾向一侧;亚西比德说话有气无力、含含糊糊;凯撒用一个手指搔头,一副心事重重的模样;西塞罗有揉鼻子的习惯,似乎他生来就看不起人。这些动作都是不由自主地出现在我们身上的。还有一些动作是我们有意识做出的,如屈膝礼,通过它往往能得到不应有的名声,即被认为谦和有礼,有些人就因贪图虚名而装出谦逊的模样。我很喜

---

① 卢齐利乌斯(公元前148—前103),罗马诗人,讽刺诗的首创者。——译者注
② 原文为拉丁语,作者贺拉斯。——译者注
③ 原文为拉丁语,作者塔西佗。——译者注

欢脱帽礼,天热时更是这样,除了我的下人以外,不管什么人,只要他对我行这种礼,我都向他还礼。不过我还是希望某些王公贵族少行这种礼,即使要行这种礼也得审慎些,假如见到一个人就要脱帽行礼的话,那将起不到该礼节应有的作用。另外,这种礼节大众化的话,也会失去自己的作用。至于超乎寻常的举止,那就要提起罗马皇帝君士坦提乌斯一世的高傲气派。在大庭广众前,这位罗马皇帝总是保持着昂首挺胸的姿态,既不低头转身,也不去侧目观看站在路旁欢迎他的人群,他不吐痰,不擤鼻涕,也不擦汗水,即使在马车颠簸的时候,他的身体也纹丝不动。

我不知道我的那些习惯动作是否都是天生的,是否具有某种隐秘的倾向,其实这是很有可能的,我无法对自己身体方面的运动负责。但对于我心灵的活动,我想坦诚地说说自己的看法。

骄傲的原因有两个:一是对自己的评价太高,一是对别人的评价太低。关于第一个原因,我觉得首先应该注意一点,即我觉得有一种心灵迷失的压力。这种压力会使我感到难受,因为它毫无根据,并且对你纠缠不休。我尝试着减少这种压力,但终究不能完全消除它。原因是我总是贬低我所拥有的东西。这种感觉会使我过于离谱,就如同占有反而会使你轻视你所拥有的和支配的东西一样。在两部价值相同的著作中,我总是用更为严厉的眼光看待自己的作品,这并不是出于对完美的追求或创作出更优秀作品的愿望,而是像有的丈夫轻视自己的妻子,有的父亲轻视自己的孩子一样。那些异域风俗和语言对我有很大的吸引力,我对拉丁语产生的敬意超过了它应该得到的。我邻居的财产、房屋和马匹与我不差上下,但我却认为比我的更好,原因就是它们不属于我。特别是我完全不清楚自己能够做些什么,因此我欣赏其他所有人的自信心和对未来的乐观态度。我感到,我几乎什么都不懂,也不敢说我能做什么。我在事前和刚开始做时都看不清自己的能力,只有在自己做完之后才知晓,我对自己能力的了解,就像对初识的人了解他的能力一样陌生。特别是我不管做什么事情,心里都会十分紧张,并祈祷着自己走运。因此,我要是能胜任某件事情的话,那就得归功于自己的运气,而不是自己的能力。总的来说,我有个特点,在古代那些对人的评论中,我最易接受、最欢迎的是那些对我们最轻视、最贬低和最为侮辱的评论。据我的看法,哲学只有在阻止我们的骄傲和虚荣时,只有在真心实意地承认自己的无能和无知时,才能真正起到自己的作用。社会和个人谬误发生的根源就在于人对自己的评价过高。这些人骑在水星的本轮①上,观探宇宙的深处,真如同看牙病的庸医那样令人作呕。我是以人作为研究对象的,我看到关于人的观点是各式各样,走进去是困难重重,如同走进深不可测的迷宫——在这智慧的大本营里竟然有着如此之多的迷茫和矛盾。你完全可以认为,既然这些人无法了解自己以及自己的状况,既然他们不知道自己使其运动的东西如何运动,也不知道怎样来描写与解释他们拥有和使用的东西的作用,那我怎能相信他们所说的第八颗行星运行的原因以及尼罗河潮涨潮落的原因呢?《圣经》说,让大家产生对事物的好奇心,无疑是一种祸害。

我再回过来谈谈我自己。我发现,要找到一个对自己的评价较低的人,抑或找一个对我的评价低于我对自己的评价的人,是件颇有难度的事情。

我觉得自己是个平淡无奇的人,我和别人唯一的不同是,我很清楚地认识到自己的缺点,这些缺点比一般的缺点都要卑劣,但我

---

① 本轮是地心宇宙体系中行星运行线图。——译者注

既不想否定它们,也不想为它们辩护。我欣赏自己是因为我明白我自己的真实价值。

如果我看上去很骄傲,那也只是表面上的,是我心血来潮所致。这种骄傲是微不足道的,甚至不足以被我发现。

我不过是被它浇湿,而没有被它污染。

至于思想产物,不管它由什么构成,我可是从来也没有产生过能使我感到真正满意的东西,别人的赞誉也不会使我感到高兴。我的评判审慎而苛刻,在涉及我自己时更为如此。没有任何东西能使我的理智感到满意。即使我看得很清楚明白,当我着手工作之后,我的看法也会变得模糊不清,我在诗歌方面进行自己的新尝试时,这种情况就会变得更为明显。我对诗歌极其爱好,我对他人的诗作看得很明白,但当我自己动手写作时,却变得如孩子一般,无法忍受自己。在其他事情上你还可以做傻瓜,但在诗歌方面这是万万不可的。

> 神庙、公众和展览诗作的海报柱,
> 都不允许诗人处于平庸之中。①

这条警句最好写在所有出版商的出版铺前,让数量是如此之多的三流诗人驻足,因为,所有人都不如蹩脚的诗人那么自信。②

像下面所说的那样来看待诗歌的民族,如今何以不复存在?大狄奥尼西奥斯③对自己评价最高的就是他的诗歌,在举办奥林匹克运动会期间,他除了派出豪华马车以压倒其他马车之外,还派

---

① 原文为拉丁语,作者贺拉斯。——译者注
② 原文为拉丁语,作者马尔希埃。——译者注
③ 大狄奥尼西奥斯(约公元前430—前367),古希腊叙拉古僭主,在篡位后扩充权力,使叙拉古成为希腊本土以西的强大城邦。——译者注

出了诗人和乐师来为他的诗歌宣传,并让他们带去了只有帝王才能享用得起的金碧辉煌的营帐。当他的诗歌朗诵时,听众们开始还被他诗歌的华丽所吸引,但听下去后,觉得他的诗歌不过是些平庸之作,于是就对它蔑视起来,评论也越来越尖锐,到最后竟发起怒来,把他那些装饰豪华的营帐都推倒、扯坏。他那些漂亮马车也没能在比赛中获得任何出众的成绩,他派出的人在回去时乘坐的船因受暴风袭击而撞在塔点托附近的海岸上,撞得粉身碎骨。大家都认为这肯定是因为这蹩脚的诗歌触怒了神灵,在这次海难中生还的水手也持这种看法。

无独有偶的是,预言大狄奥尼西奥斯即将死去的神谕后来也得兑现。神谕认为,大狄奥尼西奥斯要是打败了比他更优秀的人,那他就死到临头了。大狄奥尼西奥斯错误地认为,神谕中所说的比他更优秀的人是比他强大的迦太基人,因此,在与他们作战时,他经常故意错过胜利的机会,以便使这个预言实现不了。但是,他错了,神指的是特殊的情况。后来他使用贿赂这种不光彩的手段,战胜了那些比他更有才气的悲剧诗人,在雅典上演了他的悲剧《莱内尼亚人》。取得这个胜利后不久,他就突然死了。有部分原因是他过于兴奋。

我觉得自己可以原宥的地方,并不是从它本身来看,也不是由于辩解的理由,而是与更糟的东西相比较而言,因为大家对这些东西都持赞同态度。我羡慕有些人的幸福,他们会因自己做的事情而感到愉快,感到满足。要愉快的话,那倒是一种很容易的办法,因为这种愉快你是从自我中得到的,假如你颇为自信的话,那就更是这样。我认识一位诗人,对于他,无论年老的还是年轻的,无论大家在一起时还是独自一人时都会叫喊,甚至上天和大地也在叫喊,叫喊他对诗歌的糟蹋。但他还是一如既往地做自己的事情,走自己的路,并且不停地加工修改,毫不懈怠。他对自己的看法是如此的坚定不移。而我,非但不会对我的那些作品感到高兴,而且每次看见它们时,还会感到恼怒:

> 我重新读到它们时,看到其中的许多段落,
> 连我自己也觉得应该删除。①

我的内心总有一种想法,另外隐隐约约地似乎还有一种模式,我感到这种模式比我现在使用的要好,但这些都恍如梦中一般,我无法捉摸,更无法加以使用。事实上,这种想法如与古代那些伟大而丰富的精神产物相比,也不算怎么高明。那些作品不仅使我感到满意,感到充实,而且使我感到惊奇,不由得加以赞美。我对它们的这种美,即使不能完全感受到,也至少能看到我不可能达到如此水平。不管我做什么,都奉行为美惠女神作出牺牲的原则,以便博得她们的青睐(正如普鲁塔克在谈到一个人②时所说的那样),

> 因为能使人喜爱的一切,
> 能使凡人感官愉悦的一切,
> 都应归功于可爱的美惠女神。③

我是一直被这些女神抛弃的,我写的一切都很粗糙,缺乏雅和美;我不能把事物描写得超乎它本身的价值;我的加工不会妙笔生花,使那些素材增色添彩。因此,我用的素材要有更好的质量,能给人以印象,能自己发出光彩。我用既朴实又引人入胜的方式来处理题材,是出于个人的爱好,我不喜欢迂腐和阴郁的想法,虽然

---

① 原文为拉丁语,作者奥维德。——译者注
② 指色诺克拉底。——译者注
③ 原文为拉丁语,作者不详。——译者注

全世界都沉溺于其中。我不是为使我作品的风格变得轻松活泼才这样做的,因为我的风格其实更适用于严肃题材。我不会取悦于任何人,也不会唤起他人的想象力——世界上最好的故事到了我这里也会变得枯燥乏味。我只会谈论我事先考虑过的事情,我完全没有我的众多同行所具有的那些本领,即善于和刚相识的人交谈,让大家听得全神贯注,再有就是不厌其烦地讲述各类事情,使一位大人物听得津津有味。他们即使这样夸夸其谈,也从不会感到缺乏话题,因为他们善于抓住偶然间想到的话题,并使其适合与之交谈的人的口味。那些大人物是不喜欢严肃的话题的,而我却不爱讲有趣的故事。首先想到,也是最容易想出的理由往往是最具有说服力的,而我却不会好好利用,这说明我不善于对公众讲话。无论我谈到什么题材,我总想说出我所知道的最不简单的东西。西塞罗认为,在哲学论著中,最难的部分是引言。不管他说得正确与否,我觉得最难的还是结论。

一般来说,应善于用琴弦调出各式各样的音调。最高的音是演奏时用的最少的音。要举起轻物,至少要有不让重物掉落下来所必需的协调性。有时只要轻触事物的表面,有时则要求鞭辟入里。我很清楚,大部分人都处于低级的层次,只是从事物的表面去认识事物;但我也知道,像色诺芬和柏拉图这样最了不起的大师往往俯就屈尊,用大众化的方式来讲话和讨论,并用他们特有的优雅来为之点缀。

不过,我的语言既不是通俗的,也不是优雅的,而是又尖锐又倨傲,其体裁自由,不受什么规则的约束。我喜欢这种语言,可能是出于我的嗜好。但我也清楚地感到,我有时在这方面走得过远,我想要避免装腔作势和矫揉造作,却不小心走到了另一个极端。

> 我想要简洁,
> 却变得晦涩。①

柏拉图曾说过,长或短都不能使语言增色或失色。每当我想要模仿另一种匀称整齐的风格时,都会遭致失败。此外,我虽更喜欢萨卢斯特的节奏感,却始终认为凯撒更伟大,更难以仿照;我个人的爱好使我更想模仿塞涅卡的风格,但也不妨碍我更赞赏普鲁塔克的风格。无论在行动中还是讲话时,我都是顺其自然,因此,我说话可能要比写作来得好。运动和活动会使话语变得生机勃勃,对那些会突然兴奋——比如我——和激动的人来说尤其是这样。举止、容貌、声音、衣服和心境会使物体具有它们本没有的价值,甚至连唠叨不止的废话也可能会这样。梅萨拉②在塔西佗家里埋怨他所处的那个时代的紧身服装,也埋怨演讲的讲台会使演讲受到束缚。

我的法语在发音和其他方面受到了我出生地区的影响。在我们这个地区,我认识的人都吐字不清,正宗的法国人听起来很不顺耳。这并不是说我对佩里戈尔方言掌握得很好,我对这种方言的掌握还不如德语来得好,对此我决不会引以为豪。这种方言就和其他方言一样,如普瓦图方言、圣通日方言、昂古莱姆方言、利摩赞方言和奥弗涅方言,听上去有气无力,啰里啰唆。在比我们这里高的靠近高山的地区,有一种加斯科尼方言,我觉得这种方言特别美,它既简洁明了,又意味深长;既刚劲有力,比我知道的任何一种方言都更具阳刚之气和尚武精神,又显得恰如其分,犹如法语既优

---

① 原文为拉丁语,作者贺拉斯。——译者注
② 梅萨拉(公元前64—前13),罗马政治家、军事统帅、作家和演说家。——译者注

雅细腻,又丰富多彩一样。

至于拉丁语,它实际上是我的母语,但由于我不再把它作为活的语言,因此我已不能像过去那样流利地讲这种语言,或用这种语言进行写作。而过去,我对这种语言的掌握十分出色,曾被人称为老师,现在我已是一钱不值。

美在人类的关系中是一种伟大的力量,最能使人相互吸引,即使是一个极其粗鄙、阴郁的人,也不会对美无动于衷。身体在我们的存在中占有极其重要的位置,对它的构造和特点也理所当然地受到特别的重视。谁要是想把我们身体的两个主要部分分开,谁就犯了错误。相反,应该把它们紧紧地连在一起,使它们成为一个整体。必须让我们的灵魂不要待在一旁,不要蔑视和抛弃我们的身体(有时它因为可笑的装腔作势而这样做),而是要与身体紧紧地结合在一起,拥抱它,喜欢它,帮助它,保护它,为它出主意,引导它走正路,总之是要与它成亲,成为它的丈夫,以便使彼此的行为协调一致,而不要产生矛盾。基督教教徒们特别明白这种联系,因为他们知道神灵是赞成肉体和灵魂的这种结合的,肉体必然和灵魂一同受苦或享福。他们也知道,上帝看着每个人所做的一切事情,并希望人根据自己的所作所为得到奖赏或惩罚。

在所有的哲学学派中,逍遥派最为人道。该学派认为明智的举动是为这两个部分的结合体造福。其学者认为,其他学派对这种共存现象的研究不够深入,有的学派过于重视肉体,有的学派过于重视灵魂,但都犯了同样的片面性错误,即忽视了他们的研究客体——人。他们认为,引导他们研究的是大自然。

对人进行区别的首要标准,使一部分人优于另一部分人的首要条件,很有可能就是美貌。

> 他们分了土地，
> 根据每人的容貌、体力和智力进行分配，
> 容貌很重要，体力亦重视。①

然而，我的身材是中等偏低的。这一缺陷不仅有损于外观，而且对担任统帅和高级职位的人来说，还会带来种种不便之处，因为外貌的美和高大的身材所表现出来的威望，是决不能等闲视之的。

马略不爱会见身高低于六尺的士兵。《侍臣论》②希望贵族最好是中等身材，并且不希望他身材突出得受人指点，这不是没有道理的。但是，假如非得要做出选择的话，那我认为对一个军人来说，中等以上的身材要比中等以下的身材更好。

亚里士多德说身材矮小的人可爱而不漂亮；身材高大的人能让人看到高贵的心灵，就像其高大的身躯显得美一样。

他又说，埃塞俄比亚人和印度人在选择自己的国王和行政长官时，要看人的容貌是否美丽，身材是否高大。他认为，他们这样做是对的，因为一支军队的将帅如果长得很英俊威武，他的部下就容易对他产生敬仰之情，他的敌人也容易感到害怕。

> 在第一排走着图努斯，
> 他手握武器，威风凛凛，
> 比周围的人高出一头。③

我们伟大天主的每一思想，我们都应认真、虔诚和崇敬地去接受，天主也没有忽视肉体之美：你比世人更美。④

---

① 原文为拉丁语，作者卢克莱修。——译者注
② 《侍臣论》为意大利外交官、侍臣卡斯蒂利奥内（1478—1529）的名作。——译者注
③ 原文为拉丁语，作者维吉尔。——译者注
④ 原文为拉丁语，来源于《圣经·诗篇》第45篇。——译者注

柏拉图要求他共和国的官员们除了节制和坚强之外,还需要有堂堂的外表。

倘若有人看到你在你的下人中间,问你:"你的先生在哪里?"倘若有人对你的理发师或秘书表现得很热情,对你却很冷淡,那一定会使你很难堪,菲洛皮门①就遇到过这类事情。有一天他应邀去做客,因去得比他的随行人员要早,主人又不认识他,见他长得丑陋,就叫他去帮女仆提水以及把炉子里的火拨旺,以便接待菲洛皮门。他的随行人员到达后,看到他在干这种活,就问他在干什么,他回答说:"我在为我的丑陋付代价。"

对女人来说,身体各部分的美都是需要的;而对男人来说,唯一需要的美便是身材的美。倘若身材矮小,即使前额宽大饱满,眼光柔和,鼻子形状优美,耳朵、嘴巴长得小巧玲珑,牙齿整齐洁白,胡子漂亮划一,脸庞圆润,脸上容光焕发,神情优雅,四肢匀称,身上没有难闻的气味,那也不能算是一个漂亮的男子。

在其他方面,我身体结实,身材矮壮,脸并不肥胖,但很饱满,我的性格处于开朗和忧郁之间,一半活泼一半暴躁。我双腿和胸部都长满了毛,②身体很好,精力充沛,很少生病,我以前一直这样,但现在已年过四十,已进入通往老年的道路,因此我不敢再认为自己仍然如此。

> 青春的力量和生气在悄悄地消去,
> 年龄的增长使它们消退。③

从此以后,我只有半条命,我不再完全是我自己,我每天都在

---

① 菲洛皮门(约公元前252—前182),亚该亚联盟的将军。——译者注
② 原文为拉丁语,作者马尔希埃。——译者注
③ 原文为拉丁语,作者卢克莱修。——译者注

离我而去,都在逃避我自己。

> 我们的财富,
> 被流逝的岁月一件件地抢走。①

至于敏捷和机灵,我以前并未有过。我的父亲精力旺盛,而且直到晚年仍十分活跃。② 在与他地位相似的人中间,还没有谁能在体育运动方面达到他的水平,就像无人能在这方面超过我一样,除赛跑之外(我赛跑属中等水平)。在音乐方面,唱歌、演奏我都不擅长,别人在我这里学不到什么东西。对于舞蹈、网球和摔跤,我只知道一些皮毛。游泳、击剑、马术和跳跃,我更是一窍不通。我相当笨拙,写出的东西连自己都不满意,因此对写的一些东西,我宁愿重新写过,也不愿花力气进行修改,即使这样我朗读起来感觉还是不好,总觉得我的东西不能使听众感到满意。反正我什么都不在行:不会正确地把信封好,不会修剪羽笔,不会正确使用餐刀,不会给马套上鞍辔,不会用手抓住猎鹰并把它放出去,也不会与狗、猎鹰和马匹谈话。

总的来讲,我的身体状况和我的精神状况相一致,丝毫没有灵活性,而只有刚强和坚定。我吃得起苦,但我只在我认为有这个必要的时候,才会心甘情愿地去吃苦。

> 工作伴随着乐趣,
> 才会使人忘记疲劳。③

换句话说,假如我不是受到某种乐趣的吸引,假如不是我的意愿的引导,我会变得毫无价值,因为除了健康和生命以外,世界上

---

① 原文为拉丁语,作者贺拉斯。——译者注
② 作者的父亲一直活到 72 岁。——译者注
③ 原文为拉丁语,作者贺拉斯。——译者注

再也没有什么东西能让我去损坏自己的指甲,会让我用精神与肉体痛苦的代价去换取,甚至

> 我不想用这个代价来获得
> 特茹河流向大海的沙砾中的所有黄金。①

我十分懒散,十分喜好自由,这出于我的个性,也出于我的信念。我宁可让自己流血,也不愿去多费心思。

我的精神只属于我自己,并且向来是我行我素。我至今还没有过指挥官和强加于我的主子,我走自己的路是畅通无阻的,而且总是用自己喜欢的步伐走。这使我变得娇气,不会侍候别人,只能适用于自己。对我来说,没有必要去改变自己迟缓懒散和喜好清闲的性格,因为我从出生起就十分幸福,以后也一直这样,并清楚地觉得,可以这样保持下去,因此我没有去追求任何东西,也没有得到过任何东西。

> 顺风没有把我的船帆鼓起,
> 逆风也没有阻挠我的船行驶。
> 在力量、才能、美貌、德行、出身和财产方面,
> 我在一流中排在末位,但在末流中却排在首位。②

我需要的只有一点,就是对自己的命运感到满意,也就是要处在某种精神状态中。说实话,无论一个人处于哪种地位,要具备这种精神状态还是十分困难的。实际上,穷人要比富人更容易具有这种精神状态,其原因是发财的欲望与我们其他一切癖好一样,在尝到甜头之后会变得比以前更加强烈;此外,节制的美德要比忍耐

---

① 原文为拉丁语,作者尤维纳利斯。——译者注
② 原文为拉丁语,作者贺拉斯。——译者注

的美德更为罕见。而我,只需慢慢地享受天主慷慨大方的赠予就足够了。我从没有做过任何繁重的工作,我做的几乎都是自己的事情。假如我有时也为他人做点事,那也是有一定的条件,即是在我认为合适的时间,并且是以我自己的方式来做;还有,请我做事的人要信任我,了解我,并且不来催促我。要知道有本领的人能让脾气倔犟或患病的马为自己干活。

我的童年是在宽和自在的环境下度过的,没有受过严格的约束,这些都使我养成温和与易于动摇的性格。别人不在我家里谈我的损失和弱点,不触及我的痛处,对此我一直感到欣慰。我因漫不经心而在我的开销中增加了仆役们食宿和工资的钱款——

> 一定是这笔多余的钱,
> 逃过了主人的眼睛,成了贼的外快。①

但我没有去算账,我不想对我的损失有确切的感觉。与我共同生活的人非但没有感激我,反而对我进行欺骗,这时我就请他们装出对我的感激模样。我的坚韧性不够,不能忍受所遇到的麻烦,也不能一直集中精力处理好自己的事情,因此在一切顺从命运的同时,我尽可能地确立这样一种原则,即在任何事情上都做最坏的打算,并准备着用耐心平和的心境来承受这最坏的打击。我要努力做的只有这一点,这也是我议论的结果。

当我遇到危险时,我并不是想着怎样躲开它,而是考虑我有没有必要去躲开它。即使碰上危险了,那又怎么样呢?我既然不能对事件产生影响,那就去影响我自己;我既然无法让事件跟从我走,那我就跟从事件走。我不能巧妙地驾驭命运,不能躲避命运的

---

① 原文为拉丁语,作者贺拉斯。——译者注

袭击，更不能迫使命运为我效劳；我从来没有很好地处理过自己的事情，更不会为此耐心地去干艰辛的工作。对我来说，最难受的就是看见事情摆在那里，要把我压得喘不过气来，并且让我在担心和希望之间摇摆不定。翻来覆去地考虑一件事，哪怕是件微不足道的小事，也会使我感到厌倦。我知道，我的思想不能忍受因怀疑和犹豫而引起的各种动荡不安，却能在适当的时机做出某种决定。任何无足轻重的思虑都会影响我的睡眠，却很少有癖好打扰过我的睡眠，正如我走路不喜欢走道路两旁倾斜发滑的地方，而喜欢走中间的车马道，虽然这部分道路满是泥泞又坑坑洼洼，但却比较安全，走路不会走到沟里去。同样，我喜欢显而易见的不幸，因为它们不会冷不防地把我一下子推进痛苦中去，正如塞涅卡所说的：不能肯定的坏事对我们的折磨最大。①

对于不幸，我会像男子汉那样去对待，对于其他有些事情，我却表现得像孩子一样，比如，对下台的畏惧就要比这一打击本身更使我着急不安，这真可谓得不偿失！

在生活中我们还可以看到，守财的富人因爱财而遭受的折磨往往要比穷人更严重；爱妒忌的丈夫因爱情而遭受的折磨往往要比戴了绿帽子却仍蒙在鼓里的丈夫更严重；为葡萄园去打官司所遭受的损失要比失去葡萄园更多。楼梯最低的一级是最牢固的，它是整个楼梯稳固的基础，你站在上面，丝毫不用担心，它牢牢地在那里，支撑着楼梯的上面部分。下面这个故事说的是一位贵族，有多少人知道，这个故事是否蕴含着某种哲理？故事说的这位贵族从年轻时就不务正业，并且能说会道，喜开玩笑。在他年纪不轻的时候，有一次他想起戴绿帽子这个话题能使他谈论和嘲弄别人，

---

① 原文为拉丁语。——译者注

又不会被别人嘲笑,于是就在每个人只要拿出钱来就能找到女人的地方娶了一位女子作妻子。这一对夫妇见面时是这样打招呼的:"你好,婊子!""你好,王八!"他在家里与客人们谈得最多和最公开的话题就是他为什么要娶这个女子。结果是,别人再也不在背后议论他,即使对他有所责备,也不是尖锐的。

至于贪图功名,它与自命不凡是很接近的,确切地说,是自命不凡的产物。我对此是不会产生什么欲望的,除非让命运女神跑过来使劲抓住我的手,因为我是不会为不可靠的希望去操心,不会去做各种辛劳的工作,而不管什么人要想提高自己的名誉,在开始时总要从事些艰苦的工作,我不会用这样的价钱去买希望。①

我喜欢看得见摸得着的东西,我永远不会驶离我的港口,我是:

一把桨劈开波浪,
一把桨触及沙滩。②

此外,事情要有所进展的话,首先得把自己的财产抵押出去,否则就很难获得成功。我的看法是,倘若你有足够的财产,足以使你保持你出生和成长时的生活条件,那么,你为增加自己的财富,而在没有把握的情况下献出你的财富,这无疑是件十分荒唐的事情。要是命运不让他待在某个地方过平静的生活,那他用自己的财产去冒险是情有可原的,因为他别无选择。

在逆境中,必须选择冒险的道路。③

---

① 原文为拉丁语,作者泰伦斯。——译者注
② 原文为拉丁语,作者为罗马诗人普罗佩提乌斯(公元前 47—前15)。——译者注
③ 原文为拉丁语,作者塞涅卡。——译者注

因此,我宁可宽宥把自己继承来的遗产到处乱花的幼子,也不宽宥追求家族声誉的长子,因为他会使他的家族破产。

我在从前的好友的帮助下,找到了一条捷径,这条捷径是最容易走的,即摆脱追求功名的欲望,过宁静的生活。我知道:

> 要得到美好的棕榈枝,
> 身上就会沾满灰尘。①

我十分了解自己的力量,并且知道凭这点力量是做不了什么大事的。我还记得已故的掌玺大臣奥利维埃的话,他说,法国人就像猴子一样,它们在树上不断地往上爬,从一根树枝爬上另一根树枝,直到爬上最高的树枝,然后就把自己的屁股给别的猴子看。

> 把顶不住的重物放在自己的头上太不光彩,
> 因为膝盖很快就会发软,只得又把重物放下。②

我身上的那些难以指责的品性,在如今这样的时代是毫无用处。我生性随和,却被人认为是生性软弱;我对上帝的信仰和真挚的个性会被人看作是迷信和谨小慎微;直率自由的个性也被人认为是胆大妄为。不过,塞翁失马,焉知祸福,生长在道德沦丧的时代并非都是坏事,因为与他人一比较的话,那你不用花功夫就会被认为是有道德的人。要知道,在我们现在这个时代,只要不谋害父母,不亵渎神灵,就是个诚实正派的人。

> 如今一位朋友不否认你的钱存放在他那里,
> 他能把你的旧钱包还给你,
> 里面还放着那些带铜绿的硬币,

---

① 原文为拉丁语,作者贺拉斯。——译者注
② 原文为拉丁语,作者普罗佩提乌斯。——译者注

> 这样的忠诚可信简直可以说是奇迹,
> 值得记载在伊特鲁立亚人的古老文籍上,
> 并且应该杀一只头上戴花环的羊来进行祭奉。①

从前,无论在何地,国君们都从没有因自己宽仁和公正而得到这样的肯定,这样巨大的感激。他们中首先想出用这样的办法来博得公众爱戴和信任的人,一定会大大超过其他一些国君(假如我没有搞错的话)。力量有某种用处,但不是万能的。

我们可以看到,商人、村级审判员和手工业者在勇敢和军事才识方面一点也不比贵族逊色,无论在群体战斗还是个人搏击中,他们都表现得英勇无畏,并在我们现在的内战中保卫了我们的城市。而在这样的动乱中,君主头上的荣誉光环却黯然失色,但愿他放出人道、真诚、正直、节制,还有最重要的,就是正义的光辉——在如今的年代,这些品行十分罕见,而且无人知晓,不受欢迎——只有民众才能使他做大事,而其他所有品行都不能使他获得民众的拥护爱戴,因为这些品行要比其他品行有用得多。所有东西都比不上仁慈那样深入人心。②

与我们同时代的人相比,我觉得自己十分伟大、不同凡响,但与过去某些世纪的人相比,我觉得自己十分平凡,甚至微不足道。在那些世纪里,稳重的人渴望复仇,怯弱的人对别人的污辱耿耿于怀,虔诚的人信守自己的诺言,没有人口是心非,没有人随机应变,没有人让自己的看法服从于别人的意志或变幻无常的情况,这些都是习以为常的事情。我宁可自己所有的事情都遭致失败,也不愿放弃自己的信念以求事情的成功,因为我对如今十分入时的虚

---

① 原文为拉丁语,作者尤维纳利斯。——译者注
② 原文为拉丁语,作者西塞罗。——译者注

伪的美德深恶痛绝,在所有的恶习中,我觉得没有一种比它更卑鄙,更无耻。这种卑躬屈膝的恶习,是用一种假面具来伪装打扮自己,而不让别人看见自己的真实面目。现在,我们这个时代的人已学会了背信弃义,他们不得不说假话,说过的话也不讲信用,而且也不会遭到良心的谴责。心灵高尚的人不会掩饰自己的思想,而是敞开自己的心扉,让人看到自己的心灵深处,他至少可以说是一切都充满了人情味。

亚里士多德认为,心灵的高尚之处在于能同时公开说出自己的爱和恨,能十分坦诚地评论和说出各种事情,能为了真理而不顾别人的赞成或反对。

阿珀洛尼厄斯说,说谎是奴隶们做的事情,说实话才是自由人做的事。

这些都是美德的首要和基本的部分。为了美德必须爱美德。有人说真话,是因为他出于某些原因不得不这样做,或是因为这样对他更有利,在无关紧要的情况下说实话的人不能算作很诚实的人。我的心灵没有说谎的嗜好,甚至一想到说谎就会恶心。

我有一种廉耻之心,假如我说了谎话,我的良心就会备受折磨。我有时也说谎话,那是在我遇到意外,无法进行仔细辨析的情况下说的。

不需要在任何时候都把自己的想法和盘托出,这样做是愚蠢的,但你说的话都应该是真实的,否则就是别有用心。我不知道那些没完没了地在说谎和弄虚作假的人究竟想获得什么好处,依我看,他们唯一能获得的好处,就是他们即使讲了实话,大家也不会信任他们。谎话只能欺骗别人一次两次,把弄虚作假变成自己的习惯并以此为荣,如同我们的某些君王所做的那样——他们说,假如他们的衬衫知道了他们的真实意图,他们就把它扔进火里(这是古代马其顿的梅特卢斯说的),还说谁不会弄虚作假,谁就不会统治——这就等于是事先告诉与他们打交道的人:他们嘴里的话都是谎话,都是不可信的。倘若失去了诚实的名声,那么人越是聪颖机智,就越是可恶、可疑。① 对于提比略那样表里不一的人,假如真有人轻信他的话,那这人的头脑就太简单了。既然这些人所说的话人们都不相信,那我不明白他们在与别人交往时究竟指望些什么。

谁对真理不诚实,谁对谎话也不诚实。

在我们这个时代,有些人在评论某位君王时,只谈论他在处理国家事务时获得的利益,而忽视了他为维护自己的信义和良心而做的努力。这些人也许会说出一些道理来,但他们的意见只适合于用背信弃义的方法来处理事物的君王。而实际上,君王们常常会使用这种方法去媾和或缔结条约。利益使他们做出第一件背信弃义的事(利益总是使人做坏事,如渎圣、凶杀、叛乱、背叛等等),但这第一次获利却给他带来了难以计数的损害。因背信弃义,这位君王失去了与其他君王的良好关系,并再也无法与他们达成相一致的意见。苏莱曼②是奥斯曼帝国的苏丹,他是不怎么信守诺言和遵守条约的。在我童年的时候③,他带兵来到奥特朗托海峡,得知梅尔库里诺·德·格拉蒂纳尔和卡斯特罗的居民在交出这个要塞投降后,被当作俘虏关押了起来,这是违反他们投降的条件的,便命令把他们都释放了,因为他还想在这个地区再做几件大事,若不守诺言,将会给他带来很坏的名声,使大家不再信任他,从而造成无法估计的损失。

---

① 原文为拉丁语,作者西塞罗。——译者注
② 指苏莱曼一世(1494—1566)。——译者注
③ 指1537年。——译者注

从我这方面来讲，我宁愿当个让人讨厌的快人快语的人，也不愿做一个阿谀奉承、阴险狡猾的人。

我承认，一个人表现得如此坦诚和率真，而不去考虑别人的情面，可能也掺杂着某种倨傲和倔强的因素，因此我感到，我是在不该自由自在的地方自由自在，但如果非要我循规蹈矩，那就会使我感到难受。此外，由于我的单纯，即使在这种情况下，我也可能会按自己的本能行事。我在和那些大人物交往时，言谈举止也都无拘无束，就像与亲人朋友在一起时一样，虽然我感到这样做过于冒失和失礼，但我生来就如此。除此之外，我的头脑也不够机灵，不能对某些问题做婉转的回答，或巧妙地避开这些问题；我也不会编造事实（我的记性不太好，记不住这一点是不是我自己编造的，也没有足够的信心来肯定这一事实）。总之，我因懦弱而勇敢，也因此而顺其自然，想什么就说什么，我这样做既符合我的性格，也符合我的推理——我想让命运来安排我。

阿里斯蒂帕斯说，他从哲学中得到的主要恩惠，是学会了毫不拘束地、坦诚地与任何人交谈。

记忆力是一种很有用的工具，如果没有这种工具，那我们就无法进行判断。然而，我的记忆力却很不好，假如有人想对我说些什么，那就得一部分一部分地说，因为要对一大段包括许多部分的话进行回答，我就显得无能为力；有些内容要是不记录下来，我就无法去完成一项工作；假如我要发表长篇宏论，那我只好可怜巴巴地把我要说的每一个词都背下来，否则，我就不会有得体的举止和应有的自信，因为我总是担心我的坏记性会出我的丑。不过，使用这种方法对我来说也不轻松，背三行诗，得要三个小时的时间；此外，假如涉及到我自己的作品，我虽然有权更改其中的次序，替换其中的词汇，增添新的内容，但这样却使作品的内容更难记住。我越对自己的记忆力缺乏信心,就越是记不清楚,当我忘记自己的记忆能力时,记忆反倒好起来了。因此,我只好漫不经心地求助于它,因为我如果逼迫它的话,那它就会摇晃不定,它一摇晃不定,我就愈加催促它,它也愈加混乱。它是在它高兴的时候才为我效劳,而不是在我需要的时候。

我在记忆力方面的这种问题,在其他许多方面也有。我对别人的指挥和约束往往不能忍受,并且不想承担义务。我轻而易举能做的事,要是硬逼着自己去做,也会变得不会做了。我的身体也是这样,当我要我的四肢在确定的地点和时间为我效劳时,它们也会不听从我的命令,可能是这种强横的命令使它们感到憎恶,它们因此而倦怠起来,变得麻木迟重。有一次,我去某地聚会,在那个地方,别人请你喝酒你不喝,会被看成失礼,虽说大家让我随便,我还是想按当地的习惯,做一个表现良好的酒友,尽量让那些参加聚会的女士满意。然而这时出现了颇为有趣的情况,失礼的危险以及要我不顾自己的习惯和酒量去狂饮的做法使我的喉咙被堵住了,我一滴酒都喝不下去,连我平时吃饭时要喝的酒也没有喝,我因想象中的狂饮而感到自己已喝得酩酊大醉。人的想象力愈是丰富,这种感觉就愈是鲜明,不过这也是很自然的事情,每个人都有此感受。有位优秀的弓箭手被判处死刑,但给了他一个免死的条件,即显示他精湛超群的射箭技术,然而他却不愿一试,原因是他担心自己过于紧张,手会发抖,这样,他非但挽救不了自己的生命,还会丧失优秀射手的名声。一个人假如一直在同一地方散步,那他即使陷入了沉思,也会用同样大小的步伐和同样多的步数来走完同样的路线。然而,一旦他注意自己的步伐大小并计算脚步时,那他就会发现,他越是竭尽全力,越是做不出他在无意中自然而然地做出的事情。

我的书房位于我住宅的边端,在村里可以说是最美的书房之一。当我要到那里查阅或撰写什么时,我总怕一穿过院子就忘记自己在那儿干什么,只得把自己的打算先告诉某个仆人。我在讲话时只要稍稍偏离自己的思路,就不会再返回来,也正是这个原因,我的谈话显得枯燥、不紧凑,颇为拘束。对于侍候我的仆人,我是用他们的职务或出生地点的名称来称呼他们,因为我很难记住他们的名字,而且那些名字有三个音节,不管它以什么字母开头或结尾,叫起来总不好听。不过,我要是活得长久些,相信我不会像有些人那样连自己的姓名都忘掉:梅萨拉·科尔维努斯已经整整两年完全失去了记忆,听说特拉布松的乔治也如此。我经常在想,这些人究竟过的是怎样的生活呢?假如我也成了失去记忆的人,我能否过上还勉强可以将就的生活?这个问题一想下去,我就不由得害怕起来,担心这种恶疾发展到后来,会使精神活动全部丧尽。记忆不仅包含着哲学,而且还包含着所有的科学及其运用。①

> 我四周都是洞,
> 　到处都在流淌。②

不管西塞罗说了些什么话③,我还是不止一次地忘记自己的钱包放在哪里,还忘记自己在三小时前传出或接到的口信,我使自己失去了自己特别珍惜的东西。记忆是知识的贮存器,由于我的记忆极差,我知识不多,但也无须抱怨。一般来讲,我知道所有科学的名称及其研究对象,对其他东西我是一无所知。我翻阅书本,并不是为了对它们进行研究,如果说还有什么东西留在我的头脑

---

① 原文为拉丁语,作者西塞罗。——译者注
② 原文为拉丁语,作者泰伦斯。——译者注
③ 西塞罗曾说,老人总是忘记自己钱包放在哪里。——译者注

里的话，那我也已记不得这是其他人的东西，我从中得到的唯一好处，是获得了推理和想象的能力，至于其他什么作者、地名和词汇等，我很快就会忘记掉。

我遗忘的能力达到无与伦比的程度，连我自己写的东西也会遗忘得一干二净。别人常常把我写的东西拿去作引证，但我却没有发现。假如这时有人问我这些援引的为数不少的诗句和例证出于何处，我十有八九地会干瞪眼。我引证的东西往往是从杰出人士那里乞讨来的，因为我不满足于他们的慷慨大方，而是希望他们出自富裕与体面的施舍，明智与权威总是结合在一起的。因此，我的书分享着我读过的其他书籍的命运，我的记忆既忘记我写过的东西也忘记我读过的东西，既忘记我给予的东西也忘记别人给予我的东西，这一点也不奇怪。

除了记忆力差之外，我还有不少缺点，这些缺点使我越发变得无知。我头脑迟钝，稍有遮掩就会使我看不清事物真相。因此，即使是最容易解开的谜，我也不要求自己去解开。任何一件事只要须动点脑筋，就能把我难住。对于要动脑筋的游戏，诸如国际象棋、国际跳棋、纸牌游戏等，我只知道最基本的游戏方法。我对事物领会得很慢，又不清楚，然而只要我一领会，我就会将它完全把握住，并会从各方面深入确切地理解它。我目光敏锐、清晰、全面，但很容易在工作中产生厌烦情绪，并因此而产生其他问题。正因为如此，我不能长时间地与书本打交道，只得向别人求助。小普林尼会告诉在这方面没有经验的人[①]，对于从事这类工作的人来说，越过这个障碍是多么重要。

[①] 小普林尼曾回忆说，大普林尼使用一名朗读者和一名秘书来摘录书中的语句和做笔记。——译者注

人不论多么低贱和粗鄙，都会表现出某种特殊的才能；人的才能不管埋藏得多深，都会在某个方面表露出来。也许一个人对大多数事情都表现得视而不见、听而不闻，却会对某件事物十分关心，并且兴趣盎然，观察入微。有些思路开阔、好奇心强、能融会贯通的人，即使他们文化程度不高，也有可能成为知识渊博的人。我说这些不是为了别的，而是为了责备我自己，因为由于我缺乏毅力和过于漫不经心（漫不经心地对待我们脚下、我们手中以及与我们日常生活有直接关系的一切，使我经常责备自己），而变得一无长处，对十分平常的事物都毫不知晓，而这又是一种耻辱。我想举几个例子来予以证明。

　　我生在农村，长在农村，看到过各种各样的农活。自从当时的财产拥有者让位于我之后，我开始掌管这里的事务和产业。然而，我既不会用筹码计算，也不会用笔来计算；大部分的钱币我都不认识；有些相似的农作物也分不清楚。另外，我叫不出主要农具的名称，也不懂得连小孩子都知道的农业常识，也不会驯鸟和医治牲口的疾病，更不了解机械技术、商业知识以及水果、酒和肉的种类和特点。要丢脸就丢到底，在不到一个月之前，有人戳穿我不知道做面包时要用酵母干什么，也不知道葡萄酒发酵是什么意思。在古代雅典，人们认为能把荆棘巧妙地放好并捆起来的人具有数学的才能，由此，人们可以对我得出完全相反的结论：即使为我准备了一厨房未烹调过的食品，我也会挨饿。

　　我坦率地说出这些缺点，人们还可以从中想象我的其他缺点。然而，不管我把自己描绘成什么样的人，只要符合实际，那我就达到了自己的目的。我大胆写下如此微不足道、无足轻重的事情，而又没有道歉，唯一的理由还是微不足道。有人要指责我的计划，我当然是悉听尊便，但我不想被人指责我完成这一计划的方法。不管怎样,我也能清楚地看到我所说的是一些毫无价值的废话,也看出我计划的荒谬性。这也说明,我的判断力——这些文字就是它的产物——还没有走到山穷水尽的地步。

> 愿您有最好的嗅觉,
> 让您的鼻子高得连阿特拉斯①都不想要,
> 让您用自己的玩笑使拉丁努斯②大吃一惊,
> 对于这些小事,您不能说得比我说过的更坏。
> 咬牙切齿有什么用?
> 要有肉吃才能填饱肚子。
> 您别再浪费力气了:
> 在这里您找不着自己的食物,
> 还是把您的恶言留给自以为是的人吧!③

我并不是不能说蠢话,只要我不弄错蠢话的真正价值;而有意弄错,对我来说又是司空见惯的事。我只有这一点会搞错,即我从来不会因偶然原因而搞错。把愚笨的行为归咎于我冒失的个性,这并不是大不了的事情,从一般来讲,我不能阻止自己把不道德的行径归咎于这一原因。

有一天,我在巴勒迪克④看到有人把西西里国王勒内的自画像献给弗朗索瓦二世国王,以纪念西西里国王。既然这位国王可以用羽笔给自己画像,那么为什么人们不能用羽笔为自己画像呢?

我也不想忘记那个不好意思让大家知道的缺点,那就是优柔

---

① 阿特拉斯是希腊神话中提坦巨人之一。——译者注
② 拉丁努斯是古罗马传说中的人物,是拉丁族英雄的代表。——译者注
③ 原文为拉丁语,作者马尔希埃。——译者注
④ 巴勒迪克是法国东北部默兹省的省会,10世纪起先后为伯爵领地和公爵领地首府。——译者注

寡断，在处理世界事务时这可是一种十分讨厌的缺点。而我要是觉得事情蹊跷，就不会做出任何决定——我的心既不对我说赞同，也不对我说反对。①

我能够坚持某种观点，却不能对观点进行选择。因为在人类的各种事务中，不管我们持什么观点，都可以找到许多理由（哲学家克里西波斯说，他只想从他的老师芝诺和克莱安西斯那里学习最基本的原理，至于论据和理由，他自己也可以找出许多）。因此，不管我倾向于哪一边，我总能够找到足够的理由和根据，以坚持自己的意见。也就是这个原因，疑虑中的我，保留了选择的权利，只要情势不逼迫我。说老实话，我一般总是随波逐流，听任命运的摆布，一有动静我就会被卷走，疑虑不定时，一点分量就会使它倒向一边或另一边。②

我的看法在大多情况下都显得动摇不定，有时我甚至会以抽签和扔骰子的方式来作决定。我找到一些神的事例来给我们人类的弱点做辩解。神在对犹豫不决的事情做决定时，也往往是听从命运和偶然情况的安排：于是众人为他们摇签，摇出马提亚来。③人的理智是危险的双刃利剑，请看一看，棍子在它最亲密、最可靠的朋友苏格拉底手下有多少个头！

因此，我只能随大流，而且很容易地被人群带走。我对自己并不自信，不能进行指挥和领导，我喜欢沿着别人走过的路走。假如一定要冒险做出没有把握的选择，那我就跟随更为自信的人，我会更相信他的看法，而不相信我自己，我觉得我的看法缺乏可靠的基础和根据。不过，我也不会很容易地改变自己的看法，因为我发现

---

① 原文为拉丁语，作者彼特拉克。——译者注
② 原文为拉丁语，作者泰伦斯。——译者注
③ 原文为拉丁语，来源于《圣经·使徒行传》。——译者注

在别人的看法中也存在着同样的弱点。对一切都赞成的习惯看来是危险和不明智的。① 特别是政治问题往往会引起普遍的争论和反对：

> 因此，当两个托盘上的重量相等时，
> 天平的任何一边都不会上升或下降。②

比如，马基雅弗对主题论述的理由相当充分，但要对它反驳也并不难，而反驳的论点也是不难驳倒的。无论对什么观点都可以找出理由来给予反驳，对反驳的意见又会有新的反驳……我们这样吹毛求疵下去，使这场争论没完没了，很可能会引发一场官司，我们受到敌人的打击，就要给予反击。③

任何理由只是以经验作为自己的根据，而人类中发生的事情不计其数，使我们获得了各种各样的事例。我们时代一个颇有学问的人说，我们历书上所说的炎热可以理解为寒冷，所说的干燥可以理解为潮湿，总之，历书上的各种预测都可以做相反的理解。喜欢打赌的人可以轻易为某事打赌，只要不讲一般不可能发生的事，比如不要说圣诞节时十分炎热，圣约翰节④时十分寒冷。在政治上同样也是如此：不管你站在哪一边，你都会说得与你的对手一样有根有据，只要你不违背最基本、最普遍的原则。此外，在公共事务中，不管一个规则怎么不好，只要经受了时间的考验，就会胜过合理的变动和创新。我们的社会极其腐败，而且还在继续腐败下去，在我们的习俗和法律中，有许多十分野蛮的东西，可以说是

---

① 原文为拉丁语，作者西塞罗。——译者注
② 原文为拉丁语，作者提布卢斯。——译者注
③ 原文为拉丁语，作者贺拉斯。——译者注
④ 圣约翰节在6月24日。——译者注

骇人听闻。我们难以改善自己的状况,还有社会动荡带来的危险,假如我能在我们前进的车轮上钉上一个钉子,使其停止前进,我想我一定很愿意去做:

> 我们从不说出这样卑鄙恶劣的行为,
> 因为再也无法找到更可憎的事例。①

我觉得在我们目前的状况中最糟糕的要数不稳定,我们的法律像我们的衣服一样,没有固定的样式。要找出国家制度的缺陷是件很容易做到的事情,就像任何会消灭的东西一样会有很多缺陷;要公众唾弃旧习俗,也是件轻而易举的事,做这种事的人一般都会取得成功。然而,要在摧毁了旧的国家制度以后,怎样建立新的、更好的国家制度却是件难事,很多人进行过这样的尝试,但都失败了。

我的所作所为不能说是小心谨慎,但我还是服从于我们社会的公共秩序。公众是幸福的,因为他们不去考虑给他们下达命令的原因,因此完成这些命令要比下达命令的官员好,因为他们听任命运的变幻,也听任他人的驱使。善于思考和辩论的人,是永远不会无条件地服从的。

倘若还要说到我自己,那么,我对自己欣赏的唯一优点,也是从没有人承认过的缺点,就是对自我的评价十分平常。人人都有,而且与世界一样陈旧,因为有谁认为过自己不够聪明?这种想法本身就藏着矛盾。愚蠢是一种病,但认识到自己愚蠢的人决不会得这种病;这种病是一种顽疾,一般来说难以医治,但病人一旦看清,它就立即消除了,就像阳光穿过浓雾一般。谴责自己的错误,

---

① 原文为拉丁语,作者尤维纳利斯。——译者注

等于原宥自己；给自己定罪，等于赦免自己。认为自己不够聪明的撬门盗贼和女人还从没发现过。我们要承认别人在勇敢、体力、经验、才能和美貌方面超过自己是很容易的，但在判断力方面，我们决不会认为别人比自己强。别人合情合理的看法，在我们看来，自己只要朝这方面去考虑，也同样会得出这种看法的。我们会很容易地发现别人著作中超过自己的地方，但对智力的产物却不同，每个人都认为自己会有同样的看法，除非在他和它们之间有一条无法跨越的鸿沟，否则他就很难看到它们的真正分量和困难。因此，对于这样的工作，你不必期望从中得到多少名声和荣誉，这种写作不会给你带来太高的知名度。

还有，你是在为谁写作呢？学者们评判书籍时看重的只是渊博的知识，而我们智力活动的产物只承认知识性和艺术性。那些学者认为，不了解亚里士多德就是不了解自己；而村叟愚夫是看不到高雅议论中的优美及其重要性的。这两种人都充斥着我们的世界。至于第三种人，他们正派而有实力，但这种人很少见，在我们这里既没名誉，又无地位，因此要想取悦他们，会浪费你一半的时间。

人们一般会说，大自然给予我们的恩惠中最公平的就是智能，因为无人会对分给自己的那份表示不满，因此这样说也显得合情合理。谁要想看得比自己所能看到的地方更远，谁就超越了自己的目力。我认为自己的看法正确合理，可谁又不认为自己的看法正确合理呢？我最好的证据之一，就是我对自己的评价不高，假如我的看法不很可靠那就会因我对自己的感情而发生谬误，因为我几乎把所有的感情都集中在自己身上，而不是浪费在别的地方。那些为大批朋友和熟人做事的人，都是为了自己的声誉，而我关心的只是我的心灵以及心灵的宁静。假如说我有时也会关心其他事情,那也并非出自心甘情愿,因为我要活着,并有良好的身体。①

我对自己的看法,我觉得它们总是在大胆勇敢、坚持不懈地抨击着我的缺点。人们总是互相进行观察,但我却把视线转向自己内部,并使其深入下去,让它在那里耗费时光;每个人都往前看,我却朝自己的内部看,我只与自己交往,不断观察自己,检查自己。其他人即使想到这些,也还是往前走,无人想要深入自己的内部,②而我却在自己的内部兜来兜去。

这种探索真理的能力(不管我有多少),这种不肯轻易放弃自己信念的孤傲,我主要归功于我自己,我最坚定最平常的想法可以说是与生俱来的,它们是我天生的,是完全属于我的。它们开始产生时或许是简单粗糙、模糊不清的;以后,我依靠我所尊敬的学者,以及与我看法相似的古代先哲那些完美的论断,确信并坚定了这些看法。

每个人都希望因思想活跃与迅速而被赞扬,而我却希望因思想严密而受赞扬,不管我有没有令人侧目的行为和特殊才能,我都希望因我的看法和端正、协调和稳重的品性而受到褒扬。倘若有某种美的东西的话,那最美的无疑是整个一生中和个别行动中行为表现的稳定性。然而,倘若你在模仿他人的性格时抛弃了你原有的性格,你就不能保持这种稳定性。③

我以上所论述的都是自命不凡这种恶习的第一种表现,从中也可以看出我在这方面有多大的谬误。这种恶习的第二种表现是对别人过低的评价,我不知道是否有足够的证据来证明我没有这种错误。此外,不管对我重要与否,我都会实事求是地说出自己的

---

① 原文为拉丁语,作者卢克莱修。——译者注
② 原文为拉丁语,作者佩尔西乌斯。——译者注
③ 原文为拉丁语,作者西塞罗。——译者注

看法。

也许我接触古人的智慧较多，对他们伟大充实的心灵有着很深的印象，因此不管对他人还是自己，都有一种厌恶的感觉，也许我们生活的这个世纪只能产生平庸，因此我不知道我们这个时代还有什么值得大为称赞的东西。的确，我对人们的了解并不很详尽，不能对他们进行评价；我因自己的地位经常能接触到的人，大部分都不注意自己的文化修养，在这些人的心目中，所谓最大的幸福就是受人尊重，最高尚的品质就是勇敢。当我看到别人好的方面时，总是高兴地表示称赞，而且还往往会给予过高的评价，让自己说个小小的谎。不过，我也不会凭空杜撰出我完全没有真正发现的东西。一般来讲，我会高兴地告诉朋友们，他们值得称道的是什么，他们一尺的长处，我说成是一尺半，可我不会把他们没有的品质也给予他们，也不会为他们的缺点公开辩护。

甚至对我的敌人，我也会如实地给予评价。我的感情可能会发生变化，但我的评价却不会变。我不会把我的纠纷和与此无关的其他事情纠缠在一起。我总是想保护我思想的自由，不会因任何喜好而放弃这种自由。假如我说谎的话，那我对自己的责备会超过我说谎的对象。不少人指出波斯人有一种值得称赞的习俗：即使他们与自己的死敌进行殊死的战斗，但在评论这些敌人时也还是十分公正，就像在评论他们自己的美德那样。

我认识很多人，他们有各种各样的优点：有的机智，有的热情，有的灵活，有的正直，有的能说会道，有的博学多才，等等。然而，从整体上来说是伟大人物，同时还具有各种各样的优点，或者某种优点极为突出，使人赞叹不已，可以与我们尊敬的先贤相提并论，这样的人物，我还没有遇到过一个。我活到现在为止，在所遇到的人当中最杰出的——我指的是天赋和才能——和最高尚的是埃蒂安纳·德·拉博埃西。他确实有许多出众之处，在各方面都显示出美的外表；他具有古人的特点，要是走运，他可能会干出一番大事业的，因为科学与研究极大地充实了他天赋的才能。可是，我不知道怎么会发生这样的事情（然而，事情确实发生了）。有些人总是把获得尽可能多的知识作为自己的目的，他们一直与书本打交道，从事学术著作的写作以及其他有关事情，但是，他们的虚荣心和某些思想上的弱点，却要比其他任何人都要来得多。这或许是因为别人对他们的期望值过高，不能宽宥他具有的一般人具有的弱点；或许是因为他们觉得自己有学问，可以更为大胆地显示自己，摆出一副不可一世的模样，这样他们反而露出了马脚，损坏了自己的形象。手工艺人在加工名贵材料时更容易暴露出自己的弱点；金雕像上的缺陷会比石膏雕像上的缺陷更容易让人恼火。这就像有些人那样，他们展示的东西从本身来讲并不坏，放在它们原来的地方也是好的，可他们在使用它们时不加选择，也没有限度，把它们赞美得让人无法理解。他们赞扬西塞罗、盖仑、乌尔比安①和圣哲罗姆②，却使自己变得滑稽可笑。

我想再说说我们教育的荒谬性。教育的目的不是把我们培养成善良明智的人，而是把我们培养成有学问的人，它也达到了这个目的。它不是告诉我们要行善和谨慎，而是告诉我们这两个词的来源和词意。我们明白了行善这个词的格的变化，却不明白应该去行善；我们不会从自己的观察和经历中了解什么是谨慎，但我们却把这个词牢牢地记住。对于我们的邻居，我们不仅要了解他们

---

① 乌尔比安（？—228），罗马法学家和官员。他的著作为拜占庭皇帝查士丁尼一世的名作《学说汇编》提供了三分之一的材料。——译者注
② 圣哲罗姆（347—420），早期西方教会中学识最渊博的神父，将希伯来文《旧约》与希腊文《新约》译成拉丁文。——译者注

的家庭和亲戚,还要与他们成为朋友,与他们保持亲密和良好的关系。而教育,它告诉我们行善的定义、种类以及各种表现,就像把一个家谱中的各分支和人物告诉我们一样,却不关心在我们和行善之间建立密切的联系。它给我们选择的教材并不是观点最正确的书籍,而是希腊文或拉丁文写得最好的书籍,它们通过华丽的辞藻,向我们灌输古代那些毫无价值的、陈旧迂腐的东西。好的教育能改变我们的观点与习俗,就像波莱蒙那样。波莱蒙原是希腊一个行为放荡的青年,一次偶然听了色诺克拉特讲的课,于是为这位哲学家的雄辩与才华所倾倒,结果不仅把许多有用的知识带回家,而且还带回了更重要的成果,就是他改变了原来的生活。现在有谁能感受到我们所受的教育也起过这样的作用?

> 波莱蒙改邪归正以后做的事,
> 你是否也能去做?你能否抛弃
> 你异想天开的标记,即那些饰物、坐垫和领带?
> 有人讲,波莱蒙喝酒以后,悄悄地把脖子上的花环拿掉,
> 因为,他听到没有喝酒的老师的声音。①

我感到,最被人轻视的是因朴实而处于末位的阶层,然而,这一阶层的生活却是富有条理的。农民的习俗和谈话,我觉得要比我们的那些哲学家的习俗和谈话更符合真正的哲学规则。平民百姓更显得明智,因为他们的明智是根据自己的需要而来的。②

根据我远距离地观察所作出的评价(按我的方式对人进行评价,是需要与被评价的人更加接近),在军事方面最优秀的人物是在奥尔良被杀的吉斯公爵与已故的斯特罗齐元帅;至于学问和美

---

① 原文为拉丁语,作者贺拉斯。——译者注
② 原文为拉丁语,作者拉克坦希厄斯。——译者注

德,最杰出的要数奥利维埃与洛皮塔尔这两位掌玺大臣。我觉得我们的世纪是诗歌繁荣的世纪,出现了许多优秀的诗人:多拉、贝札、布坎南、洛皮塔尔、蒙托雷乌斯和图纳布斯。还有用法语写作的那些作家,他们将诗这门艺术提高到了前所未有的水平,龙沙和杜贝莱擅长的那种体裁的诗,我并不认为它们与完美的古诗有很大的距离。阿德里昂·图纳布斯则比他生活的那个时代的任何人都要知道得多,而且知道得更清楚。

最近去世的阿尔瓦公爵和我们的王室总管德·蒙莫朗西的一生是杰出的一生,他们的经历也有许多相似之处。然而,后者的死显得更光荣、更伟大,而且是在国王目睹的情况下为了国王而牺牲的。以他这样大的年纪,带领一支胜利的军队,与自己最亲的亲人进行战斗,并予以沉重的打击,因此,我觉得他的死应作为我们时代值得纪念的事件之一。

值得我们纪念的还有经验丰富的元帅德·拉努先生一贯的仁慈、温厚和通情达理,虽然他的成长时期正是两大军事集团嚣张的时期,能学到的只有背叛、残酷和抢劫的勾当。

我已在好几个地方说过我对我"精神上的女儿"玛丽·德·古尔内[①]的希望,我爱她超过了自己的亲生女儿,她在我独自隐居的地方无形地陪伴着我,就像我身体的最重要的一个部分一样。在这个世上,我只喜欢她一人。倘若青春年少时就能预见未来的话,那么这位独特的姑娘有朝一日会做出极其出色的事情,还会把我们之间的神圣友谊提高到完美的程度,她真诚和刚强的性格是这种友谊的保证。她对我有着深厚的感情,我是在我五十五岁的那

[①] 古尔内(1566—1645),法国女作家,1595年曾再版作者的《随笔集》。——译者注

一年遇到她的,①她只希望在我去世时她不要太难过。她是个女子,又这样年轻,生活在我们这样一个世纪里,却对《随笔集》第一卷有着独到的见解。她对我的爱十分热烈,并且在认识我以前的很长一段时间里,都对我非常敬佩,这的确是一件令人鼓舞的事情。

其他美德在我们这个世纪里十分罕见,甚至可以说完全没有,但我们的内战却使勇敢变得十分常见,坚强得近乎完美的人也实在很多,不过,要举出一两个突出的例子却又显得十分困难。

我所知道的杰出的、与众不同的高尚,到现在为止,不过就是这些。

(周蓉蓉　玉　清　译)

---

① 作者于1588年在庇卡底地区认识古尔内小姐。——译者注

论人的差别

普鲁塔克曾经说过，兽和兽不如人和人的差别大。他指的是生命力和内在品质。确实，就连我熟悉的人，在某些方面差别也是那么巨大。因此，我比普鲁塔克更离谱些，我要说有些人之间的差别，要比人与兽的差别更大！啊！人与人可以差得多远！① 天有多高，人智力的差别就有多远。

然而，当谈起人的价值时，就发现有一点是很奇怪的：万物都以其本身的品质来衡量，唯独人是个例外。一匹马，我们赞赏它的是矫健，而不是它的鞍鞯；一条猎狗，我们赞赏它的是速度，而不是它的项圈；一只鸟儿，我们赞赏它的是灵巧，而不是它的脚铃。对于一个人，我们为什么不能用他的品质去衡量他呢？众多的随从、豪华的城堡、巨大的荣誉、大量的财富，这些都是他的身外之物，而不是他的内在品质。你不会买一只装在袋子里的猫，你要买一匹马就会卸下它的铠甲。以前君王挑马把马盖起来，盖的也是次要部位，目的是为了不使你只注意它毛色是否漂亮、臀部是否宽大，而让你注意它的腿、脚、眼睛这些主要地方。

君主们相马往往把马盖住，

---

① 原文为拉丁语，作者泰伦提乌斯。——译者注

> 以免头俊脚软之马，
> 以它华美的外表，
> 迷惑购买的君主。①

那么评价人时，又为啥让他裹得严严实实呢？我们所看到的，不过是他的外在部分，能作为对他评价依据的部分却被遮掩住了。要知道，你所求的是剑的锋利而不是剑鞘的精美，看人应当看人的本质，而不是看他的衣着打扮。有位古人曾风趣地说："你为什么会觉得他高？因为你把他的鞋跟也算上去了。"塑像的基座不应算在塑像之内，量人不要连高跷也量上，让他扔下财富和头衔，穿着衬衣来。他的品质与他的职务相称吗？他健康吗？他的心灵美好吗？各种品质都具备吗？它是原本就高贵还是依赖别的才高贵？财富在他的地位中有没有起到作用？面对挑战，他沉着冷静吗？他是否能视死如归？他能始终如一吗？他懂得知足吗？所有这些都是必须注意的。我们借此可以发现人与人之间的巨大差别。有的人是

> 多么贤明，多么自制，
> 贫穷和淫威压不倒他，
> 他矜持而淡泊，
> 他像滚动的圆球，
> 难道他不会保持不败吗？②

这样的一个人，远远超越了那些王国公国，因为他本身就是一个属于他个人的帝国。

---

① 原文为拉丁语，作者贺拉斯。——译者注
② 原文为拉丁语，作者贺拉斯。——译者注

> 我敢向双子座发誓,
> 哲人是自己命运的主宰者!①

他还有什么值得祈求的呢?

> 难道我们看不出造化只要求我们
> 有个无病无灾的身躯,
> 有颗平静地享受人生的
> 无忧无愁的心灵?②

拿那些人与他比较一下吧,那些人愚蠢、低贱、反复无常、情绪多变,这真是天差地别啊!可习惯上我们竟是这样地盲目,很少注意或根本不去注意这些,每当我们观察君主与农民,贵族与平民,长官与百姓,富人与穷人时,即使本质没有什么不同,但只要穿的裤子不一样,我们就会看出十分明显的区别来。

在色雷斯,君主与臣民的区别十分严格,也十分有意思。君主有他专门信奉的神,即商神墨丘利,臣民们只能信奉战神玛斯、酒神巴克科斯和月神狄安娜,而这些神君主是看不上的。

不过,这些都是表象,并不形成质的差异。

仿佛是演戏的戏子,他们在台上可以是高贵的王公贵族,但一回到幕后,他们又恢复了本来面目,不过是个卑贱的人。在观众面前让人崇敬的帝王,

> 是因为他身上闪光的大块宝石
> 镶嵌在黄金的托架上,
> 他还穿着鲜嫩欲滴的海蓝色衣裳。③

---

① 原文为拉丁语,作者普劳图斯。——译者注
② 原文为拉丁语,作者卢克莱修。——译者注
③ 原文为拉丁语,作者卢克莱修。——译者注

而幕后的他,只不过是一个平平常常的人,甚至还不如他的臣子。

那一位内里幸福,而这一位不过是表面幸福。①

懦弱、徬徨、野心、怨恨和妒忌,使显赫的他与其他人一样心烦意乱,

因为不论金银珠宝或显贵地位,
都赶走不了
压在头上的痛苦与焦虑。②

即使在军队中,担心和忧虑也会扼住他的喉咙,

压在心头的忧虑,
叮当作响的刀剑和飞驰的箭矛,
都胆敢在君王显贵身旁,
金银珠宝也诱骗不去。③

他不也与我们一样,会发烧、伤风和偏头痛吗?当年老力衰时,他卫队中的弓箭手会使他返老还童吗?当死亡的恐惧笼罩他时,他宫殿里的仆役能使他宽心吗?在他愤怒得失去理智时,平民百姓的恭敬能使他平静吗?这镶满黄金珠宝的床顶,能减轻他一阵阵袭来的腹痛吗?

你以为你床上的大红毛毯与绣花被单,
会使你高烧退得更快?④

---

① 原文为拉丁语,作者塞涅卡。——译者注
② 原文为拉丁语,作者贺拉斯。——译者注
③ 原文为拉丁语,作者卢克莱修。——译者注
④ 原文为拉丁语,作者贺拉斯。——译者注

有人奉承亚历山大大帝,说他是朱庇特的儿子。一天他受了伤,他看到伤口流出的血说:"喂,请看,这鲜红鲜红的不是地地道道的人血吗?可不像荷马所说的神仙流出的血呀!"诗人赫尔莫多鲁斯写诗歌颂安提柯一世,称他为太阳之子,而安提柯一世却说:"为我倒便桶的人知道这根本不是那么回事。"他们是人,而且仅此而已。要是他本身是个卑贱的人,那么即使统治整个世界,也不会使他高贵,

> 任凭姑娘们追随其后,
> 任凭玫瑰开放在他脚下。①

倘若他粗俗、愚蠢,那么他凭什么享受这些?没有魄力与才能,欢乐与幸福就无法享受,

> 人的情操有多高,这些就值多少,
> 用得恰当就好,用得不当就糟。②

财富的好处不管有多大,都得有灵敏的感觉去品味。使人幸福的不是拥有,而是享受:

> 房子、财产,
> 治不好你身上的病,
> 退不掉你体内的烧,
> 去不了你心头的烦恼。
> 享用财富一定要有健康的身体,
> 心有缺憾之人,家又为何物?
> 是给眼疾患者看的画,给痛风病人贴的膏药!

---

① 原文为拉丁语,作者佩尔西乌斯。——译者注
② 原文为拉丁语,作者泰伦提乌斯。——译者注

壶里不干净,倒进去的东西也等于零!①

他是白痴,不辨酸甜苦辣;他患感冒,品不出美酒的醇香;他是一匹马,欣赏不了身上价值昂贵的鞍鞯。柏拉图说得好:一切好的东西,诸如健康、美丽、力量、财富之类,对不正常人来说都是坏的,对正常人来讲则都是好的,反之也一样。

再说,身体和精神都不好,身外的财富又有何用?身上被针扎痛,或是心里闷闷不乐,是不会有兴趣来统治世界的。痛风病一旦发作,他就枉为皇上了,即使他有的是金,有的是银。②难道这时他还会想他的宫殿以及他的威仪吗?发怒时,身为君王的他难道就不会气得面红耳赤,或脸色发白,像疯子似的咬牙切齿吗?倘若他生来高贵又富有教养,那么,王位并不能为他的幸福增加什么——

倘若你有健全的内脏和肢体,
那么君王的财富不会为你增添任何东西。③

他会看出,那些东西只不过是过眼烟云,是的,他或许赞同塞勒科斯国王的看法,了解权杖分量的人,一旦权杖落地,是不屑于去捡的。这位国王的话,是针对国王担负的重大而艰巨的责任而说的。管理他人自然不是件小事,因为我们自己管自己还那么难。至于发号施令,这看起来令人羡慕,但由于各人的判断力不同,各种新事物又令人捉摸不定,难于做出决断。因此我很赞成这样的看法:跟随别人要比带领别人更容易、更愉快;走现有的路,只对自己负责,能获得很好的精神休息。

---

① 原文为拉丁语,作者贺拉斯。——译者注
② 原文为拉丁语,作者提布卢斯。——译者注
③ 原文为拉丁语,作者贺拉斯。——译者注

> 因此，与其治理国家，
> 不如心平气和地服从。①

此外，居鲁士也说过：不比接受命令者强的人是不配发号施令的。

据色诺芬记载，国王希罗②还说过：即使在享乐方面，他们也不及普通人，这大概是因为富裕和懒散使他们品尝不出常人能品尝出的美味。

> 菜吃多了胃受不了，
> 强烈的爱爱够了让人厌烦。③

我们不是认为唱诗班的孩子酷爱音乐吗？其实唱多了也会使他们感到厌倦；宴会、舞会、化装晚会、比武大会，不常看的人看了高兴，可看多了的人就会觉得扫兴；处惯了女人的人，见了女人也不会动心；从不让自己渴的人尝不到喝水的乐趣；街头闹剧让人开怀，但对艺人来说却是件苦差事。人就是这么回事，对君王们来讲，偶尔丢下王位，乔装打扮到底下去过过平民百姓的生活，是一件十分快乐的事——

> 换换生活常常使显贵们快乐，
> 简陋的房屋，既无壁饰又无红地毯，
> 紧皱的额头得以舒展。④

最令人为难和厌烦的，莫过于一个"多"字。土耳其皇帝的宫殿里养着三百美女，见到如此之多的女人随他摆布，他哪里还有什

---

① 原文为拉丁语，作者卢克莱修。——译者注
② 希罗，西西里岛叙拉古之王。——译者注
③ 原文为拉丁语，作者奥维德。——译者注
④ 原文为拉丁语，作者贺拉斯。——译者注

么兴致？他的那位祖先，每次狩猎必定要带上七千鹰奴，这样的打猎还有什么意思？

另外，我还觉得这样大的场面会大大影响他们享受最甜美的乐趣，因为他们处在众目睽睽之下，极容易遭人指责。

不知怎么回事，大家都宁愿让君王们掩藏他们的错误，因为这些错误发生在我们身上称为失误，发生在他们身上，大家就会认为那是藐视法律，是专制，而且除了喜欢说他们是作恶成性之外，不喜欢说他们是对抗和践踏国家法律。

不是吗？柏拉图在他的《高尔吉亚》一书中，就将专制君王称为可以在城邦中任意胡作非为的人。正因为这个原因，公开他们的过错比过错本身更骇人。他们人人都怕受人注意，遭人非议，因为连他的举止与想法都有人盯着，公众们也都认为有这个权利对之评头论足。再者，越是显眼的斑点看起来也越大，额头上的疤痕就超过其他地方的伤痕。

这也是诗人们讲述朱庇特的风流逸事时为什么总爱将他换副面孔的原因，在这些故事中，以他主神的高位描述的似乎只有一件。

我们再回过来讲讲希罗国王吧。他说，身居王位是多么地不自在，不能自由行动和旅行，待在国内仿佛一个囚徒似的，干什么周围都有一群讨厌的人。说真的，我们的那些国王，吃自己一个人的饭，却要让周围那么多陌生的围观者和评论者观看，每当看到这些，我总是感到可怜而不是羡慕。

阿尔方斯国王讲，在这方面，毛驴的处境要比国王强：毛驴的主人让它们自由自在地吃草，而国王的随从们却连这份自由都不给他。

我从来都不认为，一个智力健全的人，有二十人照看他的便桶,生活会变得很快活;也不认为一个有一万法郎年薪,曾攻占过卡扎尔,守过锡耶纳的人会觉得一个庞大的服务机构要比一个有经验的好侍从更方便,更中他的意。

君主的特权可谓名不符实,有权有势者不论大小,都似乎在享有国王的特权。当年凯撒就把法国那些有司法权的领主都称为小国王。确实,除了没有"陛下"这个称号外,他们与国王也相差不多。请你看看,在远离王室的省份,比如布列塔尼,一名退隐林下、深居简出、随从们前呼后拥的领主,车马、侍从、管家,各种职习服务、各种礼仪应有尽有,他与君主相比有什么区别?他一年一度听人提起他的主子,就像人提及波斯国王那样感觉遥远。他承认这位主子,仅仅是因为有某种久远的、由他的亲信记录在案的亲戚关系。说真的,我们的法律太宽松了,一个贵族一生中受王权的约束不过两次,只有那些受人之请并甘愿效力以获取更大荣誉和财富的人才认认真真地当回事。要是谁愿意归隐,那只要不惹是生非,并把家管好,他就可以像威尼斯大公那样自由自在。奴隶地位约束不了多少人,大多数人是甘愿做奴隶。①

希罗特别看重这样一个事实,即得不到真正的友谊,而这又是人生最美好的最甜蜜的果实。某人的一切成就,都是我赐予的(不管他愿意与否),我能指望他表示怎样的友情和善意呢?我能看重他那毕恭毕敬的讲话和态度吗?畏惧我们的人表示的尊敬不能算作尊敬,因为他们尊敬的是王权,而不是我个人。

> 统治者得到的最大好处是
> 公众在忍受你的反复无常的同时,

---

① 原文为拉丁语,作者塞涅卡。——译者注

又不得不对你进行赞扬。①

我看到,不论昏君还是明君,不论受人憎恨还是被人爱戴的君主,都一样获得赞扬。我和我的前任得到的都是一样的客套,我的继承人也将得到同样的礼遇。我的臣民对我不中伤,并不是表示什么爱戴之情,他们是有意而不能,我没有必要把它看作是对我的爱戴。追随我的人都不是因为他与我之间有什么友情,交往接触那么少是不可能建立友情的;我的高位也使我无法与人交往,因为差异太大了;他们追随我是出于礼貌与习惯,与其说是追随我个人,不如说是追随我的财富。他们对我说的做的,全都是伪装的,他们的自由时时处处受到我权威的约束,因此他们让我看到的一切也都是遮遮掩掩的。

当朱里安国王的大臣赞扬他公道时,这位国王却这样回答,"假如这些赞美出自那些在我的行为不公道时敢于责难我的人,我会由衷地感到骄傲。"

君主们真正拥有的全部优越条件和一般人没什么两样,他们和我们一样,累了要睡,饿了要吃;他们的刀剑不比我们佩带的更坚利,他们的王冠不能遮阳也不能避雨。戴克里先②做皇帝时非常受人尊敬又非常有运气,但他却扔下皇冠去享天伦之乐。不久,国家大事需要他重登皇位,他对请他复位的大臣们说,"我亲手种下的树木齐齐崭崭,我种的瓜儿特别香甜,要是你们见了,就不会劝我复位了。"

阿那卡齐斯③认为,执政之道,最主要的是推崇德行,舍弃恶

---

① 原文为拉丁语,作者塞涅卡。——译者注
② 戴克里先(245—313),古罗马皇帝。——译者注
③ 阿那卡齐斯,公元前4世纪希腊哲学家。——译者注

行,其余的都不分主次轻重。

皮洛斯国王打算进军意大利,他的谋士居奈斯非常聪明,他有心让皮洛斯领悟到这个计划的虚荣,便问他:"陛下,您这个计划的目的是什么呢?"

"我要统治意大利。"国王答道。

"然后呢?"居奈斯再问。

"我再进攻高卢和西班牙。"国王回答说。

"再以后呢?"

"我再去征服非洲。最后,等我征服了全世界,我就可以休息了,过自由自在的生活。"

"看在上帝的份上,陛下,"居奈斯又问道,"请您告诉我,您为什么不从现在起就过自由自在的生活呢?也免得其中生出许多辛苦和危险来。"

> 因为他分不清欲望应有的界限,
> 真正的快乐应止于何处。①

我将以下面这句古诗来结束这一篇文章,我觉得它特别适合这个问题:各人的性格决定着各自的命运。②

(周蓉蓉　玉　清　译)

---

① 原文为拉丁语,作者卢克莱修。——译者注
② 原文为拉丁语,作者科内利尤斯。——译者注

良　心

内战期间，我和我的兄弟勃鲁斯领主在一次旅行中，遇到一位风度翩翩的年轻贵族。他属于我们的敌对方，可当时我并不知道，因为他掩饰得很巧妙，再说战争中局势错综复杂，从外表、语言和穿戴上是很难区分敌我的，大家又遵守同样的法律，遵循同样的习俗，呼吸同样的空气，因此难免敌我不分。我生怕在一个陌生的地方遇到我们的军队，不得不说出自己的姓名。这可真是生死难卜的时刻！我过去曾经历过这样的事，在那次不幸的遭遇中，我人马俱损，不仅如此，他们还残忍地杀害了我精心培养的一位意大利宫廷侍从官，一个年轻的生命及其远大前程就这样无声无息地消失了。

然而那位贵族表现得并不镇定，我见他每次遇到骑马的人或者穿越效忠国王的城市时，都吓得半死，终于我看出了他的恐惧是出自于他的良心。这个年轻人觉得，别人会通过他的面具和大衣上的十字架窥见他内心的秘密。良心的力量竟有这般奇妙！良心使我们叛离，使我们控诉，使我们战斗；在没有外界证人的情况下，良心会追逐我们，反对我们，它用一根无形的鞭子抽打我们，充当我们的刽子手。[①]

---

① 原文为拉丁语，作者朱维纳尔。——译者注

这是个家喻户晓的故事：一个帕奥尼人，被人指责故意打下一个鸟窝，并把里面的小鸟全部杀死。那人辩解说自己做得有理，因为这些小鸟在不停地指责他害死了自己的父亲。这桩弑父罪原本进行得滴水不漏，直到那时还没有一个人知道，但良心在不断地控告他，让他背上沉重的包袱，终于使他无法自制。

　　柏拉图认为，惩罚紧跟着罪恶；希西厄德纠正了柏拉图的说法，他说惩罚是与罪恶同时开始的。谁在等待惩罚，谁就在受惩罚；谁该受惩罚，谁就在等待惩罚。罪恶给罪恶者带来痛苦，作恶的人最受作恶的苦！① 就像蜜蜂刺伤了人，却使自己受害更深，因为它再也没有刺和力量了。它们在伤人的同时失去了自己的生命。②

　　由于自然界的矛盾、对立的规律，斑蝥身上会分泌出一种自身毒液的解毒素。因此，即使人在作恶时感到快乐，良心上也会适得其反，产生一种憎恶感，并引发许多痛苦和联想，无论醒时睡时都不断地折磨着自己。

>　　这样的罪人不在少数，
>　　他们在睡梦中或在谵妄中自怨自艾，
>　　泄露了长期隐匿的罪孽。③

　　阿波罗多罗斯梦见了自己被斯基泰人剥掉了皮，放在一个锅里煮，这时他的心喃喃地对他说：你所有痛苦都是因我而起。伊壁鸠鲁说："坏人无处藏身，因为他们躲到哪儿都不安宁，良心会使

---

　　① 原文为拉丁语，古代西方格言。——译者注
　　② 原文为拉丁语，作者维吉尔。——译者注
　　③ 原文为拉丁语，作者柳克里希厄斯。——译者注

他们暴露。"没有一个罪犯能在自我的审判中得到赦免,这才是最重要的惩罚。①

良心使我们恐惧,也使我们坚强和自信。我敢说,我之所以能在人生道路上经历许多坎坷而保持步伐的整齐,就是因为我对自己的意向深有了解,我的心底是正大光明的。人的内心是充满恐惧还是希望,全由良心来判断。② 这类事例数不胜数,只需举出同一个人物的三个故事就行了。

西皮奥有一次在罗马人民面前被控告犯了一桩大罪,他不但不要求宽恕或向法官求情,还对他们说:"好哇,你们是因为我才有权利审判的,如今却向我要脑袋来了。"

另一次,人民法庭对他进行起诉,他并不声辩,而是大声地讲:"来吧,我的公民们,去向神庙拜谢吧,也是在今天这样的日子,让我打败了迦太基人。"说完,便大踏步地向神庙走去,全体公众也都跟在他后面,包括起诉他的人。

又是人民法庭,这回是应加图的要求传讯西皮奥,要求他就安蒂奥克省的开支问题作出汇报。西皮奥来到元老院拿出账册说,这本账册原原本本地记录了所有收支情况,但他没有同意把它转交给法院档案室保存,他说他不愿意自取其辱,说着当着众人的面亲手把账册撕成碎片。我不相信历尽磨难的他会弄虚作假,泰特斯·里维厄斯说他气度恢宏,豪爽大方,像他这种人是决不会去当个罪人,低三下四地为自己申辩。

苦刑是一种危险的发明,就像是在考验人的耐性而不是检验人的真情,能够忍受苦刑的人会隐瞒真相,不能忍受苦刑的人也会

---

① 原文为拉丁语,作者朱维纳尔。——译者注
② 原文为拉丁语,作者奥维德。——译者注

隐瞒真相;痛苦能让我承认事实,也能让我不承认事实;另外,倘若受冤枉的人有耐性忍受这些折磨,那罪有应得的人难道就没有耐性忍受这些折磨,最终去获得美好的生命报偿吗?

我相信这项发明是建立在良心力量的想法上的。对有罪的人,似乎利用苦刑就可以使他软弱,说出他的罪过;然而无罪的人则会更刚强。说真的,这个方法充满不确定性和危险性。

为了躲过痛苦的煎熬,有什么话不会说,有什么事不会做呢?痛苦能逼迫无辜的人说谎。①

审判者折磨人是为了不让他清白地死去,而结果是他让那个人受尽折磨后清白地死去。成千上万的受刑者头脑里装满了假忏悔。我想起菲洛特斯受亚历山大审判的情景,以及他遭受折磨的过程。我特别要以菲洛特斯来作为事例,但有人却说,苦刑是软弱的人类许多发明中痛苦最少的一项发明。

依我看来,这也是最不人道、最无意义的发明! 有很多被希腊和罗马称为野蛮的国家,在这方面却不比希腊和罗马更野蛮,这些国家认为折磨和杀害一个对其错误还没有明证的人,是一种可怕的残酷的行为。你不想无缘由地杀死他,对他做的事却比杀死他还要恶劣,这公正吗? 事情就是这样:他多次愿意无缘无故地死去,也不愿接受审讯,这种审讯通常比死刑还要痛苦,这如同在执行死刑以前就把人处决了。

我忘了从哪里听来这个故事,可它却如实地代表了我们良心的公正。一个村妇在一位军队司令官兼大法官面前控告一名士兵,说他抢走了她仅剩的一点点要喂几个小孩吃的面糊,然而没有证据。这位司令官首先告诫这个妇女要仔细考虑考虑自己说的

---

① 原文为拉丁语,作者普布利厄斯·西鲁斯。——译者注

话,如果是诬告那就要判罪,但她毫不改口,将军便下令剖开那名士兵的肚子以验明真相。结果,这个妇女说的话没有错,罪证确凿。

(周蓉蓉　玉　清　译)

勇　敢

　　根据经验，我发现，心灵突如其来的冲动和长期不变的习惯之间相去甚远。我感到我们无所不能，正如有的人说，我们甚至可以超越神灵，因为这时候，我们已超越了自己，我们不再处于原来的状态了；甚至，我们可以用上帝的决心和信心来弥补我们的不足，但这不是常常会发生的。在那些古代英雄身上，有时似乎会有超越自然力量的神奇事情发生，可那不过是一时的冲动行为。很难相信，人们能让自己一直处于那种超凡入圣的境界，使其成为平常的自然状态。有时候，我们这些凡夫俗子因被他人的演说或榜样所激发，心灵也会产生冲动并突破常规，但那是一种鼓动和干扰我们心灵的激情，到来时感情激动，难以自已，旋风般过去后，心灵也随即松弛下来，即使不完全松弛，也至少不是原来那个状态了。这样，我们几乎成了俗人，见到一只鸟儿死了，或一只杯子碎了，也禁不住地要激动一下。

　　依我看来，一个不完善的人，什么事都能做，就是做不到有条理、自制和坚忍。

　　正因为这个缘故，哲学家们说，要正确判断一个人，首先就要观察他平时的一举一动，看他每天干些什么。

　　皮浪以不可知为基础，创建了一种颇为奇特的学说。和许多真正的哲学家一样,他试图使自己的生活符合自己的学说。他坚持认为,人的判断能力极其微弱,不可能有什么认知,并认为一切事物都是不可确定的,主张对事物不下任何判断,使它们永远悬而不决。据说,这位哲学家总保持同样的神情举止,如果他演讲时,听众都已离开,他也一定要把话讲完;如果他走路时遇上了障碍,他也不会停下来,他的朋友们时时都在保护他,生怕他掉进深沟里,或和马车相撞,或其他什么意外。他之所以这样,是因为害怕他的这种躲避事物的行为,是与他的学说背道而驰的;另外他还提出,人的感觉并不可靠,选择是无从做出的。有时他甚至将自己的皮肤割破或灼伤,并顽强地忍着,连眼睛都不眨一眨。

这些事如果只在心里想想,那已是不简单了,若付诸行动,那就更了不起了,不过,这也不是绝对办不到的。然而,像这样不同凡响的做法,他却能不折不挠地一直坚持下去,并融入他的日常生活中去,这倒是令人难以置信的。有一次,有人在他家里正巧遇见他在恶狠狠地斥责他的姐妹,便指责他并非对什么都无所谓,他却回答说:"怎么,难道还要让这个柔弱的妇人给我的行为作证吗?"又有一次,有人看见他在与一条狗进行搏斗,他对那人说:"人是难以抛却一切的,应时刻准备着并努力和一切作斗争;最重要的是付之于行动,假如行动上做不到,那也要在理性和口头上表现出来。"

七八年前,离我家不远的地方有个村民(至今仍活着),他对他那个特别爱吃醋的妻子早已是忍无可忍。一天,他从地里劳作完回来,妻子一如既往地对他埋怨不止,他怒火冲天,用手里的砍刀一下将他那让妻子发狂的器官割掉,甩在她的脸上。

据说,有个多情而快乐的年轻绅士,爱上了一个美艳的女人,经过多方努力,他终于打动了她的芳心,但就在此时,他突然发现自己已无能为力，便绝望不已，一回到家，就立即把他那使他羞辱的东西割掉，让这血淋淋的牺牲品去为自己赎罪。这如果是出于道德和宗教的需要，就像库柏勒①的祭司们那样，那么，对于这种高尚的行为，我们还能说什么呢？

沿着多尔多涅河往上行，离我家二十公里左右的贝日腊克有个妇女，她丈夫因心情不好，凶狠地揍了她一顿，她决心以死来抗议丈夫对她的虐待。第二天她起床后，和往常一样到邻居家去串门，把她的家事向她们作了交代，随后拉着她一个妹妹的手来到桥上，与她告别后，似乎闹着玩一样，以异乎寻常的平静跳进了河里，最后溺水死亡。特别值得一提的是，这个投河自尽的决定，在她头脑中考虑了整整一夜。

印度妇女的习俗与之完全相反，她们的丈夫往往有三妻六妾，丈夫死后，只有最宠爱的一个才有权随丈夫而去。她们一生中是费尽心机，争风吃醋，以赢得这一荣誉。她们悉心侍候丈夫，不为别的，就为了获得丈夫的宠爱，最终能与之一起走在黄泉路上——

> 火把刚刚投到焚尸的柴堆上，
> 披头散发的妻子们便一拥而上，
> 竞相争做丈夫的殉葬人。
> 败者感到脸面扫地，无颜再见人，
> 胜者欣喜若狂，勇敢地跃入火中，
> 把灼热的红唇贴在亡夫的嘴上。②

如今还有人写道，他亲眼看见在那些东方国家里这一习俗仍在流行，殉葬的不仅有妻子，还有奴仆。在那些地区，丈夫死后，假

---

① 库柏勒，希腊神话中众神之母。——译者注
② 原文为拉丁语，作者普洛佩提乌斯。——译者注

如妻子愿意的话（事实上很少有人愿意），可以要求宽延二三个月以安排后事。殉葬的那天，即将殉葬的妻子穿着婚礼时穿的盛装，骑在骏马上，满脸喜气。她左手拿一面镜子，右手持一把剑，在节日般欢乐的气氛中被亲朋好友及送行的人群簇拥着，转了一圈后，她来到一个专门的地方。这是一个广场，中间有一个大坑，事先已堆满了木柴。她走上一个有三四个台阶的土丘上，美美地用完了最后一餐。随后，她开始又唱又跳。当火点起来时，她走下土丘，拉起她丈夫最亲的亲人的手，一起朝河边走去。到了河边，她把衣服脱光，将首饰和衣物分送给她的朋友，尔后便跳进河里洗身，似乎为了洗清自己的罪孽一般。从河里上来后，她将一条四米多长的黄布缠在身上，再次拉着她丈夫那位亲人的手，登上那个土丘，向大家讲话，若有孩子的话，她就把她的孩子托付给大家。在火坑和土丘之间有一道帘子，为的是不让大家看见熊熊燃烧着的大火，可有些妇女为了显示自己的勇敢，拒绝拉上帘子。她说完话，一位女子给她端来满满一罐子圣油，让她擦在脸上和身上。擦完，她就把罐子往火里一扔，自己跟着就跳了进去。这时，人们纷纷朝她身上扔木柴，以使她尽快结束这火中煎熬。接着他们开始由乐转悲，向她表示哀悼。假如死者出身低贱，其尸体就被运到选定的埋葬地，让他保持坐姿，妻子跪在他面前将他紧紧搂住。这时候，人们开始在他们周围砌墙，砌到妻子肩膀高度时，她的一个亲属从后面抱住她的脑袋，把她掐死，墙随即迅速砌高，最后封死。这样，这对夫妇便从此永远在一起了。

也就是这个国家里，那些裸体修行者①也有类似的做法，并且这些都不是为人所逼，也不是心血来潮，而是为了表明自己的虔

---

① 裸体修行者为古希腊人对印度一教派修行者的称呼。——译者注

诚。当他们到达一定的年龄,或得了什么疾病时,便堆起柴禾,上面放一张精美的床,高高兴兴地款待朋友和熟人后,就坚定地躺在那张床上,一动也不动,火点着了以后,他们仍然丝毫不动。一个名叫加拉努斯的裸体修行者就是这样死的,亚历山大大帝的军队都目睹了他的死亡。

这些裸体修行者认为,只有这样的死才是神圣和有福的,他们享尽尘世间的一切后,用火洗涤自己的罪孽,让灵魂干干净净地升天。

就是这一生毫不懈怠的深思,最终创造了奇迹。

在我们的论争中,关于命运的论争占有重要的一席之地。大家仍然坚持以前的一个论据,将未来的事物和我们的意愿放在一种肯定的、难以避免的必然性上:"既然上帝预见每一事物怎样发生,它们就该这样发生。"对此,神学家们的回答是,我们看见(上帝也一样,因为一切都呈现在他眼前,与其说他是预见,不如说是看见)某事物可能发生,不等于逼迫它发生,甚至可以说,我们因事物发生而看见,而不是事物因我们看见而发生。有事才有知,而非有知才有事,我们看见发生的事,应该是已经发生了。不过事物也可能以另一种方式发生,上帝在预见事物发生缘由的名册上,也把偶然缘由和有意识缘由区分开,而有意识缘由取决于上帝给予我们的仲裁权。他知道,假如我们没看见,那就是我们不想看见。

然而,我见不少人用这种命运的必然性来鼓动他们的军队:假如我们的死期命中注定的话,那么,我们无论英勇作战还是畏惧逃跑,都不能提前或延迟我们的死亡。这说起来轻松,实行起来却很难,那种强烈炽热的宗教信仰也许会带来相应的行动,但近几个世纪以来,这种信仰的热情已渐渐衰退了,即便有信仰,也不付诸行动,而只挂在嘴上。

不过,儒安维尔先生在他的《圣路易传》中描述贝都因人①时,也谈起过宗教信仰问题。儒安维尔是一个值得信赖的证人。贝都因人一直与撒拉逊人②混居,圣路易在圣地与他们打过交道。儒安维尔说,贝都因人的宗教认为,人的寿命是命中注定的。他们去打仗时,只带一把土耳其式的利剑,穿一件白衬衣。他们最坏的骂人话就是:"你和全副武装的怕死鬼一样该死!"这表明贝都因人是将宗教信仰付之于行动的,这和我们不一样。

还有一个事例与之如出一辙。古时候,有两个佛罗伦萨修士为一个学术问题争论不休,最后他们商定当着公众的面跳入火中,以示各自的决心。一切都准备好以后,两人正要跳进火中,这时因为发生了一件意外的事情,才使他们没跳成。

在穆拉德二世和匈雅提③的战争中,一个初次参战的土耳其贵族青年毫不畏惧地英勇战斗,最后立了大功。穆拉德二世见他是个乳臭未干的新兵,便问他这超凡的勇敢是从哪里学来的,那青年回答说,他的这位至高无上的老师,就是一只野兔。他说:"有一天,我去打猎,发现兔窝里有一只野兔。当时我身边还有两只猎狗,但我为了防止它与我耍花招,还是使用了我的弓箭。但我一连射了四十箭,把箭袋里的箭全都射完了,可始终没有把它射中,甚至没能惊醒它。我不得不放出猎犬,它们也变得一筹莫展。这时,我终于明白,那只野兔受到了命运的保护。箭和剑会不会要我们的命,这全由我们的命运决定,我们不可能将死期提前或延迟。"这个故事应该也让我们看到,我们的理性是多么容易屈从于各类形象比喻。

---

① 贝都因人指西亚地区讲阿拉伯语的游牧民族。——译者注
② 撒拉逊人是中世纪欧洲人对穆斯林的称呼。——译者注
③ 匈雅提(1407—1456),匈牙利王国的军事统帅。——译者注

一位出身名望、身居高位、年高饱学的人士向我吹嘘,他的宗教信仰由于受外来事物的激发而产生了重大变化。这种外来事物的激发听起来就像是天方夜谭,而且并不能自圆其说,我实在难以置信。他把它叫作奇迹,我也叫作奇迹,但含义不同。

　　土耳其的历史学家们说,土耳其人普遍相信他们的生命时间有着无情的必然性,这个信念自然有助于他们临危不惧。我认识一位伟大的君主,①倘若命运愿意继续帮助他的话,那他将从生命的时间里大获好处。

　　在我们的记忆里,最令人赞叹不已的果断行动,当属谋杀奥兰治亲王②的两名刺客。令人感到不解的是,当第一个刺客做了力所能及的努力却没有成功并遭受了很惨的结局后,第二个刺客的勇气是怎么被激起的?他用同样的武器,竟成功地完成了他同伴未完成的事。而那位亲王刚刚受过不该轻信人的教训,走到哪里都有人伴随左右,并且这些人都是身强力壮;在他的客厅里也有卫队守护;老百姓们更是对他忠心耿耿。不过,那刺客行动时毫不手软,狂热激发了他超凡的勇气。匕首其实比手枪更为可靠,但需要更大的力量,因此更容易发生误差或受到干扰。我敢肯定,那位刺客是冒着必死的危险的,因为,尽管别人可以骗他,但头脑稍许冷静、稍许有判断力的人,都不会相信这次行动能成功。但他成功了,他既不缺乏冷静的判断力,也不缺乏勇气。产生这样坚定信念的动机可以是各种各样的,有时我们一个怪念头就能促使我们去做。

----

　　① 指法王亨利四世。——译者注
　　② 奥兰治亲王(1533—1584),即沉默者威廉一世,荷兰反抗西班牙统治的英雄。西班牙国王腓力二世悬赏谋杀他。1582年3月,一名刺客用枪把他打伤;1584年7月,他被另一名刺客枪杀。——译者注

奥尔良附近发生的谋杀①就不同了。这次谋杀，与其说是力量在起作用，不如说是偶然在起作用；要不是命运暗中相助，那一枪肯定不会致命。那刺客骑着马远远地向另一个骑马飞跑的人开枪射击，似乎他宁愿击不中目标，也不想延误了逃跑。后来也证明了这一点。那位刺客一想到干了这样一件了不起的事，就又害怕又高兴，以至完全丧失了意识，既不知怎样逃跑，也不知怎样回答。他当时完全可以蹚水过河，去向他的朋友们求救。这办法的危险度最小，我就曾经使用过，我认为不管河有多宽，蹚水而过的风险都很小，只要你的马找到较容易下水的地方，你能看出河对面什么地方容易上岸。那位刺客却不同，当人们宣布对他的可怕判决时，他却说："我早就等着了，我的耐心你们一定感到很吃惊吧！"

阿萨辛派②为腓尼基的一个独立的教派。伊斯兰教徒对他们的宗教相当虔诚。阿萨辛派坚持认为，进入天堂最可靠的办法是杀死一个异教徒。因此，他们常常甘冒生命危险，一两个人闯入敌人阵营，去暗杀（这个词就来源于这个教派的名称）他们的敌人。的黎波里的雷蒙公爵就是这样在他的城市里被暗杀的③。

（周蓉蓉　玉　清　译）

---

① 指1563年2月吉斯公爵二世被让·波尔特罗·德·梅雷谋杀一事。吉斯公爵是法国军事家和军人，他与蒙莫朗元帅、圣安德烈元帅组成捍卫天主教的三人执政集团，由此引发了第一次宗教战争。——译者注
② 阿萨辛派指11至13世纪以暗杀敌人为宗教义务的伊斯兰教新伊斯玛仪派。"阿萨辛派"这个词（法文为Les Assassins）后来就用于通称"暗杀者"，从这词派生出来的动词assassinr，意即"暗杀"。——译者注
③ 此暗杀发生于1151年。——译者注

荣　誉

　　世界上存在着物和物的名称。名称是指出和代表物的词,它不是物的一个部分,更不是它实体的一个部分,只是与物有联系的物外之物。

　　上帝本身就是完美的极点,因此在其内部已无法提高与充实,但他的名称却可以通过我们对他的感激和赞美来提高与充实。由于我们不能把对他的赞颂置于他内部,而他也不能在他的善行中变得更伟大,我们就把这些赞颂赋予他的名称,因为名称既在他身外又离他最近。至于我们的内部非常空虚,我们的本质十分不完善,需要不断地改进,这是我们应该竭尽全力去做的事情。我们不应用空气和词语来充实自己,我们需要更加实在的东西。一个饥肠辘辘的人假如宁愿选择一件漂亮的衣服,而不要一顿美餐,那就一定显得太愚蠢了——人必须去做最迫切的事情,正如我们平常所祈祷的那样:在至高之处光荣属于上帝,在大地上平安属于他所喜悦的人。① 我们缺乏美貌、健康、智慧、美德和其他重要的品质;外部的装饰可以在我们得到最主要的东西以后才考虑。神学对这个问题进行了详细、确切的论述,只是我并不精通这门学问。

---

　　① 原文为拉丁语,来源于《新约全书·路加福音》第二章。——译者注

克里西波斯①和第欧根尼是最早表示对荣誉的蔑视的。他们说,在所有的欢乐中,最危险、最应避免的莫过于别人的赞美给我们带来的欢乐,的确,经验已向我们展示了这种赞美所带来的种种危害。对君王们毒害最深的莫过于阿谀奉承;坏人们最容易博得人信任的方法也莫过于阿谀奉承;要引诱妇女失贞的最合适、最寻常的方法,就是用赞美来欺骗她们,把她们说得心花怒放。

塞壬女仙们用来引诱尤利西斯的第一首诗就属于这一类:

> 来呀,尤利西斯,
> 全希腊最荣耀的人。②

这些哲学家说,即使能得到世界上的一切荣誉,有头脑的人也不愿向它伸出一个手指头,

> 最大的荣誉假如只是荣誉,
> 那又算得了什么?③

这也是伊壁鸠鲁的主要观点,他的学派是以"过隐居生活"为自己的座右铭的,希望人们不要去担任公职和履行社会义务,因此也必然会对荣誉产生反感,因为荣誉是众人对我们在大庭广众下所做的事情的赞美;要我们深居简出,只管自己的人,是不愿为人所知,更不希望受人尊敬、被人褒扬的。因此,他建议伊多墨纽斯④不要根据众人的意见和看法行事,除非是为了避免因轻视他

---

① 克里西波斯(约公元前281—前205),古希腊哲学家,早期斯多葛派学说的主要整理人。——译者注
② 来源于《奥德塞》第十二章第184句诗。——译者注
③ 原文为拉丁语,作者尤维纳利斯。——译者注
④ 伊多墨纽斯(公元前325—前270),古希腊作家、政治家,伊壁鸠鲁的朋友。——译者注

人而给他带来的麻烦。

在我看来,这些话是很正确、很有道理的。可是,我也不知道是什么原因,我们有着双重的特性,正因这样,我们会相信自己不相信的事情,违心地去做自己不喜欢的事情。我们来听听伊壁鸠鲁在临死前说的那些话吧,这些话是了不起的,符合这位著名的哲学家的身份,但它们仍带有某种印记,说明他对自己荣誉的自豪和追求,而他却教导别人不要去追求荣誉。下面是他在临死前口述的一封信:

伊壁鸠鲁向赫耳玛库斯①致敬

我在一生中最幸福的也是最后一天写这封信,此时我感到膀胱和腹部都痛到了极点,然而,当我想起自己的著作和演说时,我心里还是感到十分愉快。由于你从小就喜爱我和哲学,因此请你把梅特罗道吕斯②的孩子们置于你的庇护之下。

这就是他的信。他在想起自己的著作时感到快乐,依我看来,这意味着他希望死后流传千古,因为他在遗嘱中要求他的遗产继承人阿弥诺马库斯与提摩克拉忒斯在每年一月举办他生辰纪念活动时,支付赫耳玛库斯提出的款项,还要支付一些哲学家在每月月盈的第20天为纪念他和梅特罗道吕斯而举办的聚会所需的费用。

卡涅阿德斯是持不同意见的那派人的主要人物。他认为,荣誉从它本身来讲是令人向往的,这如同我们喜爱自己的后代完全是为了他们一样,我们既不了解他们,也不能从他们那里得到什么

---

① 赫耳玛库斯(公元前3世纪),伊壁鸠鲁的信徒和继承人。——译者注
② 梅特罗道吕斯(约公元前330—前227),古希腊哲学家,伊壁鸠鲁的学生。——译者注

好处。这种看法得到普遍的认同，因为人们往往喜欢接受最能投其所好的看法。亚里士多德把荣誉放在外在财富的首位，他说：不要走两个极端，既不要过分追求荣誉，也不要过分回避荣誉。我觉得，假如我们有西塞罗这方面的著作，我们就会从中找到令人满意的答案。西塞罗是个热衷于追求荣誉的人，我觉得他一旦下定决心，就会和有些人那样走向极端，因为他认为对美德的追求只是为了随后而至的荣誉，隐藏的美德与无人知晓的无所事事相差无几。① 这种看法是极其错误的，使我感到难受的是，这种看法竟是在一位哲学家的头脑里产生的。

倘若这种看法属于正确的话，那有美德就一定要被大家承认，而我们在心灵——美德的真正中心区域——的活动可能要到被他人获悉时才需要对它们加以控制和约束。

假如事情做得巧妙，甚至可以迷惑他人。卡涅阿德斯说："比如你知道有一条蛇隐藏在某个地方，有个人不知道而在那里坐了下来，而你又觉得这个人的死会给你带来好处，这时，假如你不提醒他注意这个危险，那你就做了件恶事，而且因为你的行动只有你一人知道，而显得更为恶劣。"倘若我们不认为自己应该行善，倘若我们认为我们没有受到惩罚就意味着做得正确，那么我们每天都会干出许多坏事。塞克斯都斯·派杜寇斯十分诚实，把C·普罗提乌斯在没有他人知道的情况下交给他保管的财产交还给C·普罗提乌斯的遗孀——这种事我也做过不止一次，可我觉得这种事不值得赞扬，要是有人不这样做的话，我会觉得很可恶。我觉得在今天重提P·塞克斯提利乌斯·鲁孚斯的事例是十分恰当和有益的，西塞罗责备他昧着良心把遗产占为己有，尽管这样做非但没有

---

① 原文为拉丁语，作者贺拉斯。——译者注

违背法律,而且还有法律依据。克拉苏与霍尔坦西厄斯也受到西塞罗的谴责,这两人都是有权有势的人物,一个与他们毫无关系的人请他们利用一份伪造的遗嘱去继承遗产,并想通过这种方法使自己也得到一份遗产。克拉苏与霍尔坦西厄斯并不拒绝去继承遗产,而且对没有参与伪造遗嘱而感到满意,因为他们不会受到控告,也不会受到证人的谴责和法律的处治,并且不会使他们的名誉受到损害。他们应该知道,他们的证人就是上帝,在我看来,也就是他们的良心。①

美德假如是为了得到荣誉,那便成了毫无意义的事情。在这种情况下,倘若说我们把它与命运区分开来的努力徒劳无益的话,那么还有什么比成名更出乎意料呢?的确,命运主宰着一切,它无论对事物拔高还是贬低,都是一时的兴致所致,而不是根据事物的真正价值。②事情之所以被人知晓,这完全是出于命运。

命运对荣誉的赐予是如此地任性,我已不止一次地看见荣誉超过功绩,甚至大大超过功绩。第一个发现荣誉与阴影相似的人,说了很多他不想说的话。的确,这两者都显得极为虚幻。有时,阴影会出现在身体前,比身体还要长得多。

有些人教诲贵族:表现勇敢仅仅是为了荣誉,似乎只有让他人知道的行为才值得颂扬。③他们教诲贵族,倘若无人看见,就不要去冒险,还要注意当时是否会有人将他们的勇敢行为告诉别人。然而,表现勇敢的机会虽然有千百个,就是难以被人发现。这些人如此教诲他人,究竟有什么好处呢?有多少英勇行为被埋没在战斗中?在激烈的战斗中,要是谁有闲情逸致去观察他人的话,那肯

---

①③　原文为拉丁语,作者西塞罗。——译者注
②　原文为拉丁语,作者萨卢斯特。——译者注

定是个无所事事的人,他在为战友的英勇行为作证的同时,也为自己的不良行为作了证明。

真正明智和高尚的人认为,荣誉——我们天性追求的主要目标——在于英勇行为,而不是在于被人赞美。① 我所追求的荣誉,是一生的安宁,这安宁不是梅特罗道吕斯、阿凯西劳斯或阿里斯蒂帕斯所说的安宁,而是我所说的安宁。哲学既然没为大家找到通向共同安宁的道路,那就让每个人去找各自的安宁之路吧!

凯撒和亚历山大大帝能有如此显赫的名声,不是靠命运又是靠什么呢?有多少人在生活的起跑线上就被命运打倒!我们对这些人一无所知,倘若他们不是因不幸而终止了自己刚开始的事业,他们或许会表现出同样的英雄气概!凯撒九死一生,在书中却找不到他受伤的记录。成千上万的人遭遇的危险远比他小,却因此而告别人世。无数感人的英勇行为因无证明而永远地被埋没,能得到人们赞美的只是一小部分。你不能总是第一个进入要塞城墙的缺口,或是因走在队伍的最前面而引起将军的注意,如同你跪在断头台上那样,你会在树丛中或沟道里被打死,即使你去围攻一个鸡窝也要靠运气;你得把几个火枪手从谷仓中赶出去,离开部队时得根据当时的情况独自一人行动。倘若你仔细想一想,就不难从自己的经验中得出这样的结论:最不引人注目的事也是最危险的事。在我们时代爆发的战争中,阵亡人数较多的往往是不很激烈和不很重要的战斗,比如攻打军事力量较差的小城,而不是十分著名的战役。

有人认为,倘若不是在让人瞩目的场合牺牲,他就会白白浪费自己的生命,于是,他选择默默无闻的生活,放弃了许多建功立业

---

① 原文为拉丁语,作者西塞罗。——译者注

的好机会。其实,所有的良机都能带来荣誉,在这一点上我们应凭良心对每个人进行充分宣传。我们的荣誉是我们良心的见证。①

某些人的正直只是为了让别人了解,让别人了解后更加器重他,他只有在别人可能知道的情况下才去做好事,对这种人的期望值不能过高。

> 在那年冬天最后的日子里,
> 罗兰做的事实在令人难忘,
> 但那些事至今仍无人知晓。
> 我之所以不说出来并不是我的过错,
> 因为罗兰总是急着去做这种好事,
> 而不是急着把做的好事告诉大家,
> 只有让别人亲眼看到,
> 他的功劳才会被世人知晓。②

应该为履行自己的义务而去战斗,并耐心地等待奖赏;只要你做了好事,不管怎样隐秘,都会得到奖赏;就是行善的想法,也会获得报偿——正直的人只要做了好事就会感到心满意足。表现勇敢应该是为了自己,而且会得到这样的好处,即内心十分刚强,能抗拒命运的任何打击:

> 勇敢是不会有可耻的失败,
> 只会有完美无缺的荣誉;
> 它无论得到还是失去力量,
> 都不是出于公众的心血来潮。③

---

① 原文为拉丁语,作者圣保罗。——译者注
② 原文为意大利语,作者阿里奥斯托。——译者注
③ 原文为拉丁语,作者贺拉斯。——译者注

我们的心灵发挥自己的作用,并不是为了表现自己,因为这是在我们的内心,只有我们自己才能够看见;它不让我们害怕死亡、痛苦乃至耻辱;它给予我们力量,使我们能够忍受失去孩子、朋友和地位的痛苦,倘若有机会,它会让我们在战争中去冒死的危险。不是为了某种好处,而是为了与美德相连的荣耀。① 与一般的荣耀相比,这种好处要大得多,也更值得我们去追求,因为一般的荣耀只是别人对我们的赞美。

要解决关于一小块土地的所有权的争论,必须从一大群人中选出十来个人进行评判。对我们的倾向和行为的评判,这是最困难也是最重要的事,我们把它交给公众去办,可是,他们却是那样的无知、不公正和多变。让智者的一生给愚者去评判,这难道能说合情合理吗?这些人你个个鄙视,但集中在一起后你却另眼相看,难道还有什么比这更荒谬?②

谁想讨好他们,谁将一事无成;这个目标你无论怎么瞄准,都无法打中。任何事情都不如民众的评判那样出人意料。③

德米特里曾开玩笑地讲,他既不看重来自上面的声音,也不看重来自下面的声音。

另一个说得更清楚:我以为,一件事尽管本身并不丑恶,可一旦被公众赞扬,便成了丑恶的事。④

任何巧妙的办法和灵活的思想都不能让我们追随一个乱走一气的向导。在传言与浅薄的见解纷纷扬扬地搞得我们晕头转向时,我们难以为自己选择一条可行的道路。我们不能给自己确立一个游移多变的目标,我们要始终跟在理智的后面,假如公众愿

---

①②④ 原文为拉丁语,作者西塞罗。——译者注
③ 原文为拉丁语,作者提图斯·李维乌斯。——译者注

意,就让他们带着赞同的意见跟随我们走,不过公众的赞同与否完全取决于命运,我们没有理由认为他们一定得走这条路而不走那条路;即使这不是一条正规的道路,我还是会坚持走这条道路的,因为我凭经验发现,这是最安全、最可行的道路。

  上天赐予人类的恩惠,
  既是体面的也是有用的。①

  一位古代水手在一场暴风雨中对海神说:"哦,海神,只要你愿意,你就能让我活命;只要你愿意,你就能让我丧命,但我仍紧紧地握住舵柄。"在我生活的这个时代,我看见很多人灵活善变,往往喜欢脚踏两只船,大家都认为他们处世圆滑,但这些人现在都已丧命,我这个人倒还活着,我高兴地看到诡计也会遭到失败。②

  波勒斯在出发去马其顿进行那次著名的远征前,特别告诫罗马民众,要他们别对他的行动信口雌黄。的确,假如对人们的言论不加制约,那你干大事时就会寸步难行!不是每个人都能不顾民众的那些激烈的相反意见,不是每个人都能和非比阿斯③一样坚定不移,他宁愿让人们虚妄古怪的看法损坏他的名声,也不愿为了获取良好的声誉与公众的赞美而破坏他的工作。

  听到别人赞扬自己,总是会显得很高兴,可我们也过于重视这些。

  我并非不要赞美,我不是铁石心肠,

---

 ① 原文为拉丁语,作者昆蒂利埃纳斯。——译者注
 ② 原文为拉丁语,作者奥维德。——译者注
 ③ 指非比阿斯·马克西姆斯(?—公元前 203),古罗马统帅,政治家。——译者注

> 可我并不认为善行的结果和目的
> 在于赞歌颂词。①

我并不过于注意他人对我的看法,而只注意自我的看法;我想靠自己致富,而不是靠别人来致富。外人看到的只是外在事物及事物的外表,而每个人都会表现出沉着冷静的模样,即使内心充满了焦虑和恐惧。别人看不到我的内心,而只看到我的外表镇定自若。人们谴责战争时期的虚假行为是对的,因为对一个讲究实际而又胆小怯弱的人来讲,最好的事不就是既能逃避危险又能把自己打扮成英雄吗?能不去冒险的办法多得很,因此我们可以欺世盗名一千次,然后才真正去冒一次险。即使我们因此而陷入困境,我们也可以用合适的表情和言语来掩饰自己,尽管我们心里惴惴不安。许多人要是有柏拉图所说的那种戒指②的话,那就会在最该露面的时候使用这种隐身术,并后悔让自己变得这样荣耀,使他们不得不表现勇敢。

> 虚假的荣誉只能使徒有虚名者感到高兴,
> 编造的控告只能使无中生有者感到畏惧。③

因此,仅仅根据表象作出的评价是极其浅薄和不可靠的;最可靠的莫过于每个人的自我评价。

在屡立战功的人们中,有多少是辎重兵?勇士们坚守的战壕是别人挖的,一个英雄要是没有五十个工程兵为他开通道路,并为了一天五个苏的报酬去用自己的身躯来掩护他,他又怎么能建立

---

① 原文为拉丁语,作者柏休斯。——译者注
② 指古代位于小亚细亚西部的吕底亚国国王古盖斯(约公元前 687—前 648)的戒指。传说,戴上这枚戒指并把戒指上的宝石转向手掌就能隐身。——译者注
③ 原文为拉丁语,作者贺拉斯。——译者注

功勋呢？

> 罗马在动荡中贬值的东西，
> 你不要认为它不好；
> 你也不要去纠正公众的天平中错误的指针——
> 不要在自己之外去认识自己。①

我们说提高我们的名声，就是指让我们的名字变得众所周知，并从很多人的口中说出；我们希望它被别人恭敬地从嘴里说出，并希望它的荣耀能给它带来好处——这是我们追求荣誉的最好理由。但这种嗜好超过了一定的界限，那就会使某些人不满足于别人谈论他们。特罗古斯②在谈到希罗斯特拉图斯时以及提图斯·李维乌斯在谈到曼利乌斯·卡庇托利努斯③时说，他们关心的主要是名声大不大，而不是名声好不好。这其实也是一种普遍的弱点。我们在乎的是大家谈论我们，而不是如何谈论我们；我们对我们的名字能从别人的口里说出而感到满意，至于是什么原因说出，我们就不去管这么多了。在一般人看来，出名就意味着自己的生命处于众人的庇护之下。

我并不指望靠我的姓来获得荣誉，因为我没有完全属于我的姓：在我的两个姓中，一个姓属于我整个家族，甚至还属于其他家族；至于蒙田的姓，在巴黎和蒙彼利埃都有用这个姓的家族，在布列塔尼和圣道日还有个姓德·拉蒙田的家族，只要改变一个音节，我们的纹章会混同起来，这样我就能得到他们的荣誉，而他们就得

---

① 原文为拉丁语，作者柏休斯。——译者注
② 特罗古斯，公元前1世纪晚期的罗马历史学家。——译者注
③ 曼利乌斯·卡庇托利努斯（卒于公元前384），古罗马执政官。——译者注

承受我的耻辱;我先辈以前姓艾凯姆,英国现在也有一个颇有声望的家族用这个姓。至于我的名字①,是谁愿意取谁就能得到,这样,我可能会把自己的荣誉给予某个同名的装卸工。此外,即使我有什么特殊之处,在我过世后,它又能代表什么呢?也许它代表虚幻并让人喜欢虚幻?

> 建在他遗骨上的墓碑是否变轻?
> 有人说后人会赞颂他;
> 如今这英雄的亡灵,这坟墓,这遗骸,
> 是否长满了蒹蒹野草?②

这一点我已在其他地方谈过。

在一场伤亡人数达一万的战斗中,被人谈论的仅仅是15人。个人的成功,即使是军官,也并非都能引起大家的注意,除非这确实是难能可贵的壮举,或者在战争中起到了关键作用。杀死一两个或十来个敌人,或者临危不惧,这对我们每个人来讲已是微不足道的了,因为这是在生死攸关的时候。即使那少数一些引人注目的英雄行为,对整个世界来讲,也是极为平常的事情,每天都有这么多的事情发生。因此,我们不要对别人的推崇过于期望。这种事其他许多人都曾见到,简直可以说司空见惯,是命运中无数机会的一种。③

1500年以来,法国有无数握着武器牺牲的勇士,在他们当中知名的还不到100人。从我们记忆里消失的不仅有统帅的名字,而且还有战役和胜利成果。

---

① 即米歇尔。——译者注
② 原文为拉丁语,作者柏休斯。——译者注
③ 原文为拉丁语,作者尤维纳利斯。——译者注

世界上大部分人的命运因没有记载而无人知晓，也没有留下任何痕迹。

假如我掌握了那些迄今为止还无人了解的事件的材料，那么无论我需要什么事例，我都能十分自然地用这些事件来代替那些我们已知道的事例。

罗马和希腊虽然有这么多的作家和证人，但他们流传下来的丰功伟绩却还是凤毛麟角！把他们的荣耀传到耳边的只是细弱的声音。① 过一百年后，人们要是还大致记得，在我们这个时代，法国发生过内战，就已经算是不错了。

拉栖第梦②人作战时总要祭祀缪斯女神，以便女神把他们的功绩生动形象地记录下来。他们认为，他们的功绩如有见证，得以流芳百世，那就是上帝的特殊恩惠。

我们难道会认为，我们每次被火枪射中时，或遇到其他什么危险时，都会突然出现一位书记员，把这些事及时记录下来？这样的书记员就是有一百个，他们记录的文字至多也只能保留三天，因此很难被任何人看到。古人记载的文字能流传下来的千分之一都不到，命运赋予它们生命，也决定它们生命的长短。我们由于对其他事情一无所知，就难免会产生这样的疑问：我们没掌握的东西是好还是不好？人们不会把小事写进历史——写进历史的必须是征服一个帝国或一个王国的统帅，必须赢得几十次重大战役，且总是以少胜多，就如同凯撒那样。他的一万名战友和好几位著名的将领跟随他打仗而英勇地献出了自己的生命，然而他们的名字只有在他们的妻子和孩子活在人世的时候才留存在人们的记忆中——

---

① 原文为拉丁语，作者维吉尔。——译者注
② 拉栖第梦，即斯巴达，为古希腊城邦。——译者注

他们默默无闻地死去。①

就是我们目睹的那些建立伟大功勋的人,在他们辞世三个月或三年以后,人们就不再谈论他们,似乎他们从未降临人世一般。能对事物作出正确评价的人都在考虑一个相同的问题,即怎样的人和事才能名垂青史?他们会发现,在我们这个世纪,只有极少的事和人才能获得这种荣幸。英雄们在成名之后旋即又被人遗忘,无可奈何地眼见着年轻时名正言顺获得的荣誉被人遗忘,这样的事情我们见过多少?为了过上几年虚幻的生活,难道我们要一辈子脱离我们真正的实在的生活,使自己处于永久的死亡之中?对于这样重要的事,圣贤们给自己确定了更美好、更正确的目标。

把一件好事做好,这本身就是一种报偿。② 对一次效劳的报答就是效劳本身。③

对于画家和其他艺术家来讲,对于修辞学家或语法学家来讲,力图通过自己的创作和研究来成名是情有可原的,但德行本身是极为高尚的事情,因此只能去追求它们本身的价值,而不能妄想着索取其他报答,更不能因为虚荣而要求别人用赞美来报答自己。

不过,这种错误的看法对社会也并不是毫无益处,它可以促使人们履行自己的义务;它可以唤起民众行善;它可以让君王们看到,整个世界都在怀念图拉真④而痛恨尼禄。尼禄这个恶棍曾经是那么威风凛凛、令人生畏,如今任何一个小学生都可以肆无忌惮地加以诅咒和辱骂。君王们看到这种情况,就会有所震动。但愿这种看法尽可能地播散在我们心中。

---

① 原文为拉丁语,作者维吉尔。——译者注
② 原文为拉丁语,作者塞涅卡。——译者注
③ 原文为拉丁语,作者西塞罗。——译者注
④ 图拉真(约53—117),古罗马皇帝。——译者注

柏拉图为使城邦居民乐善好施，采取了各种措施，他还劝告大家不要轻视其他民族的名声与尊严。他说，在神灵的启示下，连坏人都会在口头上和思想上辨清是非。柏拉图和他的老师①做得又出色又大胆，在人力所不及之处他们都加上神的帮助和启示，就像悲剧诗人在无法处理剧本的结局时就求神帮助一样。②

大概就是出于这个原因，提蒙称他为"伟大的奇迹创造者"。

既然人们由于自身的缺乏无法使用真正的货币，那就让他们依然使用假钱吧！这种方法几乎被所有的立法者使用过，为了控制民众，使他们服从，没有一个国家不使用冠冕堂皇而带有欺骗性的言语。正是这个道理，大部分国家的起源都显得十分神奇，充满着超自然的奇迹。这也使那些乱七八糟的宗教得到人们的信仰，连理智的人都成为它们的信徒。因此，纽默与塞多留为了让自己的臣民更加忠心，就用荒诞不经的故事来蒙骗他们，前者编造了仙女伊吉丽娅③的故事，后者则说他得到了白鹿给他的神谕，神谕指示他如何如何。

纽默利用伊吉丽娅使自己的法律更具权威性。此外，巴克特里亚和波斯的立法者琐罗亚斯德利用奥尔穆兹德④，埃及的特利斯墨吉斯忒斯利用墨丘利神，斯基泰王国的萨莫尔克西斯利用维斯太神，哈尔基斯的哈龙达斯利用萨杜恩神，克里特的弥诺斯利用朱庇特，拉栖第梦的利库尔戈斯利用阿波罗，雅典的德拉古和梭伦利用密涅瓦，等等。总之，任何国家的治理，都要依赖一个神灵来

---

① 指苏格拉底。——译者注
② 原文为拉丁语，作者西塞罗。——译者注
③ 伊吉丽娅，罗马神话中的仙女，传说曾以预言指示罗马第二代王纽默。——译者注
④ 奥尔穆兹德，即智慧之王阿胡拉·玛兹达。——译者注

制定法律。这其实都是编造出来的,只有摩西在出埃及时给犹太教徒制定的法规才是真的。

就像德·儒安维尔先生所说的那样,贝都因人的宗教告诉人们,为国王捐躯的人的灵魂会进入一个新的躯体,这个躯体比过去的躯体更舒心、更漂亮、更强健,因此,贝都因人都愿意去冒生命的危险。

(周蓉蓉　玉　清　译)

伟　人

倘若有人要我选出我心目中的伟大人物,我觉得有三位是出类拔萃的。

一位是荷马。这并不是说亚里士多德或瓦罗等人不如他博学多才,也不是说维吉尔不如他有诗情——这点我让熟悉这两位诗人的专家去评论,我只了解其中的一位①,以我的水平来评论,即使是缪斯女神我相信也不会超过这位罗马诗人——

　　他弹起抑扬顿挫的里拉琴,
　　唱出的美丽诗篇,
　　不逊于阿波罗动人的歌声。②

然而,在作出这样的评论时,我们不要忘记,维吉尔的诗受到了荷马的很大影响,荷马是他的带路人及导师,《伊利亚特》中的一个章节为不朽的《伊尼伊德》提供了主题和素材。这不是我个人的偏见,我是综合各种因素,才认为荷马超凡出群,并且几乎超越了人的极限。

---

①　指维吉尔。作者自认为不精通希腊语,难以评论荷马的真正价值。——译者注
②　原文为拉丁语,作者普罗普蒂厄斯。——译者注

我常常感到奇怪,这不凡的人物以自己的卓越才华给世界创造了那么多受人崇敬的神,自己却没有得到神的地位。他是个生活在贫穷中的盲人,在各门学科还没有完全形成时,他已样样精通,以致后来制订法规的,从事战争的,创导宗教的,研究哲学的,创作文艺的,都把他看作是无所不知的先师,把他的书看作是包罗万象的万宝全书。至于什么是诚实,什么是耻辱,什么是有益,什么是无用,他比克里西波斯和克朗道尔说得还清楚。① 另一位也说:诗人读了他的著作,如同喝了永不枯竭的甘露。② 再有一位说:在缪斯的伙伴中,唯有荷马可与日月同辉。③ 还有一位说:丰富的源泉,让后代人从中为他们的作品汲取灵感;一位诗人的天才好比大江,可分流成几千条小河。④

　　荷马能创造出这类空前绝后的杰作,几乎超越了自然规律,因为事物初生时总是不完美的,随后才渐渐成长完美。由于这个原因,荷马可以称作是空前绝后的一位诗人;在他以前他无人可以仿效,在他以后也无人可以仿效他。按照亚里士多德的说法,荷马的语言是唯一有动感和情节的语言,他的词句都是言之有物的。亚历山大大帝在大流士的遗物中发现一只装饰得富丽堂皇的宝箱,便下令把这只箱子留给他,专门存放他保留的荷马书籍,并说这是作战时的最优秀、最忠诚的顾问。阿纳克桑德里德斯的儿子克利奥米尼兹,出于同样的原因也说荷马是斯巴达人的诗人,因为他是军事学的好教官。另外,还有一种奇怪的说法,那是普鲁塔克对他的赞扬,说他是世界上唯一的作家,从不使人迷醉,也不使人厌烦,

---

① 原文为拉丁语,作者贺拉斯。——译者注
② 原文为拉丁语,作者奥维德。——译者注
③ 原文为拉丁语,作者柳克里希厄斯。——译者注
④ 原文为拉丁语,作者马尼里厄斯。——译者注

对读者来说,是常看常新,永远给人一种新鲜的感觉。淘气鬼阿尔西拜厄迪兹,向一位从事文艺的人要一本荷马的书,那人说没有,他就马上给了他一个耳光,犹如发现教士没有经文一样。有一天,色诺芬尼向锡腊库斯的暴君海厄奥诉苦,说他很穷,连两个仆人都养不起。那位暴君回答:"是吗?荷马可要比你穷得多,尽管他死了,还不是照样养活着成千上万的人吗?"当珀尼西厄斯称柏拉图为哲学上的荷马时,还有什么话可说呢?

除此之外,有什么样的荣誉能与他的荣誉相提并论呢?没有任何东西能像他的名字和作品那样流传千古;也没有任何东西像特洛伊、海伦及其战争那样妇孺皆知——虽然这些事情还不知是否发生过;无人不晓赫克托耳和阿喀琉斯;我们的孩子取的是他三千多年前创造的名字。不但那些有关民族,就是其他国家,也要从他的作品中去寻本溯源。土耳其国王穆罕默德二世写信给我们的教皇派厄斯二世:"我奇怪为什么意大利人要反对我们,我们和他们有共同的祖先特洛伊人,我与他们都要为赫克托耳的死向希腊人复仇,而意大利人却与希腊人结盟来反对我们。"国王,皇帝,政治家,千百年来一直在扮演他们的角色,而这个世界只是他们演戏的大舞台,这难道不像荷马写的一出贵人间的闹剧吗?

希腊有七座城市都争说是他的出生地——即使他身世不明也给他带来许多光荣:斯米尔纳、罗得岛、科罗芬、萨拉米斯、希俄斯岛、阿戈斯和雅典。

另一位是亚历山大大帝。他很早就开始他的事业,用很少的手段完成了极其辉煌的事业;在他还是一名少年时,便已在追随他在全世界作战的名将们中间确立了威信;命运对他的特别宠爱,使他完成了许多因偶然,甚至我可以说是因轻举妄动而获得的功勋——

> 他把阻挡雄心的障碍一一推倒，
> 威风凛凛地在废墟中走出一条路来。①

他的伟大还在于：只有 33 岁,已在有人居住的大地上所向披靡,做成了人所该做的一切,简直使你难以想象。他如果有一般人的寿命,那他在合法行使权力期间,他的武功文治将繁荣强盛得令你无法想象。他提拔他的士兵做王爷,他死后有四位继承人分别统治这个帝国,而这些继承人都是他军队中的普通将领,他们的后人在这块庞大的土地上的统治维持了很长时间。他的一生集中表现了那么多的美德：正直、自制、豪爽、守信、仁厚、人道(他的品质高尚得几乎无可挑剔,虽然他也有一些个别的、偶然的、特殊的个人行为也是应该指责的,但要施展伟大的抱负这也是难免的。对于这样的人物应以他的主要行为来作判断。底比斯的毁灭,米南路与埃弗辛医生的谋害,大批波斯战俘的被杀,对印度军队背信弃义的处决,对包括儿童在内的科赛人的屠杀,都是难以原谅的过激行为。但在对克利图斯一事上,他对自己的赎罪又特别郑重其事,这件事和其他事一样说明了他复杂性格中的仁厚一面。他的性格中"善"还是占了主导地位,就如同这样一句话：他的美德来自天性,他的罪恶来自命运。至于他的好吹嘘,不愿听逆耳之言,把马槽、武器、马嚼子扔在印度到处都是,这些事在我看来都是因他少年得志而引起的)。他除了军事上的雄才大略外,还勤奋、远见、耐性、守纪、敏锐、高尚、自信、乐观,等等,即使汉尼拔不向我们指出,他也是天下第一人；还有他的相貌身材也是世所罕见,他长得英俊魁梧,气度非凡,简直就像一位神仙——

---

① 原文为拉丁语,作者柳肯。——译者注

> 他在海神的波涛中,
> 如星星般闪闪发光;
> 他抬起那张神圣的脸,
> 把天上的乌云全部驱散。①

　　他博学多才,能力高超,他毫无瑕疵的荣誉是永远也不会消失的。在他逝世后很多年里人们对他还有一种宗教般的信仰,认为他颁发的勋章会给佩戴者带来幸福,撰写他丰功伟绩的帝王要比撰写其他任何帝王功绩的历史学家还要多;如今的那些伊斯兰教徒看不起任何人的经历,除了亚历山大的经历。谁要是考虑到了这一切,谁就会赞同我舍凯撒而取亚历山大——也唯有凯撒才能使我对自己的选择表示犹豫。不能否认,凯撒创造功绩更多的是靠自己的力量,而亚历山大则更多的是依靠命运。他们有许多方面不分伯仲,在某些方面凯撒还显得略胜一筹。

　　他们是两场燃烧在大地上的熊熊大火或两条滚滚的大江,横扫大地,震撼千秋——

> 仿佛干枯的密林中燃起的大火,
> 浓烟到处翻滚;
> 仿佛高山上滚下的大河,汹涌咆哮,
> 席卷一切后投入大海。②

　　凯撒的野心虽然有更多的节制,可造成的后果却是灾难性的,国家灭亡,天下大乱。因此,根据全盘考察,各方衡量,我不能不选择亚历山大。

---

①② 原文为拉丁语,作者维吉尔。——译者注

第三位伟人,从我这方面来看,是伊巴密农达。

论荣誉,他远远不及前两位(荣誉也是事物实质的一部分);论勇敢果断,他有的不是那种受野心驱使的勇敢果断,而是那种受智慧和理性指导的勇敢果断。他思维条理性很强,简直到了随心所欲的境界。他本身的品德,在我看来是绝不亚于亚历山大和凯撒,虽然他在战场上不是百战百胜,战绩也不是那么显赫,但若是结合一切环境因素来考虑他的战功,那也不能等闲视之,在军事胆魄和策略方面丝毫不比他们差。希腊人众口一词,称赞他是希腊第一人,但这希腊第一人,也可以是世界第一人。至于他的学识,已早有这样的定论并流传至今:从来没有人知道得有他那样多,对自己又说得有他那样少。他属于毕达哥拉斯派,凡是他说的东西,无人能比他说得更好。他是个出色的演说家,其演说极能打动听众的心。

他的道德和觉悟,更是盖过所有领导国家的人。国家大事是头等重要大事,也是唯一能真正表明我们本性的,我把国家大事更看得比其他事的总和还重要,伊巴密农达在这方面表现得不比任何哲学家差,包括苏格拉底在内。

在伊巴密农达身上,正直纯朴作为他固有的品质,始终是稳定的,难以动摇的。相比之下,亚历山大在这方面就显得不完整、不坚定、不纯洁、软弱和具有偶然性。

古时候人们对所有的军事统领作详细的研究后,对每个人都可发现其出众之处。然而只有伊巴密农达,时时处处都显出德操和学识,在人生的任何阶段都没有发现有损人格的事;无论公事还是私事,无论和平时期还是战争时期,无论生还是死,都是那么光明磊落。我不知还有谁的相貌和经历,能让我见了以后产生那么多的敬仰和爱慕。说真的,他的好朋友描述他执意要过贫困的生活,我觉得这不免有些过分。这种高尚行为非常值得称道,但也过于艰苦,即使有心也难以仿效。

只有西皮奥·伊米利埃纳斯,他的结局是那样地壮烈,那样地令人自豪,他的学问又是那样地博大精深,使我对自己的选择产生过动摇和怀疑。这两位人物在普鲁塔克的著作中是最高贵的一对,一位是希腊第一人,一位是罗马第一人,这是举世公认的。这样的生命最后都被时光带走,这是多么令人扫兴的事!可这就是人生!这就是伟人!

我还想再提几件伊巴密农达的事,说明他的宽厚仁善。

他自称一生中最大的满足,是让他的父母享受到了卢克特勒的胜利,这是一场辉煌的胜利,他让他们享受比让自己享受更觉欢乐。

他认为,即使为了祖国的自由,也不能滥杀一个无辜者。当他以继承人皮洛皮德斯发动战争解放底比斯时,他表现得非常冷漠。他还觉得,在战场上应该回避和宽恕敌方阵营里的朋友。

(周蓉蓉　玉　清　译)

论忧伤

我是最不会忧伤的人。尽管人们对此种情感推崇备至，我却丝毫不喜欢也不欣赏。人们常常给明智、美德与衷心披上这件外套；这完全是一种蠢笨且可恶的装饰。意大利人倒是恰到好处地将邪恶称作忧伤，因为忧伤历来是荒唐无益、胆怯卑鄙的一种情感，也正因为如此，斯多葛派不允许他们的哲人有这样的情感。

然而有传说讲：埃及国王普萨梅尼图斯被波斯国王康比泽打败并俘虏后，看到被俘的女儿穿着仆人的衣服替波斯人打水。当女儿从他面前经过时，他所有的朋友都围着他伤心落泪，他自己却直挺挺地站在那里，一言不发，眼睛盯着地面；接着，他又看见儿子被敌人拉去处死，依然无动于衷。然而，当他看到自己的一个仆人也在战俘中，却开始拍打脑袋，显得异常悲痛。

无独有偶。我们的一位亲王①近来也发生了此类事情。他在特朗特得到了他的长兄——他们整个家族引以为荣并赖以支撑的顶梁人物战死沙场的噩耗，紧接着又获悉他家的第二希望——他的二哥也离开了人世。他以超出凡人的惊人毅力经受住了这两个

---

① 指洛林红衣主教夏尔·德·吉斯，他在十来天里先后失去了两个兄弟。——译者注

重击。然而没过几天,他的一个仆人死了,他却再也承受不了这新的打击,陷入极度的痛苦和悔恨之中。有人认为,他只为这最后的打击所撼动。实际上,两位兄长相继辞世,他早已悲痛欲绝,稍稍增加一点,其忍耐的堤坝就会垮掉。我们可以同样地看待我们历史上的事情,即使历史已向我们表明:当康比泽问普萨梅尼图斯,为什么对子女的悲剧无动于衷,而对朋友的不幸悲伤时,后者回答说:"对朋友的哀痛能够用泪水来表达,而对子女的哀痛是无法用任何形式来表达的。"

有关这一话题,古代一位画家的创作倒与此相似。这位画家画伊菲革涅亚①的献祭典礼。他根据在场的人对这位美丽无辜少女殉难的关心程度来描绘他们各自不同的哀伤。他为此做出了极大努力。当画到少女之父时,画家已感到山穷水尽,便将他的脸部用手掩住,似乎再也没有任何形式能表达出他哀痛的程度。这也能说明为什么诗人们要虚构出尼俄柏②这位不幸的母亲,来表现极度悲痛时的麻木状态:她先痛失七个儿子,接着又痛失七个女儿,失去了太多的亲人,使她因过度悲伤而变成了一块岩石,悲苦得变成了石像。③

当然,过分的悲哀会震撼整个心灵,使其行动受限制。这正如我们刚听到一个很不幸的消息时,会一下子惊得呆若木鸡,像灵魂出窍一样。然而在放声痛哭和悲恸诉说以后,心灵就会找到疏通的渠道,得到放松和宽慰,悲哀到最后,终于哭出了声。④

---

① 伊菲革涅亚,希腊神话人物。其父阿伽农门因冒犯女神阿尔忒弥斯而被女神惩罚:远征特洛伊的船队无风不能启航,只有将伊菲革涅亚祭献给女神,才能使女神平息怒火。——译者注
② 尼俄柏,希腊神话人物。——译者注
③ 原文为拉丁语,作者奥维德。——译者注
④ 原文为拉丁语,作者维吉尔。——译者注

弗迪南①国王和匈牙利国王的遗孀在布达附近战斗时,德军统帅雷萨利亚克看到一匹战马运来一具尸体。跟大家一样,统帅因死者在战斗中有出色表现而对他的死深表同情。出于和别人一样的好奇心,他想知道死者是谁。当死者被卸下盔甲时,他才明白这原来是自己的儿子。所有的人都在哭泣,只有他一句话也没有,一滴眼泪也没有掉下来,站在那里,眼睛一动不动地看着儿子,直到这巨大的悲痛使他停止呼吸,直挺挺地倒在地上。

正如恋人们说的那样:能表现出来的爱火是温火。②

他们还用如下的诗句来表达爱情的煎熬:

可怜的我!身心全已陶醉。
当我看见你,累斯比,
心灵与语言便不听使唤;
微妙的火燃遍我的全身;
耳边响起了嗡嗡的声音;
沉沉的黑夜罩上了双眼。③

可见,感情处于最强烈最炽热的时刻,是难以对我们的痛苦和思念进行表白的。因为,此时的我们心灵已被沉重的思绪压得难以喘息,躯体也因爱情变得脆弱而忧伤。

于是乎,那些爱得死去活来的恋人有时会一下子找不到感觉,爱到极点,即便在温柔中,也会突然冷下来。大凡能够品尝与忍耐

---

① 弗迪南(1503—1564),波希米亚和匈牙利国王(1526),后为德国皇帝(1556)。——译者注
② 原文为拉丁语,作者彼特拉克。——译者注
③ 原文为拉丁语,作者卡图鲁斯。摘自拉丁诗人卡图鲁斯(公元前87—公元前54)的诗体剧,累斯比是诗人对他情人克洛迪亚的称呼。——译者注

的情爱都是不足挂齿的。小悲则言,大悲则静。①

同样的,突然降临的欢乐也会使我们受惊,

> 她一见到我和特洛伊军队,
> 就失去理智,神情恍惚,
> 目光呆滞,脸色苍白,昏厥倒地,
> 好久才得以重新说话。②

历史上因兴奋过度而猝死的人并不少见:一位罗马妇人看见儿子从战败的坎尼回来,高兴得一命归天;索福克勒斯与暴君狄奥尼修斯也是因为过于兴奋而导致死亡;塔尔瓦则是在得知自己被罗马元老院授予荣誉称号时,客死于科西嘉的。至于本世纪③,这样的例子也数不胜数。莱昂十世教皇获悉攻克米兰这一他期盼已久的消息时,欣喜若狂,结果是一命呜呼。还有一个例子更能说明人类的这一愚蠢行径:古人记载,辩证法大师狄奥多罗斯因在他学生和听众面前不能解答人们提出的问题,而羞愧不已,当场毙命。

我很少感觉到这种激烈的情感。我生来感觉迟钝,而且每天用理性将感情约束住。

(周蓉蓉　玉　清　译)

---

① 原文为拉丁语,作者塞涅卡。——译者注
② 原文为拉丁语,作者维吉尔。——译者注
③ 指16世纪。——译者注

想象力

学者们说:"大胆的想象能够创造意外。"我就属于那种相信想象力极具威力的人。想象力人皆有之,可是有些人却被弄得神迷魂痴。我在不堪想象重压时,就采取逃避的对策,而不是抵抗。我周围的人健康愉快,我才能活得好。眼见别人愁眉不展,我自己也会愁上心头。我的感觉经常受到他人的影响。有人不停地咳嗽,我的肺部与喉咙便会不舒服起来。对于我不太关心与敬重的病人,我是不愿去看望的,但我更不乐意的还是去探望我理应探望的病人,我会想象自己也患上了这种病。有些人因纵容想象而导致高热,甚至死亡,对此,我觉得一点儿也不奇怪。西蒙·托马斯称得上是一代名医。我记得,有一天我在一个有肺痨的老富翁家遇见了他。在与病人商讨治疗措施时,他建议病人把我留下做伴,说多看看我充满朝气的脸蛋,多感受我生机盎然的活力,把我的生命力带给他的各种器官,他的身体可能会有所好转。但这位名医忘了告诉病人,我的身体也同时将变坏。

加吕·维比潜心钻研精神病的病源与规律,结果害得自己也因此而丧失了理智,并且再也没有痊愈。他或许能自夸自己是由于太聪明而变疯的。有些受刑者还未等到刽子手动手便已吓死了。有个人被送上断头台后,看见有人来为他松绑,向他宣读赦令,却顿时产生幻觉,骤然倒在断头台上一命归西。

至于夜里做梦发现自己头上长角的例子,那是屡见不鲜的,不过发生在意大利国王居普斯身上的故事却值得一提。这位国王白天时兴致勃勃地观看了斗牛赛,回来竟一整夜梦见自己额头上长出了牛角,他以为是真事,悲痛欲绝中,这位克罗伊斯的儿子①竟获得了他曾被大自然剥夺的嗓音。安条克则因迷恋斯特拉托妮凯②的美貌而发疯。大普林尼③说他目睹吕西·科西蒂在新婚之夜由女人变成了男人。蓬塔尼以及其他几个人也记述过近几百年来在意大利发生的这种变性事例,由于他与他的母亲迫切的愿望,

> 伊菲做女儿时的愿望,
> 终于在成为男人时实现了。④

经过维特里·勒·弗朗索瓦时,我看见过一个男子,苏瓦松的主教给他行坚信礼时起名叫日耳曼。当地人都知道他。他22岁时还是个女人,名叫玛丽,有一次向前跳跃时,只因用力过猛,身上便长出了男性器官。我看见他时,他已经老了,长着胡子,终生未婚。至今那里还流行着一首民谣,提醒女孩子不要跨大步,以免和玛丽·日耳曼一样变为男人。这类意外时时可见,用不着因此而大呼小叫的。因为,想象力一旦在某件事上有了用武之地,它就会紧紧攫住,决不放松。所以,为了避免被同一意

---

① 这事发生在吕底亚末代国王克罗伊斯(?—公元前546)去世时。——译者注
② 斯特拉托妮凯(?—公元前254),马其顿公主,叙利亚国王塞琉西·尼卡托之妻。其美貌绝伦,继子安条克(公元前324—前261)因爱她而患重病,在医生的劝告下,塞琉西把妻子还给了儿子。——译者注
③ 大普林尼(23—79),古罗马作家。——译者注
④ 原文为拉丁语,作者奥维德。——译者注

念与欲望纠缠,想象力索性一劳永逸地把这个男性器官长到姑娘的身体上。

有人把达戈贝尔国王①马圣弗朗索瓦的疤痕归因于他们的想象力。还有人说自己的身体有时会腾空跃起。塞尔苏斯②曾经叙述说,有个神甫对宗教迷得神魂颠倒,竟然能够做到长时间不呼吸,无感觉。圣奥古斯丁也讲过一位教士的故事,说他一听到悲惨凄哀的叫声,就马上会昏倒,任凭他人怎样摇他、喊他、掐他、烫他,都无济于事,直到他自己醒过来。他醒来后还会对人说他昏厥时听到了什么声音,只是感觉好像是从遥远的地方传来的。他身上则满是掐痕与烫痕。然而,刚才他确实既无脉搏,也无呼吸,这说明他不是故意跟自己的感觉作对的。

的确,各种奇迹、幻觉、魔法与神奇事件,主要是由于想象力的作用。意志薄弱者更容易为想象力所左右。他们对什么都信以为真,哪怕是没见过的事物,也以为看见了。

由于想象力的作用,有人也许在法国出人意料地治愈了颈淋巴结核,而他的朋友却带着未治愈的同样的病回到了西班牙。③因此,此类事情一般要求病人深信不疑。医生之所以在治病前就反复向病人强调保证能够治愈,就是为了让病人建立信心,发挥想象力的作用,以弥补汤药的不足。医生们知道有位神医在他传世之作中的叙述:有些病人一见到药物,身体就康复。

---

① 达戈贝尔(629—639),法国国王。据说,他身上的疤痕是因为他害怕坏疽病造成的。——译者注
② 塞尔苏斯(生活在公元2世纪),古罗马最伟大的医学理论家。——译者注
③ 法国国王有医治颈淋巴结核的异能,他们只需用手摸一摸病人,病人就能恢复健康。自从1525—1526年弗朗索瓦一世在马德里被捕后,许多有此病的西班牙人都来法国求治于国王。——译者注

我还要举一个类似的例子。这个故事是一位与我已故父亲过往甚密的人对我讲的。这人是位药剂师,瑞士人,朴实率真(瑞士人不爱虚荣,不说谎骗人)。他叙述说,好多年前,他在图卢兹认识了一个商人。这个商人身体虚弱,患有结石病,常常需要草药治疗。他让医生根据病情为他开药方,拿到药后,就按通常的程序进行,一步也不差。他还时常摸摸药温是否合适,然后躺下,仰卧着,所有的都按照程序进行,可唯独不吃药。等仪式结束,药剂师退下,这位病人舒服地躺在那里,仿佛真的吃了药一样。如果觉得效果还不好,就再如此这般地"服用"两三次药。我这位见证人发誓说,为了省钱(尽管不真的服药,钱却是照常付的),病人的妻子有时尝试着用温水代替,结果被病人发现在骗他,因此,只得仍然按照原来的办法做。

有个妇人吃面包时以为吞进了一根别针,便大喊大叫,焦躁不已,好像真的有根别针卡在她喉咙口一样,疼痛难忍,可她的喉咙既不肿胀,也无其他异常。有位行家判断这是幻觉的因素,可能是一块面包经过喉咙时戳了一下而引起的,于是便让她呕吐,在她的呕吐物里悄悄扔进一枚别针。那妇人以为别针吐出来了,顿时所有的痛苦都烟消云散。有位贵族,在家里宴请几位有身份的人,几天后,开玩笑吹牛说,他给他们吃了生瘟疫的猫肉(其实并不是这样)。其中的一位小姐听说后,吓得又是呕吐,又是高烧,最终也没有被救活。有趣的是,牲畜也和人一样,会为想象力所驱使。就说狗吧,主人死后,它们也会悲伤而死。我们还能看到狗在梦中尖叫与扭动,马在梦中嘶鸣与挣扎。

以上事例可以说明思想与身体互相影响的密切联系。想象力不仅作用于自身,有时还会作用于他人,那就是另一回事了。一个人身上的疾病会传给他周围的人,如瘟疫、天花与红眼病都会互相传染：

> 无病的眼睛看一下病眼就会染上疾病，
> 多少疾病就这样传染了。①

同样，一旦启动了想象力，就会有伤害人的利箭射出。传说远古时，斯基泰王国②里的有些妇女发怒时，单单凭着目光就可以杀死对方。乌龟与鸵鸟只需朝它们的蛋看一眼就能孵出小乌龟和小鸵鸟。还有巫师，据说他们的双目具有攻击性与危害性。

> 不知谁的眼睛征服了我的羊羔。③

不过，我觉得巫师是最让人怀疑的。其实，我们经常可以看到，女人们会给腹中的胎儿打上她们想象的烙印。从前，就有个人生下个摩尔人④。有人曾从意大利比萨给波西米亚国王——查理皇帝——带来一个浑身是毛的女孩。那女孩的母亲说，是因为看了圣·让·巴蒂斯特的一幅画像才怀上这个毛孩的。动物亦如此，比如雅各的羊群⑤，以及被山中的白雪染成白色的鹧鸪和野兔。不久前，我们家的一只猫窥见树上的一只鸟，猫鸟四目相视。那鸟不知是陶醉于自己的想象，还是为猫所吸引，反正没多少时间那鸟就像死了似地落下来被猫抓入爪内。喜欢用鹰打猎的人一定听说过这样一件事：有位驯猎鹰的人抬头紧盯天空中的一只鹞

---

① 原文为拉丁语，作者奥维德。——译者注
② 斯基泰王国，位于黑海北部，于公元前9世纪建立。——译者注
③ 原文为拉丁语，作者维吉尔。——译者注
④ 摩尔人为北非黑人。这里暗指一位白人公主，生下个黑孩子，被指控与黑人通奸。医生希波克拉底（约公元前460—前377）解释说，这是由于公主床头的一张黑人像所导致的，公主因此得到了宽恕。——译者注
⑤ 雅各，犹太人的祖先之一。他曾把各种颜色的树枝皮剥掉，使之呈不同色彩的斑块状，然后把这些树枝放在羊圈前。羊群看见这些树枝，便也长出了带各色小斑点的羊毛。作者认为这是想象力的效果。——译者注

鹰,打赌说他能仅凭目光就把那只鹰吸引下来,结果真是这样。我相信讲故事者的真诚,因此,借用了这些故事。

这些虽然未必都是我的亲身体验,但我是以理性为依据来进行叙述的。人人都能加进自己的例子;没有例子的,请相信一定会有,因为各种各样的意外事情简直可以说是举不胜举。

假如觉得我刚才所做的类比并不好的话,那就让其他人去做得更好吧。

我在研究人类习俗与活动时,就把一些有可能发生的虚构材料,当成真人真事来利用。不管事情是否发生,发生在巴黎还是罗马,发生在劳恩还是皮埃尔身上,那总是人类聪明才智的一种表现。我要叙述的事都是经过深思熟虑的。我在研究与利用这些素材时,既注重表面,也注重实质。对于那些故事的不同教训,我总是选用最宝贵最值得记忆的。有些作家注重记叙发生过的事情,而我旨在叙述我所知道的可能发生的事情。哲学是允许假设事物的相似性的,即使事物间并不相似,但我不这样做。我忠于历史,且慎之又慎。我所选用的事例,不管是道听途说,还是自己所做所说的,我都不敢有半点歪曲。我的理念不允许我这样做,只是难免因为知识缺乏而造成遗憾。关于这一点,我常想,让神学家、哲学家,这些意识和判断力皆完美的人来撰写历史也许更为合适。他们不可能相信一种民间传说,不可能为自己不熟悉的人的思想担保,也不会作出毫无根据的臆测。他们在法官面前宣誓,绝不会为眼前发生的复杂行为作证。他们和谁都保持着不近不远的关系,不会为什么人的意图担保。我个人以为叙述过去比叙述现实要少担风险,因为作者只是在叙述一个借来的事实。有些人认为我适合写当今的事,一方面由于我看问题的感情因素较别人少,另一方面是因为我有机会接触各种派系的枭首。然而,他们不想想,为了不给萨卢斯特①丢脸,我是不会费力去写的,因为我讨厌责任、勤勉和毅力;再者,没有什么比冗长的叙述更有悖于我的风格了:我的文笔缺乏连贯,叙述的事毫无价值,即使是最普通的事,我表述得也不如一个孩子那样善于遣词造句。不过,我从来就只说我所知道的事情,做事向来量力而行。即使让人来指导我,我也不可能按照他们的标准做事。我这人不受拘束,会随心所欲而又不乏理智地发表不合法的、会受到惩罚的看法。普鲁塔克可能会这样对我们讲:如果他写的东西被所有人都看成是真理,那么这是别人的杰作;如果那些东西能对后人有所启迪,如同一盏明灯,引导大家走向道德的完善,那才是他的作品。过去的事,无论如何,不会比劣质药品更危险。

(周蓉蓉 玉 清 译)

---

① 萨卢斯特(公元前 86—前 35),古罗马政治家、历史学家。他在他的第二部历史著作《朱古达战争》里,详细阐述了党派斗争的来龙去脉。——译者注

论说谎

没有什么人比我更不适合谈记忆力了。因为我身上丝毫没有迹象表明我有良好的记忆力,或许在这世界上也找不到第二个像我这样记性差的人了。我有种种平庸而不良的品质,可记忆力差得却与众不同,实属罕见,值得闻名于世。

尽管我记忆力不好是天生的,(柏拉图出于需要,不无道理地称记性为有权有势的女神)但由于在我家乡,如果说谁不聪明,就说他没记忆力,因此,每每我抱怨自己记忆力差时,人们就会责怪我,怀疑我,似乎我在埋怨自己是个傻瓜一样。他们把智力与记忆力混为一谈,这使我的情况更为糟糕。他们这样责备我,其实是在伤害我,因为,恰恰相反,经验告诉我们,良好的记忆力与低弱的判断力正好成正比。其次,他们这样异口同声地指责我,证明他们薄情寡义,而我却历来待人友善,因此,从这个角度来说,他们也是在伤害我。他们说我记忆力不好是因为缺乏感觉,把一个天生的弱点看成是意识问题。他们说我忘掉了这样那样的请求和承诺,忘掉了朋友们,说我从来不记得应该为朋友说些什么,做些什么,或者应该隐瞒些什么。诚然,我经常遗忘些事情,可对于朋友要我做的事情,我是不会不重视的。人们可以认为我这是无能,可是,不要把这种无能当成邪恶,因为我生来不会戏弄他人。

我为我的记忆力差而感到欣慰。首先,这一弱点有助于我克服在我身上可能产生的另一种更为严重的缺点,那就是利欲熏心。因为对于热衷社交的人来讲,记忆力差是一个不可容忍的缺陷。随着记忆力的衰弱,我身上的其他功能却有了加强的可能。这一现象,在自然界中不乏其例。假如别人的独到见解借助于记忆力而能留在我头脑里的话,那么同大家一样,我的思想与判断力会很容易地受他人的影响,而不能发挥自己的才华。我的记忆力不好,说话就会更简洁,因为一般记忆库的存货会比想象库的更充足。如果我记忆力好的话,那我就会对我的朋友们唠叨不止而吵坏他们的耳朵,就能够借题发挥这一才能,让我的言辞变得热烈而有吸引力。那就太不幸了。我在我几个好朋友那里验证过:他们愈是回忆出事情的全部细节,他们的叙述就愈显得冗长啰唆,就是精彩的故事,也会因此变得不精彩;故事不精彩,你就会诅咒他们的记忆力太好或他们的见解太差。话头一旦拉开,是很难收住或中断的。一匹马如果能干净利落地收住脚步,也就非同寻常了。甚至我看到有些说话不东拉西扯的人,一旦说起话来,也是欲罢不能。他们想在一个合适的时机收住话头,却又继续拉扯下去,就像快要昏倒的人拖沓的脚步。老年人则更可怕,对遥远的事情都还记得,却忘了他们已翻来覆去地说了好多遍。我曾亲眼看到,原先颇有趣味的故事,被一位绅士叙述得枯燥无味,因为听众没有一个不听过上百次。我为我的记忆力不好感到欣慰的第二个缘由,是我很少记住曾经受到的凌辱,如同一位古人所说的。不然的话,我就得专门雇一个提台词的人,像波斯国王大流士那样,为记住雅典人对他的侮辱,每次吃饭时,都让一个年轻侍从在他耳边唱上三遍:"老爷,勿忘雅典人。"而我每当重读我读过的书本,重去我去过的地方,我总会像第一次那样有新奇的感觉。

有人说,记忆力差的人,休想说谎,这不无道理。我知道,语法学家对说假话与说谎是作区别的。他们说,说假话是指说不真实的、却信以为真的事;而说谎一词源于拉丁语(我们的法语也源于拉丁语),这个词的定义包含着违背良心的意思,因此只涉及那些言语和内心相违的人。我指的就是这种人。然而,这类人要么捏造主要事实甚至全部事实,要么掩盖与歪曲事实的真相。如果他们常常在同一事情上予以掩盖与歪曲,就难免不露出马脚,因为真实的东西通过认识的途径已率先印入头脑,且根深蒂固,它会经常显现在我们的想象中,驱赶根基不稳的虚构;而那些最初获得的情节,每每都会潜入我们的脑海,使我们忘记那些被我们歪曲过的细节。至于那些纯属捏造的东西,因为没有相反的印象来揭露他们的伪装,他们便以为自己的胡编乱造可以高枕无忧。然而,由于其内容空乏,不着边际,连他们自己也很容易记不确切。我常常遇到这类人。让人好笑的是,那些人说话善于随机应变,擅长讨上司喜欢。他们妄想把信义与良知服从于千变万化的情况,因此他们说话也得随机应变。对于同一件事,他们一会儿会说成是灰色的,一会儿又会说成是黄色的;一会儿在这人面前这样说,一会儿又在那人面前那样说。若他们偶然将他们几次自相矛盾的话当成胜利成果拿出来比较的话,这一超人本领又会发生什么样的命运呢?他们不只是经常因一着不慎而陷入尴尬的境地,而且要记住对同一事实编造出来的各种形式,这实在要有过人的记忆力!我目睹时下有不少人渴望获得谨慎的美名,殊不知即使美名远播,也是徒有虚名者。

　　实际上,说谎是一种应该诅咒的恶习。我们完全依赖语言来维持相互间的联系。假如我们对说谎的危害与丑恶有足够的认识,对它就会比对其他罪恶更不留情。我发现,人们往往会因为孩子们无辜和不合时宜的过错而惩罚他们,会因为他们冒失却不造成任何影响与后果的行为而折磨他们。我认为,只有说谎与略为次要的固执,才是我们要时刻防止其萌芽与生长的缺点。这两种缺点会随孩子们的成长而成长。令人惊讶的是,一旦说了谎,想摆脱也摆脱不了。因此,我们经常见到,一些原来非常诚实的人,一旦撒谎,就从此会一撒到底,再也改变不了。我有一个颇为称职的裁缝伙计,我从未听到过他说实话,即使说实话对他有利他也不说。

倘若谎言同真理一样,只有一张脸面,我们还可以与它和平相处,因为那样我们能毫不费力地从反面理解说谎者的话。然而,谎言却有千百张脸面,实在难以确定其范围。

毕达哥拉斯派①的善恶观认为,善是有限与可定的,恶是无限与不定的。背离目标的道路有千百条,而到达目标的道路只有一条。当然,假如能用无耻的一本正经的谎言来避开一个明显的极其严重的危险,那我也无法保证自己可以坚持原则。

有一位神父曾经说,宁愿和熟悉的狗相伴,也不要同操不同语言的人为伍。显然,陌生人常常不被人当人看待。② 在社交中,谎言较沉默更难令人接受。

弗朗索瓦一世③就可以夸耀自己曾把米兰公爵的使者,能说会道的弗朗西斯克·塔韦纳驳得哑口无言,无地自容。塔韦纳是因一件后果严重的事件,受其主人米兰公爵的派遣,来向法国国王

---

① 毕达哥拉斯派,古希腊哲学家毕达哥拉斯所创建的学派,诞生于公元前6世纪,其影响一直到文艺复兴时期。——译者注
② 原文为拉丁语,作者普林尼。——译者注
③ 弗朗索瓦一世(1494—1547),法国瓦罗亚王朝国王(1515—1547),曾和查理一世争夺神圣罗马帝国皇位,惨遭失败。后又为争夺意大利领土,和查理一世进行四次战争,均以失败告终。——译者注

道歉的。事情是弗朗索瓦一世被驱逐出意大利，可是他想和意大利，甚至与米兰公爵继续保持友好关系，便派遣一绅士，实际上也是使节，来到米兰公爵身边，表面上装成有私事处理，而不是公事。米兰公爵弗朗索瓦·斯福扎同查理五世皇帝①的侄女，丹麦国王的女儿，享有亡夫遗产的洛林寡妇签了婚约，因此比以往任何时候都靠近查理五世。为了不使自己的利益受到损害，他不能让皇帝察觉到他与法国人有任何接触与往来。法国国王把这一使命交给了王家马厩总管，米兰人梅维伊。此人带着秘密国书以及作掩护用的给公爵的引荐信来到了米兰。然而，他在公爵身边待的时间太长，查理五世便有所察觉，结果自然可想而知：公爵制造谋杀的假象，深夜派人砍了使者的脑袋，并在两天内结了此案。法国国王向所有基督徒国王与米兰公爵本人发函询问原因，为此，弗朗西斯克·塔韦纳阁下早已准备好了一份和事实有违的长篇论述。他在国王早朝时叙述了许多看似令人信服的理由，来作为使者被杀的原因。他说，他的主人从来只把我们这位使者看成是来米兰处理私事的绅士，那人也从未以其他身份出现过；米兰公爵甚至不知道那人是否为国王效劳，是否认识国王，因此，谈不上把他当成使节看待。弗朗索瓦一世向他提出许多疑问与异议，并步步紧逼，直到最后逼他回答是不是在夜晚悄悄处死法国使节的。这时，弗朗西斯克狼狈不堪，只好如实回答说，出于对国王陛下的尊敬，公爵不敢让这样的极刑在白天进行。大家可以想象，他在法国国王面前，是怎样被驳得体无完肤的。

尤里乌斯二世教皇为煽动英国国王反对弗朗索瓦一世②，特

---

① 查理五世(1500—1558)，神圣罗马帝国皇帝(1520—1556)。——译者注
② 应为路易十二。——译者注

派了使者到英国。当使者陈述完使命后,英国国王答辩说,要和如此强大的国王作战,准备工作是十分艰难的,他还提出了其他几条理由。使者对英王说,他自己也想到过这些困难,并对教皇讲过。这一不恰当的回答,和他促使英王迅速对法作战的使命是背道而驰的。这一来,倒让英王找到了一条重要理由,那便是使者本人倾向于法国。他将此事禀告教皇,于是使者的财产全部被没收,还差一点命丧九泉。

(周蓉蓉　玉　清　译)

论恐惧

> 我胆战心惊,毛骨悚然,
> 一句话也说不出来。①

　　我不像有人认为的那样是研究人类天性的学者,对于人为什么恐惧所知甚少。然而这确实是一种奇怪的情感。按照医生的说法,没有任何情感会比恐惧更使我们束手无策。的确,我见过很多人因恐惧而魂飞魄散,连最沉得住气的人,恐惧起来也会惊慌失措。我这里不说那些凡夫俗子,他们有时会担心先人裹着白色的尸布从坟墓里走出来,有时又害怕撞见妖魔鬼怪。照理说当兵的胆子最大,可他们不也经常出于恐惧而把羊群当成戴盔甲的骑兵,将芦苇与竹子当作执长矛的骑士,将朋友看成敌人,将白十字架看作红十字架吗?

　　德·波旁先生②攻打罗马时,守卫圣皮埃尔镇的一位旗手,一听到警报就吓丢了魂,赶忙手握旌旗,从一被毁的墙洞里冲向城外,奔向敌人,还自以为是跑往城内呢。波旁先生看见了则以为是

---

　　① 原文为拉丁语,作者维吉尔。——译者注
　　② 德·波旁先生(1490—1527),第八位波旁公爵,1514年成为法国陆军元帅,后投靠神圣罗马帝国皇帝查理五世,1527年在围攻罗马时身亡。——译者注

城里人出来战斗了,赶紧排兵布将,准备出击。那旗兵看见德·波旁先生的军队,才恍然大悟,马上转过身,从原洞钻回城内,可刚才他从那破墙洞出来,已朝外跑出了三百多步。当圣波尔镇被比尔伯爵与迪勒先生攻克时,朱伊尔司令官的步兵连也遭到同样的厄运:这些士兵吓得丧魂落魄,纷纷从一个炮眼跳出城外,结果被攻城者全部消灭。在这次攻城中,还有一个贵族吓得一佛出世,二佛升天,从缺口逃跑时,竟在无任何受伤的情况下倒地而亡。这种因恐惧而死的事例倒是应该记住的。

有时,恐惧会攫住一大群人。在日耳曼库斯①同德国人的一次战斗中,两支部队的人马惊惶不止,竟然背道而逃,一支部队的逃离地也是另一支部队的出发点。

有时,恐惧会在我们的脚后跟上插上翅膀,就像以上两例那样;有时又会给我们的双脚钉上钉子,使我们不能动弹。以泰奥菲尔②皇帝为例吧。泰奥菲尔和亚加雷纳人③交战,在一次战斗中被打败,他当时惊得目瞪口呆,浑身麻木,都忘了要逃跑了,恐惧得连逃命都不知道了④!直到他的一位主将马尼埃尔来拉他摇他,像是要把他从昏睡般的状态中唤醒,对他喊:"若您不跟我走,我就杀死您。我宁愿让你毙命,也不愿看见您被捕而使帝国灭亡。"他才惊醒。

恐惧在让我们丧失防卫能力和光荣的勇气后,为了它本身的

---

① 日耳曼库斯(公元前15—公元19),古罗马将军,真名叫尤里乌斯·凯撒,曾被奥古斯都皇帝派去镇守莱茵河边境,因打败德国而获得日耳曼库斯(日耳曼人)的绰号。——译者注
② 泰奥菲尔(?—842),东罗马帝国皇帝(829—842在位)。——译者注
③ 亚加雷纳人为阿拉伯人,是亚伯尔罕与女仆亚加尔之子的后裔。——译者注
④ 原文为拉丁语,作者昆图斯·库提尤斯。——译者注

利益,又会使我们变得无所畏惧,从而展现它最后的威力。桑普罗尼奥斯①执政罗马时,在败于汉尼拔②的第一场正式战斗中,一万步兵甚为恐慌,他们不知亡命何处,慌乱中冲进敌人的主力部队,经奋力拼杀,竟突围而出,被杀死的迦太基③人不胜其数,从而以光荣的胜利,洗刷了逃跑的耻辱。这是我最怕看到的恐惧。

可以说,恐惧的威力超过其他所有的情感。

还有什么比得上庞培的朋友们在其船上亲身经历一场大屠杀时的痛苦情感来得更强烈更真实呢?然而,当埃及船只驶近时,他们吓得忘掉了痛苦,慌忙催促水手划桨逃跑,一直逃到推罗④,才从恐惧中摆脱出来,回想起先前的惨景,禁不住悲伤哀痛,大哭不已。而这以前,那威力更大的情感——恐惧阻止了他们的眼泪与悲痛。

> 当时恐惧从我心中掠走了
> 全部的勇气。⑤

那些在战斗中受伤的人,哪怕浑身是血,第二天就又被送往战场。不过对那些把敌人想象得很可怕的人,却最好不要让他们去面对敌人。那些时时害怕丢失财产、被放逐或被征服的人,总是生活在忧心忡忡之中,以至于食不甘味,夜不成寐;而那些穷人、流浪

---

① 桑普罗尼奥斯,古罗马政治家,公元前218年为古罗马执政官,在第二次布匿战争中曾失败,后在迦太基取得几次胜利。——译者注
② 汉尼拔(公元前247—前183),迦太基统帅。公元前218年春,率军远征意大利,开始了第二次布匿战争。——译者注
③ 迦太基,非洲北部(今突尼斯)奴隶制国家。公元前3世纪起与罗马争夺地中海西部霸权,引起了三次布匿战争(公元前264—前146),最后迦太基失败,沦为罗马的一个行省。——译者注
④ 推罗,古代腓尼基南部奴隶制城邦,即今黎巴嫩的苏尔。——译者注
⑤ 原文为拉丁语,作者西塞罗。——译者注

汉、农奴却往往活得同大家一样快乐。许多人因为经受不了恐惧的打击而上吊自尽,或者投河、跳崖自杀。这些都告诉我们,恐惧比死亡更难以忍受。

希腊人认为还有一种恐惧,非丧失理性而致,也无明显的原因,而是来自上苍的冲动。通常整个民族、整支部队会被这种恐惧所掳掠。迦太基就曾被这种恐惧笼罩过,以至于全国一片惊恐,到处是惊叫声。居民们似乎都听到了警报,从屋里跑了出来,互相搏斗,互相伤害,甚至互相残杀,就仿佛敌人真的来攻占他们的城市了。举国上下一片混乱嘈杂,直到祷告与祭祀让上帝平息了愤怒。希腊人称其为潘①引起的恐惧。

(周蓉蓉　玉　清　译)

---

① 潘,希腊神话中的山林神,人的躯体,羊的腿脚,头上还长着角,在山林中保护牧人。当他突然出现时会导致人们极大的惊恐。因此,潘引起的恐惧指集体突然间发生的强烈的恐惧。——译者注

友 谊

我在观赏一个画家为我作画的方法时,生出了效仿他的念头。他择取墙壁中央最好的地方,施展他的全部才华给我作了一幅油画,周围的空间则填满各种怪诞的装饰画。这些装饰画的迷人之处在于千奇万变,奇异独特。我想我这些作品其实也不过是些怪诞不经的装饰画:奇特怪异的躯体,连接着形状各异的肢体,没有明确的脸,次序、连接与比例都随心所欲。一个长着鱼尾巴的美女的身体。① 特别是第二部分,我与那个画家十分相像,然而在第一也是最主要的部分,我尚有不足,这是由于我才疏学浅,难以描绘出灿烂夺目、品位高雅的图画来。我曾考虑向艾蒂安·德·拉博埃西②借一幅来,好让我的作品沾点光。

那是篇论文,拉博埃西给它起名为《甘愿受奴役》。有人因不知道作者已作了命名,而另题为《反独夫》。那时,拉博埃西年少气盛,他在这篇文章中歌颂自由,抨击专制。从此,这篇文章在有高度理解力的人手中传阅,而且备受推崇。这的确是篇十分出色的

---

① 原文为拉丁语,作者贺拉斯。——译者注
② 拉博埃西(1530—1563),法国行政官员、诗人、人文主义者。从1557年起,作者与其交往并深受其影响,死前他把他的文稿留给了作者。作者后来设法出版了这些文稿,只是《甘愿受奴役》一文未发表。——译者注

全面的文章,可以说是他的最好作品。然而,如果在我认识他以后的时间里,他能同我一样把自己的想法都写出来的话,那么我们今天能够看到很多堪同古典名篇相媲美的传世之作了,因为他在这方面的天赋实在是卓然超群的,在我认识的人当中,没有谁能够与他匹敌。如今他却只剩下这篇文章了,而且还是在偶然情况下留下的。我认为这篇文章离开他后,他再也没见着过。还有几篇文章,是关于一月敕令[①]的,而一月敕令因为和我们的国内战争有关而赫赫有名。这几篇文章非常可能会出版。他在弥留之际充满爱意地立下遗嘱,把他的藏书与文稿留给我。除此之外,我还继承了他的论文集,我让人把它们出版了[②]。然而,我要特别感谢的是《甘愿受奴役》,多亏有了它,我与拉博埃西才开始交往。我在认识他以前,就已拜读了此文,并第一次知道了作者的姓名,也就是这样,开始了我同拉博埃西间的友谊。既然是上帝的意愿,我自然就精心培育我们的友谊,并使之趋于完美。肯定地说,这样的友谊颇为稀罕,在人类历史上可以说是史无前例。这种友谊需要接触多少次才能建立起来!三百年遇上一次就已算幸运了。

我们喜欢交友甚于其他一切,这或许是出于我们的本性。亚里士多德说,优秀的立法者关心友谊胜过公正。然而,至善至美的友谊仅存于我同拉博埃西之间,因为友谊形形色色,一般是靠欲望或利益、公众需要或个人需要来建立与保持的。友谊愈是掺进本身以外的其他动机、目的与利益,就愈不显得高贵美好,愈无友谊可言。

---

① 指1562年1月法国国王查理十一颁布的宗教宽容法令。——译者注
② 这本论文集出版于1572年巴黎。——译者注

友谊自古以来就有四种：血缘的、社交的、礼节的以及男女情爱的，它们不论是单独的还是群体的，都不是我所谈的友谊。

子女对父亲，更多的是尊敬。友谊需要交流，父子间缺乏平等，不可能有这种交流；友谊还有可能损害父子间的天然义务。父亲内心的秘密不会袒露给孩子，生怕孩子因为父亲过于随便而有失尊严。孩子也不可能向父亲提意见，指出父亲的错误，而这却是友谊的最重要的职责。过去在有些国家里，儿子按照习俗会杀死父亲；而在另一些国家里，却是父亲杀死儿子，而这一切都是为了清除障碍。很明显，一方的存在取决于另一方的毁灭。古代有些哲学家就对这种天然的亲情关系十分鄙夷。亚里斯卜提就是明证：有人逼问他生下孩子是不是因为对他们特别喜爱？他听了之后颇为不屑地说，假如怀的是虱子与蠕虫，他也会把它们生下来的。还有一个事例，就是普鲁塔克在谈到兄弟时所说的："虽然我们为一母所生，可我却不在乎。"实际上，兄弟倒是一个美好而富有爱意的词，我与拉博埃西间的情谊就是兄弟之情。然而财产的合并与分配，一个人的富裕导致另一个人的贫困，这些都能极大地削弱与疏远兄弟间的关系。兄弟们在同一条小道与同一个行列中谋取利益，自然会经常发生抵触与碰撞。然而，为什么那种蕴发着真正和完美友谊的关系会存在于兄弟间呢？父子性格可能会有天壤之别，兄弟也如此。这是我儿子，但他凶狠残忍；那是我父亲，可他却是个坏蛋或傻瓜。何况，愈是自然法则与义务强加于我们的友谊，我们的自由意志便愈少。自由意志孕育的友情就要纯洁得多。我在这方面是深有体会的，尽管我曾拥有世界上最好最宽厚的父亲，而且他一贯如此，甚至在他生命的最后一刻；尽管我的家庭素以父子情深而闻名远近，在兄弟情谊方面也堪称模范，我对兄弟如慈父般的爱护有口皆碑。①

如果把同女人的爱情和友谊做比较,尽管爱情出自我们的选择,也不会占据友谊的位置。我承认,爱情之焰更活跃、更激烈、更火热,

> 因为爱神了解我们,
> 把甜蜜的痛苦掺入她操心的事中。②

然而爱情是一种朝秦暮楚、变化多端的感情,它狂热激烈,忽高忽低,时热时冷,把我们系于一发之上。而友谊是一种普通的热情,它平稳冷静,经久不变;它高雅愉悦,决不让人感到难过与痛苦。其次,爱情不过是一种疯狂的欲望,愈是得不到的东西就愈是要追求:

> 好比猎人捕猎野兔,
> 不管严寒还是酷暑,
> 不管崇山还是低谷,
> 只想捕获逃跑的猎物,
> 一旦抓获却不再珍惜。③

友谊一旦进入爱情阶段,也就是说,进入情投意合阶段,便会衰退、消逝。爱情是以身体的愉悦为目的,一旦享有了,就不复存在了。相反,友谊愈是让人向往,就愈被人享用。友谊是在获得之后才会得到升华、增强与发展,因为它是精神上的,心灵能够随之净化。在这完美的友谊下,我也不是没有过轻佻的爱情,这里我不想多谈,上面那几句诗已淋漓尽致地对此做了表述。友谊和爱情

---

① 原文为拉丁语,作者贺拉斯。——译者注
② 原文为拉丁语,作者卡图鲁斯。——译者注
③ 原文为拉丁语,作者阿里奥斯托。——译者注

这两种情感都曾在我身上停留过,它们互相认识,但从不比较。友谊坚持走自己的路,它在天空翱翔,高贵矜持,傲然注视着在它下面顽固地走着自己道路的爱情。

至于婚姻,那简直是一场交易,唯有进去是自由的(其期限取决于我们意愿之外的东西,是强制性的),而且这场交易通常是为了其他目的才进行的。除此之外,还要理顺许许多多不相干的复杂关系,它们足以引起关系破裂和扰乱强烈的感情。而友谊只和自身有关,不涉及其他交易。然而,老实说,女人一般不会满足于这种神圣的关系,她们的意志不够坚强,一般忍受不了这种长久束缚人的亲密关系,不但灵魂能够相互完全拥有,而且肉体也参与了这种结合,男人也要全身心地投入进去。可以肯定,友谊会因此而变得更充分、更完美,只可惜没有例子能够证明女人可以做到这一点。古代各哲学派系都一致认为,女性是被排斥在友谊之外的。

希腊人有一种淫乱的爱情[①]被我们的习俗公正地唾弃。然而,那种爱情还是不符合我们这里所要求的完美相称的结合,因为习惯上情人间的年龄与地位必定相差悬殊:这种友谊式的爱情究竟为何物?为何人们不爱轻佻的年轻人,也不爱漂亮的老人?[②]柏拉图学院对此所作的描述,也没有比我更加否认这点。他们说,维纳斯之子在情人心里激起的对青春美少年的初次迷恋,仅仅是以身体的假象——漂亮的外表为基础的;他们允许这种迷恋狂热肆无忌惮地发展,就像毫无节制的欲望可能产生的那样。对美少年的初次迷恋不可能以精神为基础,精神恋爱只不过正在诞生中,还没有显示出来。假如一个心灵卑下的人爱上了一个美少年,那

---

① 指同性恋。——译者注
② 原文为拉丁语,作者西塞罗。——译者注

他追逐的手段就是财富、礼物、官位和其他一些廉价的商品，这恰是柏拉图哲学家们深恶痛绝的。倘若是一个心灵高尚的人，采用的手段也往往是高尚的：教他哲学，教他信仰宗教、遵守法律、献身于国家，这些都是勇敢、审慎、公正的重要内容。求爱者要尽可能地做到高贵优雅，这样将容易被接受，因为他的身躯早已失去风采，因此他要通过这种精神交往来建立一种更牢固更持久的关系。当追求有了结果，被爱者便希望通过心灵美来构筑一种精神的东西（柏拉图派决不要求求爱者在追逐过程中表现得从容稳妥、小心慎重，却要求被爱者这样做，因为被爱者要对内心美作出判断，可那又是很难甄别与发现的）。被爱者在作决定时，首先看重的是心灵美，其次才是躯体美，这和求爱者的标准正好相反。因此，柏拉图派更喜欢被爱者。他们强烈谴责诗人埃斯库罗斯不该把阿喀琉斯①与帕特洛克罗斯②的爱情中的求爱者的角色赋予少不更事、充满青春活力的最勇敢的希腊人阿喀琉斯。普遍一致的精神是爱情最主要也是最有尊严的部分。柏拉图派认为，精神一致结出的硕果于公于私都大有好处，而且这种精神的一致，是国家的力量之源，是公正与自由的主要维护者。哈莫狄奥斯③与阿里斯托吉顿④之间的健康感情便是明证。柏拉图派把这种精神的普遍一致看作是神圣与至高无上的。总之，柏拉图哲学的爱情观可以归纳为：爱情的结果存于友谊之中。在这一点上，与斯多葛派的爱情观大致吻合：爱情是一种获得友谊的尝试。当有人以漂亮的外表吸引

---

① 阿喀琉斯，希腊神话英雄。在特洛伊战争中，其勇敢无比，大败特洛伊人。——译者注
② 帕特洛克罗斯是阿喀琉斯好友。在特洛伊战争中，他身穿阿喀琉斯的盔甲冲到特洛伊城下，被赫克托耳杀死。后阿喀琉斯为他报了仇。——译者注
③④ 哈莫狄奥斯(？—公元前514)和阿里斯托吉顿(？—公元前514)，都为雅典人。他们共同密谋反对雅典暴君的独裁统治，结果都被杀死。——译者注

我们时，我们就想获得他的友谊。① 回到对友谊的描述上，我将更为公正：只有性格与年龄变得成熟与稳健时，才能对友谊做出完整的判断。②

另外，我们通常所说的朋友与友谊，只是指由心灵相通的、机遇相连接的频繁交往与亲密关系。在我所谓的友谊中，不仅要心灵相互交融，而且要交融到天衣无缝，连联结点也找不到。如果有人非要问我为什么喜爱他，我真有种说不清道不明的感觉，因此只好这样说："因为他，也因为我。"

除了我所阐述的，还有一种难以解释，似乎是命运的力量在促成我同拉博埃西间的友谊。尚未谋面时，听到别人谈论对方，我们就超越常理地相互产生好感，并开始相互寻觅。我感到这是天意。一次偶然的机会，在某次市政重大节日上，我们相遇了，那简直可以说是一见如故，相见恨晚，从此再也无人比我们更亲近了。拉博埃西用拉丁语写了一首出色的讽刺诗，后来发表了③。在诗中，他对我们的友谊能如此神速地臻于完美做了解释。我们相识时都已是成年人了，他比我大几岁④。我们的友谊起步较晚，已来日不多，因此，就不能拖拖拉拉，按部就班，浪费时间，像一般人那样小心谨慎，要经过长期的接触。我们友谊的形成方式独树一帜。然而，这不是一种、两种、三种、四种，甚至一千种特别的因素，而是所有这些因素综合而成的一种难以言表的精华。它吸引了我全部意志，使我的意志融入他的意志中；它同时也吸引了拉博埃西的全部意志，使他的意志也融入我的意志中，彼此如鱼得水，心心相印。

---

① ② 原文为拉丁语，作者西塞罗。——译者注
③ 此诗由作者收进拉博埃西的文集中。——译者注
④ 两人相识时，作者25岁，拉博埃西28岁。——译者注

我所说的"融入",那是真真切切的,我们不再拥有任何自己的东西,也不分你我。

罗马执政官们在判决提比略·格拉库斯[①]后,追捕所有与他有交往的人。他最好的朋友凯厄斯·布洛修斯也在其中。莱利乌斯[②]当着罗马执政官的面,问布洛修斯愿意为他的朋友做哪些事,后者说:"一切。"莱利乌斯又问:"什么? 一切? 如果他要你放火烧神殿呢?"布洛修斯反驳说:"他可从来没有这样要求过。"莱利乌斯又说:"如果他一定要你这样做呢?"布洛修斯回答道:"那我就去做。"史书上这样评论:假如布洛修斯真是格拉库斯的挚友,他就无须用最后这一大胆的回答来触犯执政官,不应放弃他对格拉库斯意志的信任。然而,指责这一回答具有冒犯性的人,并不了解其中的奥秘。他俩的友谊是一种力量。他们彼此相知甚深,是真正的朋友,而不是一般的同胞,不是喜爱冒险与制造混乱的朋友。他们相互信任、相互倾慕。你不妨用道德与理性来牵引这种依恋,你便会觉得布洛修斯应该这样回答。如果他们的行动不协调,那么,不论以我的标准,还是以他们的目标,他们就不再是朋友了。因此,换了我,我也会这么回答。如果有人问我:"假如您的意志命令您杀死您的女儿,您会杀她吗?"我的回答是肯定的。因为就是这样回答,也不能作为我会做的证明。我对我的意志绝对信任,也绝不会对这样一位朋友的意志感到怀疑。对我朋友的意愿与看法深信不疑,这个信念是世上任何理由都不能赶走的。我朋友的行动,

---

① 提比略·格拉库斯(公元前162—前133),古罗马护民官,曾尝试进行农业改革,把大贵族攫取的土地归还给平民,却未得到平民的支持,以后在贵族挑起的民暴中被杀。——译者注

② 莱利乌斯(活动时期为公元前2世纪),罗马军人、政治家,曾做过罗马执政官。——译者注

不管以什么形式出现,我都能迅速发现它们的动机。我们心心相印,互相钦佩,我们的感情已深入到内心。因此,我了解他的心灵就像了解我自己的心灵,不仅如此,而且我对他的信赖也超过对我自己的信赖。

请不要把平常的友谊同我所说的友谊混淆起来。我跟大家一样,也经历过那种一般的友谊,而且是最典型的,可是我劝大家不要混淆规则,不然就要搞错。对于普通友谊,走路时要紧握缰绳,如履薄冰,需要小心谨慎,才能防止随时都可能发生的破裂。"爱他时须想到有一天会恨他;恨他时须想到有一天会爱他。"奇隆这样说道。这一箴言,就我所说的那种崇高的友谊而言,是极其可恶的,可对于普通平常的友谊,却是一帖良药。把亚里士多德的一句至理名言用在后者身上倒是恰到好处:"呃,我的朋友,没有一个称得上朋友!"

利益与效劳能够养育其他友谊,可在我所说的至高无上的友谊中,这是不值得一提的,因为我们的心灵已是水乳交融。必要时,我也会向朋友求助,可不论斯多葛派怎样说,我们间的友谊也不会靠此加深,我也不会求助成功而觉得庆幸。也正因为如此,这样的朋友的结合,才是真正完美的结合。他们再也感觉不到义务的存在,对那些会引起争执与分歧的字眼,如利益、义务、感激、请求和感谢等,他们特别憎恨,并从中驱逐了它们。实际上,他们之间的一切——愿望、思想、看法、财产、女人、孩子、荣誉与生命——都是共同拥有的,他们步调一致,按照亚里士多德的正确定义,是两个躯体共同拥有一个灵魂,因而他们不可能把任何东西借给或赠予对方。正因为这样,为使婚姻同这一神圣的友谊有些许假想的相似,立法者们禁止丈夫与妻子之间订立赠予证书,想以此推断,一切都属于夫妻双方,没有什么东西可以分开。在我阐述的友谊中，倘若一方能够给予另一方，那么接受利益的一方就是给予了同伴恩惠，因为双方都想为对方做好事，这愿望比做其他任何事的愿望更强烈。如此而来，提供做好事机会的人就成了宽宏大量者，同意朋友对他做最想做的事，便是给予了朋友恩惠。哲学家第欧根尼缺钱时，他不说向朋友要钱，而是说向他们讨还钱。为了证明这个道理，我要讲一个颇为奇特的古代故事。

科林斯人欧达米达斯有两位朋友：卡里塞努斯与阿雷特斯，前者是西锡安人，后者为科林斯人。欧达米达斯死时十分贫困，而他的两位朋友却非常富有，他就这样立下遗嘱："我把为我母亲养老送终的责任遗赠给阿雷特斯，把为我女儿操办婚事的责任遗赠给卡里塞努斯，让他尽其所能为我女儿置办一份丰厚的嫁妆。他们中如有一位先行去世，活着的那位应接替他的职责。"率先见到这份遗嘱的人很不以为然，而他的继承人得知后，却欣然接受。那位卡里塞努斯五天后就随着去世，他的职责便由阿雷特斯接替。阿雷特斯尽心赡养朋友的母亲，并把他的五塔兰财产的一半给自己的独生女儿作嫁妆，一半给欧达米达斯的女儿作陪奁，并在同一天为她们举办了婚礼。

这个事例很能说明问题，只欠缺一点，那就是朋友的数量多了点。我所讲的那种完美的友谊，是不可分割的，双方都把自己的一切给予了对方，不再有任何东西可以分给其他人了。他遗憾的是自己不能变成两个、三个、四个，没有好几个灵魂来全部献给他的朋友。普通的友谊是可以和几个人分享的：你既可以喜爱这个人相貌堂堂，那个人性格随和或慷慨大方，也可以欣赏这个人有慈父般的心肠，那个人有兄弟似的情谊，如此等等。然而我所论述的友谊绝对领导和掌握着我们的灵魂，是不可能和他人分享的。假如两个人同时要你帮忙，你去帮谁呢？假如他们要求你做的事南辕北辙,你置谁于先、置谁于后?假如其中一个向你说了一件事,要你严守秘密,而另一个却一定要知道,你又怎么摆脱困境?假如你的友谊是唯一而且是根本的,那就免去了其他所有义务。我发誓保守的秘密,我就能够不违背誓言,不会泄密于任何人,除了我自己。一个人一分为二,已是很大的奇迹了,如果说要一分为三,那简直就是不知天高地厚了。如果有相同的,那就不再是独一无二了。有人假设,我会把同等的爱给予两位朋友,他们也会像我爱他们那样互敬互爱,还像我爱他们那样爱我。如此假设,把唯一的与特有的东西成倍增加,那就变成了社团。事实上,这样的东西哪怕有一个,也是世间罕有。

除此以外,那个故事与我所述的友谊非常相似:欧达米达斯在需要时让他的朋友为他效劳,作为赋予朋友的深情厚意。他让他们继承遗产是他的慷慨,也就是拿他们为他效劳的方法交给了他们。毋庸置疑,友谊在他手里所展现的力量要比在阿雷特斯处境下所展现的更强大。总之,这是未尝过友谊滋味的人难以想象的。我特别欣赏一个年轻士兵回答居鲁士一世的话。那位士兵的马在比赛中刚获得大奖,居鲁士问他那匹马想卖多少钱,是否愿意用它来换取一个王国,那士兵说:"当然不,陛下,可是我十分愿意用它来换一个朋友,若我能找到一个值得我交往的人。"

"若我能找到",说得多好!找一些一般交往的人这并不是什么难事,可我们指的交往,是要敞开心扉,毫无保留。当然,一切动机也因此都要明明白白,确实可靠。

在只有一端维系的友谊与利益兼有的关系中,只需防止这一端不出问题就行了。我不可能为我的医生与律师信仰何种宗教而操心。这个问题和作为朋友给我帮助毫无联系。仆佣与我的关系也同样如此。我一般不打听哪个仆人有无廉耻心,而是关心他是否勤快。我不担心赶骡的爱玩乐,而担心他是个傻瓜;我不怕厨师爱讲粗话,而怕他过于蠢笨。我不想对人说应该做什么,管这份闲事的人太多了,我只想告诉人我是怎么做的。

这是我的做法

你可按你的愿望去做①。

在餐桌上,我喜欢不拘小节,说说笑笑,而不是小心翼翼;在床上,我喜欢美丽甚于善良;在社交场合,我喜欢有能耐的人,即使他并不正直。在其他地方也是这样。

阿格西劳斯二世同他的孩子们玩骑棍子游戏时,被人碰见,他请求那人在成为父亲以前不要对此事妄加评论,认为那人只有在心中有了爱恋的时候,才能够公正地评价这种行为。我也希望和可能品尝过我所说的这种友谊的人交谈一下。然而,我深深地明白,这样的友谊和世俗的做法天差地别,它寥若晨星,因此我并不指望能找到一个公正的仲裁者。关于这个话题,古人给我们留下了很多思考的余地,可是,比起我的感觉来,却显得苍白无力。而在这一方面,事实胜过哲学雄辩:

对于思想健康者来说,

一个让人快乐的朋友可以超过一切。②

古人米南德说,只要能邂逅朋友的影子,就已是幸福的了。当然他如此说有他的道理,哪怕他也曾拥有过这样的友谊。感谢上帝,我的生活快乐舒适,除了失去这样一位挚友让我感到怆然以外,我无忧无虑,心满意足,因为我满足于自然与原始的需要,从不

---

① 原文为拉丁语,作者泰伦提乌斯。——译者注
② 原文为拉丁语,作者贺拉斯。——译者注

去寻求其他需要。然而,说真的,若将我的一生和在那位朋友陪伴下度过的愉快四年相比较,我觉得那不过是一团迷雾,是昏暗而无聊的长夜。我失去他的那天,是永远残酷永远值得怀念的一天。神啊,这是你们的意愿。① 我从此就无精打采,苟延于世。娱乐活动非但不能使我得到安慰,反而加深了我对他的思念。过去所有的东西我们都对半分享,如今我感到仿佛自己偷走了他那部分。

  我想永远放弃欢乐,
  因为他已不在这里分享我的生活。②

  我已习惯在哪儿都是一个中的一半,我感到自己的另一半已不复存在。

  啊!命运已掠走了我灵魂的另一半,
  留下的一半我不再爱惜,
  对我也不再有用,我活着还有什么意思?
  你离世的那一天我的灵魂也随之而去。③

  无论我做什么,想什么,我都要责怪他,似乎他处在我这种情况下也会如此一样。在才能与品行上,他超出我千百倍;同样,在对友谊的尽职上,他也会比我做得更出色。

  失去你我是多么不幸,兄弟!
  你的友谊给我带来无比的欢乐,
  这一切都随着你的离去而离去!
  你走了,我的幸福也随之碎裂,

---

① 原文为拉丁语,作者维吉尔。——译者注
② 原文为拉丁语,作者泰伦提乌斯。——译者注
③ 原文为拉丁语,作者贺拉斯。——译者注

> 你的坟墓埋葬了我们共同的灵魂。
> 我整天昏昏沉沉,不思不想,
> 闲暇时也无心读书。
> 难道再也不能同你说话,
> 再也不能听到你的声音?
> 啊!比我生命还要珍贵的兄弟,
> 难道永远爱你也见不着你了吗?①

不过,我们还是要听听这位 16 岁少年②的心声。

我发现那篇文章③被一些居心叵测的人发表了,那些人妄想扰乱与改造现行的国家秩序,却从不考虑自己能不能做到。他们把这篇文章同另一些颇合他们口味的文章汇编成一部书出版了。因此,我只好改变初衷,不在这里发表。为使未能深入了解拉博埃西思想与行为的人对他存有完好的记忆,我要告诉他们,这篇文章是他在少年时期写的,只是一篇习作,论述的议题普普通通,在好多书里都能见到。他对他所写的东西毫不怀疑,这一点我并不怀疑,因为他做什么都十分认真,甚至在做游戏时也不说假话。我还清楚,倘若能够选择,他宁愿生在威尼斯④,而不是萨尔拉,这当然是有道理的。在他心中还铭刻着另一条箴言:严格遵从家乡的法律。任何公民都比不上他安分守己,也没有任何人比他更期望国泰民安,更反对社会动荡。假如发生骚乱,他只会尽可能地去平息,决不会火上添油。他的思想是根据几百年前的模式铸造

---

① 原文为拉丁语,作者卡图鲁斯。——译者注
② 指作者的挚友拉博埃西。——译者注
③ 指拉博埃西的论文《甘愿受奴役》。他的一些信徒把此文与其他人写的几篇抨击文章一起编入《查理十一时代法国的回忆录》中,该书于 1576 年出版。——译者注
④ 当时,威尼斯是共和政体。——译者注

而成的。

然而，我仍然想用他的另一篇文章来替代这篇严肃的论文。那篇文章诞生于《甘愿受奴役》的同一时代，可显然更轻松活泼。

（周蓉蓉　玉　清　译）

论习俗

我觉得，第一个编造下面这个故事的人，一定想到了习惯的作用。故事说，有一个村妇有一头牛，牛刚出世时，她就把它搂在怀里轻抚，以后便一直坚持，终于养成了习惯，等到牛长大后，她仍要把它搂在怀里。实际上，习惯是一个蛮横奸诈的教师。它悄悄地在我们身上建立起权威，开始时温柔谦和，时间一长，它扎稳了根基，便露出了强悍专制的真面目。我们也因此而没有了自由，甚至连抬头看它一眼都不敢。我们看到，习惯常常与自然规律背道而驰。在任何事情上，习惯总是个非常成功的主人。[1]

我相信柏拉图在《理想国》里所作的洞穴比喻[2]。医生们经常会不顾医学的理性而屈从于习惯的权威。有位国王[3]设法使自己

---

[1] 出自古罗马作家老普林尼的《博物志》。原文为拉丁语。——译者注

[2] 柏拉图的洞穴比喻是：一群囚犯被关在一个洞穴里，背朝一堆大火，有人在他们身后走动和搬动物品，投影到墙上。囚犯们除影子外什么东西都没见过，就把这些影子看成现实世界。后来，其中的一个囚犯被释放。他一见到亮光，就眼花缭乱，认为现在看到的东西还不如以前看到的影子真实。渐渐地他习惯了光亮，能分辨出事物了，还能直视太阳这个光明之源。在柏拉图看来，这便是人类的历史：先有感性知识，即影子世界。研究哲学时，起初颇为迷茫，以为感觉比思想更真实，后来懂得了辩证法，进入了理智世界，便开始直视理念。——译者注

[3] 指本都王国国王米特拉达梯六世（公元前132—前63）。晚年时，他因怕被人毒死，而自服毒药，由少至多，逐渐加量，以此来获得身体的耐毒性。——译者注

的胃习惯于毒物。艾伯特①曾经记载,有个女孩习惯吃蜘蛛。

在新印度,人们发现生活在不同地区的许多民族。有的民族食用蜘蛛,不仅储存,还予以饲养,同时还吃蚱蜢、蚂蚁、蜥蜴、蝙蝠等;食物缺乏时,一只蟾蜍可卖六个埃居。他们把这些动物煮熟,然后配以各种调料食用。那里,有些民族还认为,我们所食用的各种肉类会将人毒死。习惯的力量是巨大的。猎人能在雪地上过夜,能忍住山上的毒日。拳击士被铁皮手套击中时,连哼都不哼一声。②

假如我们仔细想一想,习惯怎样使我们的感官变得迟钝麻木的话,那么,这些闻所未闻的事例就不足为奇了。我们不必了解生活在尼罗河大瀑布旁人们的感觉,也毋庸打听哲学家对天体音乐③的看法。那些坚固的天体在运行中轻轻相碰与摩擦,发出一种美妙动听的声音,天体在这抑扬顿挫的乐声中翩翩起舞,只是声音再大,人麻木的耳朵也感觉不到,正如尼罗河边的居民对巨大的瀑布声习以为常一般。马蹄铁匠、磨坊主、枪炮匠如果和我们一样会被敲击声震聋耳朵的话,那他们就再也不能生存下去了。我曾经为取悦我的鼻子,佩戴用花串成的项链,谁知连着戴了三天以后,我便久闻而不知其香了。更为奇特的是,即使间隔很长时间,习惯也照样会作用于我们的感官,钟楼附近的居民就是如此。我曾住在一个钟楼里,那里的一口大钟每天早晚要敲一次圣母经。这响彻云霄的钟声震得钟楼也心惊胆战。前几天我根本无法忍受,但很快便习惯了,听起来也不再感到刺耳,甚至可以经常不被

---

① 艾伯特(1193—1280),德国神学家和哲学家。——译者注
② 原文为拉丁语,作者西塞罗。——译者注
③ 毕达哥拉斯派和柏拉图派的哲学家们设想天体在运行时发出动听的声音,只是人难以感觉。——译者注

钟声闹醒。

柏拉图训斥一个玩骰子的孩子,那小孩却说:"你何必为这点小事来训斥我。"柏拉图反驳说:"习惯可不是小事。"

我发现,我们身上最大的恶习都是自小养成的。我们的教育主要由母亲掌握。母亲见到孩子拧鸡脖子,打伤狗或猫,以为只是种消遣。还有一种愚蠢至极的父亲,看到儿子殴打一个难以自卫的农夫或仆人,会认为是孩子尚武的好预兆;见孩子用奸诈的手段欺骗玩弄同伴,会认为是了不起的成就。他们就没有想到,这已经撒下了残酷、蛮狠和背信弃义的种子。这些种子在童年时代就开始萌芽,以后,在习惯的哺育下茁壮成长。因孩子年幼或事情较小而无视他们的不良倾向,这将后患无穷。首先,这是天性在发话,其声音与其说是纤细柔弱,毋宁说是清澄响亮的;其次,欺骗的丑恶性不在于金币与别针的区别,而在于欺骗本身。对此有两种意见,一种是:"既然他能用别针搞欺骗,为什么在金币上就不会呢?"另一种是:"只不过是别针而已,他不会拿金币去弄虚作假。"我以为前一种意见比后一种正确得多。应该认真教导孩子厌恶他的那种天然恶习,使他们得以认识到这些恶习天生的丑恶本质,要求他们不仅在行动上,特别要在思想上做到防微杜渐,不管那些恶习做何伪装,只要心里一闪念都会感到厌恶。我自小就培养自己走正路。做游戏时,我最憎恶欺诈行为(必须指出,孩子们做的游戏不只是单纯的游戏,应当看成是他们最严肃的行动),因此,就是无谓的游戏活动,我也坚决反对舞弊,这已成为我的本性,无须做什么努力。我与妻女玩牌时,输赢我都无所谓,就如同在玩真的那样,两个辅币①的输赢像两个金币一样对待。没有人能像我的目

---

① 辅币,法国旧时货币单位,一辅币等于十二分之一的苏。——译者注

光那样，如此近地时时监督我，促使我安分守己，循规蹈矩。

不久前，有一个南特人到我家里。这是个身材矮小的人，天生就无胳膊。他用脚来做手该做的事，动作之娴熟，几乎要让人忘掉脚的自然功能了。他称脚为手，用脚切面包，给枪装上子弹后射击，穿针引线，缝衣，写字，脱帽致敬，梳头，打扑克，玩骰子，洗牌……他做起来游刃有余，毫不比一般人逊色。我付钱给他（他靠表演谋生），他用脚来接，就像我们用手接一样。还有个人，是个孩子，他用双手舞剑的同时，又可以用脖子夹住一根长矛舞动，把剑与矛抛向空中后再接住，尔后又投标枪，啪啪地挥着鞭子，俨然一个法兰西车夫。

习惯在我们思想上可以说是一马平川，它的作用可以从它给我们的奇特印象中更好地看出。无论我们的观点还是信仰，它都能涉及。还有什么观念比习惯培植的观念更离奇古怪、更荒诞不经吗？（宗教赤裸裸的欺骗不包括在内。不少伟大民族，以及自以为是的人都沉迷于宗教。它们不受人的理智控制。因此，那些未被上帝的光芒特别照耀的人，从中迷失目标是情有可原的。）西塞罗曾发出这样的感叹，在我看来不无道理：自然科学家的任务是观察与探索大自然，却被习惯一叶障目的人要求为所谓的真理提供证据，这难道不感到羞愧吗？①

我认为，人大致上能想象到的事情，再疯狂离谱也能在生活中找到相似的实例，因此也总能在推理的基础上建立起来。在有些国家，是用背对着人来表示致意的。还有些国家，当国王吐痰时，最受宠爱的宫廷贵妇要用手去接。还有的国家，宫廷最显赫的大臣们要弯腰拣国王扔下的垃圾，并包在他们的手绢里。

---

① 原文为拉丁语。——译者注

这里，我们要插进一个故事。有位名叫弗朗索瓦的绅士，喜欢用手擤鼻涕，这同我们的习俗格格不入。此人以爱开玩笑而闻名遐迩，他竭力为自己辩护，说这龌龊的鼻涕有何特权，非得备一块漂亮精致的手绢，甚至还要把这擦了鼻涕的脏手绢小心翼翼地包好放在身上。他说，用手帕擤鼻涕可能比随地乱擤鼻涕更可厌、更恶心，而其他脏物也是随地乱丢的嘛。我听了以后觉得他的话并非没有一点道理，但对随地乱扔垃圾我们早已习以为常了，因此也不以为然。如果是说别的国家的事情，我们一定会感到奇丑无比。

奇迹之所以有，是因为我们对大自然知之甚少，而不是因为大自然本身的缘故。习惯使我们的判断力变得麻木驽钝。野蛮民族对于我们来说，一点也不比他们眼中的我们更荒诞，也没有理由更荒诞。如果看到下面的事例，把自己的亲身经历与这些事情作一正确比较的话，我们都会对此予以承认。人的理性是一种天赋的染料，其重量几乎与我们所有观念和习俗的总和相等，不论何种形式的观念与习俗，都能找到相应的理性。下面我就来举出这些例子。在有些国家中，和国王讲话，要用传声筒，除了王后和王子公主。有个国家里，处女露出阴部，已婚妇女却把阴部小心遮住。还有一个地区的习俗也与此相似，在那里贞操只是婚姻的要求，姑娘可以随便委身于人，假如怀孕，可以用专门堕胎的药，只要她们自己愿意。另外有个地方，若商人结婚，所有应邀来参加婚礼的商人便先于新郎与新娘同居，与她同居的人愈多，新娘就愈加光彩，愈被认为刚强能耐；官吏、贵族和其他人结婚也是如此，但农民和下等人除外，有身份的人才能这样做；而在婚礼上，人们仍一本正经地叮咛新郎新娘要忠贞不渝。有的地方有男妓院，男人间甚至能结婚；妻子随夫出征，不仅参与作战，而且还能指挥战斗。有的地区,不仅把戒指戴在鼻子、嘴唇、脸颊和脚趾上,而且还把沉甸甸的金环串在乳头和屁股上。有些地方的人吃饭时,在大腿、阴囊和脚掌上擦手指。有的地方子女没有继承权,兄弟与侄子才有继承权。还有的地方继承权只传给侄子,除王位以外。有的地方规定一些高级法官要管理大家共同财产,全权负责土地耕种,并把收获的果实按需分配给大家。有的地方小孩死了人们哀伤痛哭,老人去世了却额手称庆。有的地方十来对夫妻同居一室。有的地方如果丈夫猝死,妻子可以改嫁,如果丈夫是其他原因死亡,妻子则不能再婚。有的地方极端歧视女性,女的一生下来就遭杀戮,需要时就从邻国买来女人。有的地方丈夫可以无端休妻。有的地方妻子如果不育,丈夫就有权把她们卖掉。有的地方死后就把尸体煮熟再捣成粥状,掺在酒中喝掉。有的地方人死后让狗吃掉,还以为这是人最理想的归宿;也有的地方是让鸟吃掉。有些地方的人相信幸运之魂自由快活地生活在舒旷的大地上,我们还能听到他们发出的回声。有的地方的人在水中作战,一边游泳一边准确地拉弓射箭。有的地方以耸肩与低头表示顺从,进王宫还要脱掉鞋子。有的地方专门看管修女的人没有鼻子和嘴巴,以避免使修女爱上他们;神甫为了与神灵交往并获得神谕而将眼睛戳瞎。有的地方,人们都把自己喜爱之物视为神灵:猎手信奉狮子或狐狸,渔夫则是某一种鱼;人类的每种行动或嗜好都有一个神祇;太阳、月亮、大地是最伟大的神,发誓时就对着太阳,在地上蹬着脚;那里的人还吃生肉和生鱼。有的地方作重要宣誓时,就用一位在世时德高望重的死者的姓名,把手放在死者的坟茔上。有的地方国王赠给封臣们的新年礼物是火。送火之使到来时,各家各户都得熄火;封臣的子民们还要来取新火回家,否则就以渎君罪处罚。有的地方国王如果要把自己全部奉献给宗教(这是常有的事)而自行退位,他的第一、第二继承人也必须这样做,直到王位传给第三继承人。有的国家的统治方式是按事务的具体要求而灵活变通,必要时会罢黜国王,让德高望重者取而代之;也可能把政权交给公社。有的地方不论男女都行割礼,起教名。有的地方,如果士兵在一次或几次战斗中取下七个敌人的头颅献给国王,就能被封为贵族。有的地方女人分娩时毫无惧色,并且一声不哼。有的地方女人套铜护腿;如果被虱子咬了,咬死虱子则是她们的光荣义务;在把自己的童贞奉献给国王之前(若是国王要她们的话),她们不敢嫁人。有的地方向人问候时先用手指触触地,然后再指向天空。有的地方男人用头顶重物,女人则用肩膀;男人蹲着小便,女人却站着。有的地方的人若要向人表示友好,就把自己的血送去;若表示敬仰之情,就焚香给他们,如同敬奉神灵一般。有的地方亲戚之间不能通婚,哪怕隔了四代,甚至更远。有的地方喂孩子吃奶会一直喂到四岁,甚至到十二岁;孩子生下来第一天就吃奶会被认为有生命之虞。有的地方父亲专管惩治男孩,母亲专管惩治女孩,惩治方法是把他们倒吊着用烟熏。有的地方什么草都吃,除非有些草气味太重,气味重否是鉴别草能不能吃的唯一方法。有的地方房屋都是敞着的,再富丽堂皇也没有门窗,箱子也不锁,但对盗窃者却处以严厉的惩罚。有些地方的人像无尾猕猴那样,用牙齿咬死虱子,看见用指甲掐死虱子会感到很可怕。有的地方的人一辈子都不剪头发不修指甲;还有的地方只剪右手的指甲,左手的指甲则随其自然;也有的地方,右边的头发任其生长,左边的头发则要剃光;而在其周围地区,有的前边留发,有的后边留发,也有的把头发剃得精光。有的地方父亲把女儿,丈夫把妻子租给客人作乐。有的地方做儿子的可以光明正大地同自己的母亲生儿育女,父亲则与女儿甚至儿子纠缠不清;聚会狂欢时,大家可以互相出借孩子。

这边，人们以人肉为食；那边，杀死上了年纪的父亲则是尽孝道。这边，孩子还未出娘胎，父亲就已安排好，是留下来养大还是遗弃和杀死；那边，年老的丈夫把妻子借给年轻人享用。还有的地方女人为男人们共有，却不视为罪孽；甚至在有的国家，女人和多少个男人同居，就在她们的裙子上装饰多少根美丽的缨穗，以示荣誉。习惯不是还创造了一个女儿国①，让她们手握武器，训练士兵，和敌人战斗吗？所有哲学都无法让最聪明的人塞进脑袋的东西，习惯却靠自己的独家法令，让最粗鄙的人都掌握了吗？我们知道，在某些国家，死亡不仅被睥睨，还受到欢迎；在那些地方，孩子们到七岁就要受到鞭笞，而且即使被打死，也要面不改色；那里的人视财富如敝屣，即使最穷困的人也不屑去捡装满金币的钱包。某些地区相当富饶，而最美味可口的食物却是面包、蔬菜和水。

习惯不是还在希腊的希俄斯岛创造了奇迹吗？在那里，有七百年时间不曾有一个女子做出伤风败俗之事。

总之，习惯无所不做，也无所不能。据说，品达罗斯②曾把习惯称为世界的皇后，我看不无道理。

有人看见一个人在打父亲，便前去干涉。谁知那儿子却说，这是他家的家风，他的父亲也这样打他的祖父，而他的祖父也这样打他的曾祖父。那人还指着他的儿子说："他到我这般年纪也会打我的。"那父亲被儿子在大街上拖来拽去，饱受凌虐，但到了一个地方，他忽然命令儿子停下来，因为以前他也只把自己的父亲拖到这

---

① 指阿玛宗国，位于黑海沿岸小亚细亚与亚速海海滨一带，境内禁止男人居住，其国民皆为女人，且骁勇好战，善于骑马射箭。——译者注
② 品达罗斯（公元前518—约前438），古希腊诗人，其颂诗被认为是公元前5世纪希腊合唱抒情诗的顶峰之作。——译者注

里为止,那是他们家儿子虐待老父的传统界限。

亚里士多德说,有些女人抓头发、咬指甲、吃煤渣与泥土,不仅是由于习惯,而且是一种怪癖;男人喜欢和男人交往,则不仅是出于习惯,而且也是本性使然。

从前,克里特岛①人要诅咒某人时,就祈求诸神让此人染上某种恶习。

然而,习惯最重要的作用就是俘获和蚕食我们。它一旦走进我们的体内,就把我们紧紧地攫住,并深深地扎下根去,为它的法令强词夺理。确实,从出世后吃奶的那一刻起,我们就开始习惯吮吸乳汁了。我们初次见到的世界就是这样的嘴脸。我们似乎生来就是按习惯行动的。那些在我们周围颇有市场、被我们的长辈注入我们心灵的成见,已经被当作是普遍而自然的思想。

因此,不符合习惯就被认为是不符合理性,这是很不合理的。假如人人都像我们这么研究自己,听到一句好的箴言,就马上看一看它在哪方面适合自己,那他便会发现,这句箴言与其说是机智幽默的话,不如说是对成见的有力鞭挞。然而,人们使用警句箴言好像是为了告诫他人,而不是规箴自己,因此不是将它们纳入自己的习惯,而是仅仅装进脑袋里。这种做法是极其愚蠢而无益的。

言归正传,下面继续来说习惯的权威性。受自由与民主思想影响的人民,认为任何统治都是可怕的,是违反自然的。同样的,习惯君主制的人民,不管命运为他们提供怎样的改革求新机会,他们也会在费了九牛二虎之力推翻了某位君王的可恶统治后,马上

---

① 克里特岛,希腊最大的岛屿。公元前2000年在岛北岸以诺萨斯城为中心建有奴隶制国家。——译者注

花同样的力气为自己立一个新君王,因为他们无法下决心去仇恨君主统治。

波斯国大流士一世曾经询问几个希腊人,给他们什么才能使他们顺依印度人的习俗,把去世的父亲吃掉(印度人认为死者最好的归宿是被吃掉),希腊人回答,无论给什么,他们都不会这样做。大流士一世又尝试着规劝印度人改变他们的习俗,按希腊人的做法,把他们父亲的遗体火化,结果得到的是印度人更强烈的反应——人人都是如此。习惯使我们看不清事物的本来面目。

> 任何伟大的让人赞叹的事物,
> 都会渐渐地变得平淡无奇。①

以前,每当我要阐述一个我们早已接受的权威看法,又不想墨守成规地只用规则和事例来证明,而是寻源溯流,追根刨底时,我便会发现这个看法其实并不牢靠,以致后来一想到要向人家证实这个看法,就感到有些兴味索然。

柏拉图为了改变他那个时代流行的违背情理的爱情,号召大家对其进行猛烈的舆论抨击,让诗人以及所有的人都口诛笔伐,他觉得这样做是一帖良药。幸亏这一帖药,使再美丽的女儿也不会激起她们父亲的爱情,再英俊的兄弟也不会让他们的姐妹心动,就连堤厄斯忒斯②、俄狄浦斯③、马卡勒斯④的神话,也用脍炙人口的

---

① 原文为拉丁语,作者卢克莱修。——译者注
② 堤厄斯忒斯,希腊神话人物。他勾引兄弟的妻子,事情败露后逃离祖国,其兄弟为报仇而杀死了他的儿子。——译者注
③ 俄狄浦斯,希腊神话人物。他在不知情的情况下杀父娶母,致使全国瘟疫流行。当他明白真相后,刺瞎双目,最后流浪而死。——译者注
④ 马卡勒斯,希腊神话人物。他与他的姐妹乱伦,被其父发现后自杀身亡。——译者注

歌声,把这一信念实实在在地注入孩子们幼小的心灵。

贞操的确是一种美德,它的作用可以说是人人皆知,可要从本性上来探究廉耻心却是困难的,如用习俗、规律和箴言来阐述就比较容易了。最基本最普遍的道理是很难细细研究的。我们的诸位大师只泛泛地研究这些道理,却不敢深入,这样就成了习俗的卫道士,还自鸣得意。那些不想摆脱这种习俗的人犯的错误则更大,他们只得满足于奇谈怪论,正如克里西波斯①在他许多作品里,散布不要过分看重任何形式乱伦的观点。若是有人想从习惯的强烈偏见中摆脱出来,那他就会发现,很多毅然决然接受的东西,不过是凭着它们白发苍苍、满脸皱纹的外表。一旦这张面具被撕掉,事物恢复了其真实与理性,他就会发现自己的判断似乎已被彻底推翻,然而却回到了更坚实可靠的状态。这时我就问他,还有什么比一个民族盲从某些习惯更荒唐的呢?他们所有的家事,如婚礼、捐赠、遗嘱、买卖,都被束缚在某些他们不可能弄懂的规矩上。况且那些规矩不是用他们的语言撰写与出版的,因而他们还不得不购买其解释和用法的说明书。那些规矩也不是建立在伊索克拉底②的高见之上(这位雄辩家劝导国王允许其臣民自由贸易,并免除赋税,使他们有利可图;假如他们发生争斗,就课以重金),而是建立在一种危险的见解上:情理能买卖,法律能作商品交流。我十分幸运,因为根据我们历史学家的记载,第一个起来反对查理曼大帝③把拉丁

---

① 克里西波斯(约公元前280—前206),古希腊哲学家。他是将斯多葛派哲学系统化的主要人物。——译者注
② 伊索克拉底(公元前436—前338),雅典著名的雄辩家和教育家。——译者注
③ 查理曼大帝(742—814),原为法兰克王国加洛林王朝国王。公元800年,由罗马教皇加冕称帝,号称"罗马人的皇帝",法兰克王国于是成为查理曼帝国。——译者注

和神圣罗马帝国的法律强加于我们的人，是一位加斯科尼绅士，我的同乡。一个国家，法官的职位可用金钱来购买，判决可用金钱来支配，无钱就打不赢官司，这些都变成了合法的习惯，那还有什么做法比这更野蛮呢？司法权具有如此鲜明的商品色彩，以致国家政治组织出现了第四等级，这是由司法人员形成的等级，同原来的教士、贵族和平民这三个等级平分秋色。这第四个等级人员掌握法律，对财产和生命有至高无上的权力，形成了一个独立于贵族的阶层，因此也就出现了双重法律：荣誉的法律和正义的法律，两者在许多方面都格格不入——荣誉的法律指责忍受，正义的法律指责复仇。从尚武的精神来说，谁忍受侮辱，谁就会名誉扫地；而从公民的职责来讲，谁要复仇，谁就会招致死刑（因荣誉受损而求助法律，会有损名誉；但如果不诉诸法律而私下复仇，就会遭到法律的制裁与惩罚）。这两个部分同属一主，却各司其职：一个专司和平，另一个主管斗争；一个有利益，另一个有荣誉；一个博学，另一个勇敢；一个重口才，另一个重行动；一个讲正义，另一个讲品德；一个依赖理性，另一个依赖武力；一个着长袍，另一个着短衣。

至于那些衣着打扮之类的小事，若有人想使它们恢复为身体服务的真正用途（衣着的优雅与得体无不出于此），我就要特别为他举方帽的例子。我觉得这种帽子奇丑无比，一条长长的打褶丝绒带，如同一条尾巴垂在女人的头上，外加五颜六色的装饰物，以及一个其形状和我们羞于出口的器官酷似的毫无用处的东西，我们却拿它在众人面前展示。而这些考虑却丝毫也不能影响一个有头脑的人不去随波逐流。这反而让我觉得，任何与众不同的样式与其说出于真正的理智，倒不如说是野心勃勃的疯狂和做作。我认为哲人在心里可以摆脱所有枷锁，无拘无束地判断事物，可表面上却完全服从被认可的习俗。公众社会不需要我们的思想。至于其他，诸如我们的行动、工作、财富乃至我们私人生活，都应该不违背社会公众的舆论。正如那位善良而伟大的苏格拉底拒绝违抗法官的判决来解救自己的生命，尽管法官的判决极不正确、极不公平。因为每个人都得遵守所在地的规则和法律，这是普遍的规则和法律：应遵从国家的法律。①

下面来谈一谈另一个看法。不管什么公认的律令，修改后有无明显的利益，都是值得怀疑的。况且，即使有什么利益，要改变起来谈何容易，因为法律就像一座建筑物，各部分间的联系之紧密，简直可以说是牵一发而动全身。希腊立法者卡隆达斯②规定，谁想取消一项旧法规，或确立一项新法规，就得放上绞索以让公众裁决，如果遭致反对，他得马上被绞死。斯巴达的立法者利库尔戈斯毕其一生的精力，来使斯巴达人民保证不违抗他确立的任何法令。弗里尼斯③给齐特拉琴增加了两根弦，可斯巴达的法官也不考虑这两根弦会不会使乐声变得更悦耳动听，就粗暴地砍断了它们。因为那两根弦违背了旧习惯，应该受到制裁。这也是马赛法庭上那把生锈的剑所象征的含义。

我厌恶改革，不管它们以什么样的面目出现。我这样讲是有根有据的，因为我目睹了改革的破坏效果。多年来压在我们身上的宗教改革，虽不能把一切都推诿给它，却完全可以说：一切都是由它引起的，甚至包括即使没有它以后也会产生的不幸和破坏——一切都归咎于这次改革，唉！我这是自食其果。④ 导致一个国家动乱

---

① 原文为希腊语，作者克里斯平。——译者注
② 卡隆达斯，古希腊的立法者，生活在公元前7世纪。——译者注
③ 弗里尼斯，古代爱琴海莱斯沃斯岛上著名的齐特拉琴家。他为原来七根弦的齐特拉琴增加了两根弦，法官认为这在糟蹋音乐，就用斧子砍断了这两根弦。——译者注
④ 原文为拉丁语，作者奥维德。——译者注

的人,往往与这个国家一同走向灭亡。挑起是非的人每每得不到果实,他们将水搅浑,却让其他人浑水摸鱼。君主政体的内在结构,犹如一座老朽的建筑物,一旦因为改革而四分五裂,就会尽情地为此不公正大敞其门。一位古人说,君权从山顶摔到半山腰要比从半山腰摔入低谷难得多。

假如说创新者具有破坏性,那么效仿者则更恶劣,因为他们明明知道并且惩罚过前者的罪行,却仍要步其后尘。若要说这些效法者还有些体面的话,那就是他们把改革的荣誉与勇气都归功于前者。

各种新的动乱都幸运地从这个取之不尽、用之不竭的第一源泉中找到扰乱我们社会的原型。我们的法律原本是为了治疗这最大的痼疾,如今我们见到的却是教唆人们做各种各样的坏事,或为各种各样的坏事作辩护的它。正如修昔底德①对他当时的国内战争所描述的那样,为了宽容公众恶习,竟然运用更温和的新词,来掩盖它们真正的名称。虽然,这也是为了重塑我们的意识和信念,借口是诚实的②。然而,坦率一些说,我觉得像这样看重自己的看法,那是妄自尊大,目空一切。为树立自己的观点,不惜在自己的国家里推翻和平的社会秩序,导致只有内战和动乱特有的种种灾难与伤风败俗;为了同值得反对的错误作斗争,却又助长了许多公认的坏事,这难道是谨慎稳妥的做法吗?难道还有比违背自己的思想与意念更糟糕的坏事吗?

元老院为解决它与民众间关于宗教职责上的意见分歧,竟然

---

① 修昔底德(约公元前460—前404),希腊最伟大的历史学家。其著作《伯罗奔尼撒战争史》从军事上、政治上,尤其是心理上论述了公元前431年—前404年雅典和斯巴达之间发生的战争。——译者注
② 原文为拉丁语,作者古罗马喜剧家泰伦提乌斯。——译者注

根据米提亚①战争中德尔斐②的神谕,抛出这样的借口:"保护神殿是神的职责,而不是他们的职责,诸神绝不会让他们的宗教受到亵渎③。"德尔斐人民担心波斯人的侵略,就询问上帝怎样处置阿波罗神殿中的圣物,是藏匿还是带走。上帝发下神谕说:什么也别动,要他们照顾好自己就行了。

  再者,伊索克拉底也曾经说过:过犹不及。那些提倡维新的人步履维艰,因为他们在对陈规旧习进行甄别和改革时,必须更善于运用判断力,知道被摒弃的东西有什么缺陷,被引进的又有什么长处。这一十分普遍平常的看法,坚定了我的信念,即使在最莽撞的青少年时代,我也能控制自己的言行。我不愿让如此沉重的担子压在肩头,为如此重要的学问付出代价。平时,即使是我所学知识中最简易的东西,我也不敢贸然作出判断,虽然大胆说出自己的看法对我学到的知识丝毫无损。如今要面对如此重要的学问,我就更不敢轻易判断了。我以为,让家喻户晓与一成不变的民法、神法听任个人随心所欲或变幻无常的奇想,是极其不公正的,因为个人的看法仅是个人的判断而已。任何政权对于民法不敢为的,对于神法也千万不要去做。从理性上来说,人类与民法的关系更为密切,可神法却是民法法官至高无上的仲裁者。因此,应用最大的聪明才智来解释与发展已有的习俗,而不是变革与维新。有时,上帝会超越他所命令我们遵守的规则,但这并不意味着免除这些规则。这是上帝的壮举,我们不应效仿,而应称颂。上帝的这些壮举,是一种刻意而特别的恩宠,是施舍给我们的奇迹,是为了证明

---

  ① 米提亚,古国名,位于伊朗高原西部。——译者注
  ② 德尔斐是古希腊最重要的阿波罗神殿所在地,那里的神谕颇有威信。——译者注
  ③ 原文为拉丁语,作者李维。——译者注

其无比的威力,是凌驾于人类秩序和力量之上的。试图模仿上帝的壮举,是精神错乱,是亵渎神灵。我们只能惊奇地望着,而不是效法。这是上帝的,而不是我们的职责。

古罗马雄辩家科达曾经说过这样恰当的话:在宗教上,我相信法学权威科伦卡尼乌斯、西庇阿、斯凯沃拉,而不是哲学家芝诺、克莱安西斯或克里斯波斯。①

在目前的宗教斗争中,有上百条重要的、根深蒂固的教规需要清除或重新确立。天知道有多少人能夸口说完全承认了这派或那派的论据。如果仅是数量问题,那这个数量对我们可能构成不了威胁。然而,别的一些人往何处去?他们投到哪派麾下?改革派使用的药物与其他劣质药品或服用不当的药品一样毫无用处。他们的药本来是想净化我们的体液②,可是它引起的冲突使体液变得兴奋与活跃,不仅如此,这药还会滞留在我们的体内。这虚弱疲软的药,非但不能净化我们,还会使我们更加虚弱无力,以致无法把它排除出去,得长期忍受它给我们身体带来的痛苦。

然而,偶然性总在我们的原则之上作威作福,向我们指出急着要做的事,因此,就要让法律网开一面。

当我们对强行闯入的改革进行抵抗,不让它发展壮大时,以克制和合法手段对待那些肆无忌惮、无法无天、不择手段的改革者的做法,是一种危险的屈从与懦弱。相信背信弃义者,无疑是引狼入室。③一个正常运转的国家,其通常的法规不可能防止各种意外,

---

① 原文为拉丁语,作者西塞罗。——译者注
② 体液,即早期西方生理学中所说的人体内的液体,主要有四种:黏液、血液、黄胆汁和黑胆汁。它们决定人的气质和特征。——译者注
③ 原文为拉丁语,作者塞涅卡。——译者注

它们首先需要一支由执法人员组成的队伍,这支队伍要绝对的守法和服从。合法的手段是一种冷静、呆板和拘束的做法,面对疯狂无耻的行径,它无可奈何。

直到现在,仍有人指责屋大维①和小加图②,说这两位举足轻重的人物分别在苏拉和凯撒发动的内战中,宁可让祖国遭受磨难,也不肯违背法律以拯救国家。实际上,在这忍无可忍的重要关头,与其坚守法律,听任暴力兴风作浪,为所欲为,还不如灵活变通,暂不遵从法律。这样做或许更明智。既然法律已无法再做想做的事,那就干脆让它们做能做的事。这并不是史无前例的:阿格西劳斯二世就下令让法律休息一天一夜,亚历山大一世则对日历的某一天作了变动;还有人将六月变成第二个五月。就连向来恪守法律的斯巴达人,遇到具体情况,也会采取灵活办法。比如,法律明文规定同一个人不能连续担任海军司令,但当国家需要来山得③继续担任此职时,斯巴达人就任命一个叫阿拉库斯的人担任海军司令,而让来山得出任海军总监。另外一个例子也能证明斯巴达人的聪明:他们派一位使者到雅典去,要求雅典统帅伯里克利④改变一项法令。伯里克利说,法令一旦刻在书板⑤上,就不能再除去。那位使者机智地劝他说:只要把书板翻个身就行了,因

---

① 屋大维(公元前63—公元14),即奥古斯都,凯撒的义子和继承者,古罗马帝国第一代皇帝。——译者注
② 小加图(公元前95—前46),古罗马保守的元老院贵族党领袖,反对凯撒。——译者注
③ 来山得(?—公元前395),在伯罗奔尼撒战争中为斯巴达夺得最后胜利的军事、政治领袖。——译者注
④ 伯里克利(约公元前495—429),古代雅典最伟大的政治家。——译者注
⑤ 书板,古代写刻文字用涂蜡木板或象牙板。——译者注

为法律不禁止这样做。希腊哲学家普鲁塔克赞扬菲洛皮门①天生就是个指挥者,不仅善于按照法律领导军队,而且在国家需要的情况下,还会巧妙地利用法律。

(周蓉蓉　玉　清　译)

---

① 菲洛皮门(约公元前253—前183),古希腊亚该亚同盟的将领。——译者注

论学究气

童年时,每次看到意大利喜剧中常出现的一个让人取笑的迂夫子,想到自己的教书先生也同样有这样一个含有讥讽意味的外号,心里就难免有些气恼。因为我是由他们照管和教育的,而且又是那么爱惜他们的名誉,所以我觉得我应该如此。我想凡夫俗子和圣人贤士间自然存在着观念、学识上的差异,他们的生活方式也相距甚远,我曾经力图用这个理由为他们辩解。然而我又难以说明,为什么最有才学的人也将他们视为草芥?这可以拿我们正直的杜贝莱①来作证:我特别厌恶迂腐的学问。

这样的情况实在颇有历史。普鲁塔克就曾经说过,罗马人经常用"希腊人"或者"学生"来表示对别人的指责与蔑视。

后来,随着年龄的增长,我觉得这种看法还是很富有道理,最了不起的学者不是最聪明的人。② 只是我仍不明白,为什么一个知识渊博的人却缺乏机敏活跃的思想,而一个粗鄙的文盲却不加修饰,生来便具有伟大人物才具备的真知灼见。

有一个姑娘,是法国诸公主中的佼佼者,她在和我谈某人时

---

① 杜贝莱(约1522—1560),法国诗人,七星社代表人物。——译者注
② 原文为拉丁语,作者不详。——译者注

说，当那些学者从外面汲取了很多博大精深的思想，这样必定会把自己的思想挤压成一点点。

我很想说，植物会因过多的水而死亡，灯会因过多的油而熄灭。同样，人的思想会因过多纷繁杂乱的东西，而导致头绪混乱，枯萎朽败。不过也有思想愈丰富就愈开阔这种相反的情况。在古代，有些伟大的领导者、杰出的将帅和谋士，同时也是知识渊博的人。

至于不管公众事务的哲学家，实际上，他们有时候也会受到同时代洒脱不羁的喜剧家的鄙视，他们的看法与行为常常让人笑话。你是要让他们来判决某案吗？他们做这种事可谓驾轻就熟！然而他们却仍要刨根究底，问有无生命，会不会动，人与牛是否不同，何谓行动，何谓忍耐，法律和正义是何物？他们是在议论法官，抑或在和法官谈论？这是一种不恭不敬的自由。他们听不得你称赞他们的国王或其他君主。在他们看来，君主像个牧羊人，平日无所事事，只会压榨羊群，把羊毛剪光，甚至有过之而无不及。你见到某人拥有上万亩土地就刮目相看吗？他们却视如敝屣，他们可以把整个世界都看作是自己的领地。你也许因世代皆富豪而自夸豪门高贵吗？他们却以为这没有什么可值得骄傲的，他们从不考虑血缘关系，何况我们每个人的祖先数不胜数，有富人也有穷人，有国王也有奴隶，有希腊人也有野蛮人。若你是赫拉克勒斯①的第五十代子孙，他们认为你大可不必自视高贵，吹嘘命运对你的宠爱。世人对他们颇为睥睨，认为他们不谙世事，自视清高，目无下尘。然而，柏拉图描述的哲学家形象，却与当代哲学家的形象截然不同。他们超凡脱俗，让人称羡，他们藐视公众活动，按照某些非同

---

① 赫拉克勒斯，希腊神话中的伟大英雄。——译者注

一般的原则生活，因此显得与众不同，且让人难以效仿。而今天的哲学家却受人蔑视，他们平平常常、庸庸碌碌，担当不起公众事务的重任，生活萎靡不振，还不如寻常百姓。让行为猥琐的口头哲学家见鬼去吧。①

至于其他哲学家，我要说，他们非但博古通今，而且还是行动上的巨人，就如同锡拉库萨的那位几何学家②。这位几何学家为了捍卫自己的国家，从纯科学深思苦想的研究中走出来，把一些研究付之于实践。很快地，他就发明了威力超群的守城器械，其效力超出了人们的想象。然而，他本人却对这些发明不屑一顾，认为这些发明只不过是学徒的手艺与孩童的玩具而已，有损于科学的尊严。那些哲学家也同样如此。当人们希望他们经受行动的考验，他们就振翅高飞，进而也加深了对事物的领悟，他们的胸怀和思想也因此变得更加博大精深。不过也有些人，见无能之徒掌握大权，就不问朝政。有人问克拉特斯③，对哲学的研究到何时才停止，他回答说："等到赶驴人不再统治我们的军队。"赫拉克利特④将王位让给了兄弟，以弗斯⑤人民责怪他不应整天在神殿前同孩子玩乐。他回答说："同孩子玩乐难道不比跟你们这帮人一起治理国家好吗？"

还有些哲学家，让思想高高地置于财富和尘世之上，认为无论

---

① 原文为拉丁语，作者帕库维乌斯。——译者注
② 指阿基米德（约公元前287—前212），古代伟大的数学家、发明家。当罗马军队围攻锡拉库萨城时，他发明了守城器械。然而他并不以发明为重，而潜心于纯科学。——译者注
③ 克拉特斯（活动时期为公元前4世纪后期），古希腊大儒派哲学家，他放弃自己的财富而担负起同罪恶、虚伪斗争的使命。——译者注
④ 赫拉克利特（约公元前540—前480），古希腊唯物主义哲学家，列宁称之为"辩证法的奠基人之一"。——译者注
⑤ 以弗斯，古希腊殖民城市，位于小亚细亚西岸。——译者注

是法官交椅还是国王宝座都是卑贱的。恩培多克勒①拒绝阿格里真托②人民给予的王位。泰勒斯③有时指责人们只知道发财致富，大家反唇相讥，说他是狐狸的计谋，因为他自己发不了财。他便想尝试一下，也可作消遣。于是，他不惜降低身份，用自己的知识来挣钱。他做了笔生意，一年后，赚进大量的钱，即使是这一行当中最有经验的人，终身辛劳也未必能挣到。

亚里士多德说，有人将泰勒斯、阿那克萨哥拉④等人称为哲人，而不是智者，是因为他们不太注重有用的东西。我分辨不了两者的区别，此外，我还认为这并不能作为我们哲学家们的辩词。眼见他们安于卑贱贫穷的生活，我们真应该同时把这两个词用上：他们既非哲人，也非智者。

我觉得应该将这个弊病归咎于他们不恰当地对待学问。按如今的教育方式，若说学生及先生尽管满腹经纶，却并不聪明能干，也是不足为奇的。我们的父辈⑤花钱让我们接受教育，却只知道让我们的脑袋塞满知识，而对判断力和德行，则很少关心。当一位行人向大家叫喊："看！这是个学者！"另一位行人则喊："看！那是位好人！"大概谁也不会向第一位投去尊敬的目光。要等到第三人喊道："看，那是个饱学之士！"我们才有兴趣去了解："他通晓希腊文还是拉丁文？他写诗还是写散文？"可就是不打听他是否变得更

---

① 恩培多克勒(公元前490—前430)，古希腊唯物主义哲学家。——译者注
② 阿格里真托，意大利城市，靠近西西里岛南岸，公元前约581年由希腊殖民者建立。——译者注
③ 泰勒斯(约公元前624—前547)，传说为古希腊第一个哲学家，唯物主义者，米利都学派的创始人。——译者注
④ 阿那克萨哥拉(约公元前500—前428)，古希腊自然哲学家。——译者注
⑤ 作者这里是泛指他那个时代的父辈们，而不包括他自己的父亲。他父亲对他采取的是与众不同的教育方式。——译者注

出色或者更智慧了。这是最关键的,却常常被疏忽。应该去了解哪个人懂得更精,而不是哪个人懂得更多。

我们只注重让脑袋装满,却使理解力和意识空乏。我们的学问,就像有的时候鸟儿出去寻食,不尝一下滋味就把谷粒衔回来喂小鸟一般,从书本上采撷来知识,却只把它们衔在嘴边,仅是为了吐出来灌给学生。

令人惊异的是,我举例时也同样的愚蠢。在写随笔的大多数时候,我不也这样做了吗?我在书本里到处采集我喜爱的箴言名句,不是为了保存——我记忆力并不好——而是为了移入我的文章里;它们在我的文章里,就像在它们原先的地方一样,都不属于我。我深信,我们不可能凭借过去或将来的知识成为真正的学者,只能靠现在的知识。

更可怕的是,那些学究气的学生和孩子也不真正吸收知识。因此,那些知识只不过被口耳相传,成为用来炫耀、谈话和引经据典的资本。这好比一枚毫无意义的钱币,除了计数和作投掷外,别无用处。

> 他们学会了和他人,而不是和自己交谈。①
> 不在于能耍嘴皮子,而在于能管理。②

大自然为显示在其一统之下没有什么野蛮东西,便常常让那些艺术落后的民族创造出最艺术的精神产品。让我们来看一看一则加斯科尼的谚语:"芦笛不难吹,但要先学会摆弄手指。"这来自一首芦笛小曲的谚语真可谓是微言大义!

我们仅仅会说:"这是西塞罗讲的,这是柏拉图的习惯,这是亚

---

① 原文为拉丁语,作者西塞罗。——译者注
② 原文为拉丁语,作者塞涅卡。——译者注

里士多德的原话。"但我们自己怎么讲呢？我们驳斥过什么？我们做过什么？学舌连鹦鹉都会。有一个罗马富豪，他花费了许多钱，找到几位各精通一门学问的人，让他们跟在自己身边，当他与人聚会，谈到各种问题时，他们就能代他说话，并根据各人的特长，随时引经据典，这人讲一段论据，那人说一句荷马的诗。在他看来，学问既然装在他聘用的那几个人的脑袋里，也就是他自己的了，正像某些人的才智储存于他们豪华的书房一样。

我认识一个人，当我问他懂得什么时，他就向我要了一本词典。假如他不立即查词典，搞明白什么是疥疮、什么是屁股的话，他是不敢告诉我他屁股上长了疥疮的。

我们只会死记硬背他人的看法与知识，但也得将他人的东西转化为自己的呀。我们活像书上所讲的那个取火人：那人想要火取暖，就到邻居家借火，见那里正有一堆旺火，就停下来取暖，而忘了取火回家。肚子里填满了食物，如不予以消化，不把它们变成养料，不用它们来强壮身体，那有什么用呢？卢库卢斯①原无打仗经验，通过阅读成了了不起的将领，难道他也像我们这样学习的？

我们总是挽着别人的胳膊走路，以致于我们愈来愈无力气。想要为不怕死找些理由来武装自己吗？就到塞涅卡那里去借；想要找些话来安慰自己或别人吗？就去向西塞罗借。如果我们得到锻炼，就可以自己想出话来安慰了。像这样依赖乞讨来的有限的学识，是很让我厌恶的。

我们也许能够依靠别人的智慧成为学者，可要成为哲人，却只能依赖我们自己的智慧。

---

① 卢库卢斯（公元前106—前56），罗马将领。据说，他去与本都国王米特拉达梯六世作战，穿越意大利时，通过阅读军事书籍、与官兵交谈，便学会了怎样打仗。——译者注

我厌恶聪明不为己用的哲人。①

恩尼乌斯如此道：哲人不运用智慧是毫无用处的。②

仅仅有智慧是不够的，还要会运用。③

狄奥尼修斯④嘲笑文学评论家只了解乌利西斯⑤的痛苦，却无视自己的不幸；音乐家只会给笛子调音，却不会调谐自己的习惯；雄辩家只知道怎样说得动听，却不考虑怎样做得漂亮。

假如我们的思想有问题，判断力不强，我就宁可让我的学生把时间用在打网球上，这至少可以使身体变得矫捷。看有些人学了十五六载从学校回来后，竟什么也不会做，从他身上看到的只不过是学了拉丁文和希腊文后所增加的一些高傲骄矜。他本来应该让思想满载而归，却只带回虚肿的心灵——不是变得充实了，而是虚肿了。

这些教书先生，正如柏拉图对他们的同类——诡辩派哲学家所说的那样，是在所有人中保证要做对人类最有利的人，但在所有人中，就数他们不仅不能像木匠或泥瓦匠那样，把人们交托的活计做好，而且还会做坏；就是做坏了，还要拿人家的报酬。

普罗塔哥拉⑥为他的弟子定下规矩，要他们或者按照他定的价钱付学费，或者高度评价从他那里学到的知识，并在神殿上起誓，以此作为他教学的报酬。我的那些学究假如跟着我，也按普罗

---

① 原文为希腊语，作者欧里庇得斯。——译者注
② 原文为拉丁语，作者西塞罗。恩尼乌斯（公元前239—前169），拉丁诗人，被公认为是罗马文学之父。——译者注
③ 原文为拉丁语，作者西塞罗。——译者注
④ 这是作者的笔误，应该为第欧根尼。——译者注
⑤ 乌利西斯，罗马神话英雄，即希腊神话中的奥德修斯。——译者注
⑥ 普罗塔哥拉（公元前458—前410），古希腊思想家、教师，是最早出名的诡辩家。——译者注

塔哥拉的规矩办,他们一定会大失所望。

我用佩里戈尔①方言把这些学究戏称为"Lettre-férits"②,正如大家把他们称为"Lettre-férus"。就像人们所说的那样,他们被文字之锤敲了一下。说真的,他们常常堕落到失去常识的地步。农民与鞋匠们的生活方式简朴实在,懂什么就说什么。而那些学究,因为总想与漂浮在他们脑袋表层的知识对抗,结果愈是如此,就愈加难堪。他们有时也会说些动听的话,却是从别人那里借来的。他们熟悉盖仑③,却丝毫不了解病人。他们即使把法律塞满你的脑袋,也找不出案件的关键所在。他们对所有事物的理论如数家珍,但却无一人能将它们付之于实践。

我有一位朋友到我家里,为打发时间,他与一位学究辩论了起来。我那位朋友模仿晦涩难懂的隐语,将无逻辑关系的词拼凑到一块儿,再不时地加进一些辩论常用的词语,便和那位学究辩论了整整一天。那位穿着一件漂亮长袍且颇有名气的学究还一直以为对他的不同看法作了辩驳哩。

> 你,贵族之后,从不把眼睛往后看,
> 小心背后有人讥笑你。④

谁要是将遍布各地的这类学究作一仔细分析,就会和我一样发现:他们往往不清楚自己在讲些什么,也听不懂别人在讲些什么。他们满是记忆的东西,却没有判断力,除非他们的判断力生来

---

① 佩里戈尔,法国历史与文化大区,包括法国南部多尔多涅省及洛特——加龙省的一部分。——译者注
② Lettre-férits,意为"挨打的文人",和下文的 Lettre-férus 同义。——译者注
③ 盖仑(129—199),古罗马医学家、自然科学家和哲学家。——译者注
④ 原文为拉丁语,作者佩尔西乌斯。——译者注

与众不同,比如图纳布斯①。图纳布斯是个专事学问的人,没做过别的事情。在我看来,他是近千年来最出色的学者。然而,除了着长袍以及不善应酬等琐屑事情之外,他没有什么学究气。他憎恨那些学究对心灵扭曲比对长袍更能忍受,憎恶他们只凭礼仪、外表和靴子来判断一个人。从内心看,他是这个世界上最有素养的人。我经常故意与他谈一些他不熟悉的事,而他领悟得非常快,并能作出正确的判断,仿佛他从来就是个作战和治国的能人似的。这样的人是极其优秀,很了不起的。

> 善良的提坦用上好的泥土
> 塑造了他们的心。②

他们受到劣质的教育,却能出污泥而不染。不过,我们的教育仅使人不变坏是不够的,还应使人变好。

我们有些高级法院在招纳执法人员时,只考察学问;而另一些法院则加试判断力,让应试者判决一件案子。我觉得后者的做法更可取。尽管学问与判断能力都不可缺少,两者理应并存,可在实践中,判断力比学问更宝贵。学问不深,凭借判断力可照判不误,而反之则不行,就像希腊有句诗所说的:判断力差,学问再好也没有用处。③ 为了我们的司法工作,但愿人们能为法院提供既有高深学问又有很强判断力的人。知识不应成为思想的附庸,而应与它合二为一;不应用来浇灌思想,而应用来为它着色;知识若不能

---

① 图纳布斯(1512—1565),法国人文主义者,在法兰西学院教授雄辩术。——译者注
② 原文为拉丁语,作者尤维纳利斯。"善良的提坦"这里指希腊神话中的火神普罗米修斯。提坦为巨神,共十二位。普罗米修斯是其中一位提坦的儿子。——译者注
③ 原文为希腊语,作者不详。——译者注

改变思想,使之臻于完善,那就最好放弃它。拥有知识,却毫无能耐,不知怎样利用,还不如什么都没学①。那样的知识是一把险恶的剑,会麻烦和伤害它的主人。

大概这便是世俗和神学不要求女子博学多才的原因。也正是这个原因,当让第五的儿子布列塔尼公爵弗朗索瓦②听人说起他的未婚妻苏格兰女子伊莎博只受过很少的教育,没多少文化时,说他会因此而更爱她;还说,一个女人只要能够分得清丈夫的衬衣与外套,就可以说是相当有学问了。

因此,当我们见我们的先人不甚重视学问,至今也只偶尔有国王的重要谋士博古通今时,就不必像某些人那样大呼小叫了。今天,只提倡通过法学、医学、数学与神学来丰富知识,但假如丰富知识的目的不能使学问享有威望,那么你就会看到学问的处境同过去一样凄凉。学问不能教会我们怎样思考与行动,那真可以说是天大的遗憾! 自从出现了有学问的人,就再也没有正直人存在了。③

一个人若是不学会善良这门学问,那么其他任何学问对他都可以说是有害无益的。我方才谈及的原因,是否也与下面的事有联系呢? 在法国,学习的目的一般来说是为了谋生,有些人命好,不用赚钱生活,便去钻研学问;也有的很快就放弃了(未及尝到滋味,就去从事和书本并无关联的职业④)。除这些人之外,还有的就是那些境遇不好而致力于学问的人,他们以此作为谋生的手段。

---

① 原文为拉丁语,作者西塞罗。——译者注
② 布列塔尼公爵(1389—1442),即让第六。其父让第五(1340—1399),也为布列塔尼公爵。——译者注
③ 原文为拉丁语,作者塞涅卡。——译者注
④ 指军队职业,这是贵族的保留职业。——译者注

这些人由于天性,以及家庭的不良教育与影响,使得他们的思想不能如实地反映学问的成果,因为学问不是用来使无思想的人有思想,使盲人见到光明。学问的职责不是为盲人提供视力,而是训练与矫正视力,但视力本身必须是健康的,接受得了训练的。学问是良药,但任何良药都会变质,保持时间的长短就要看药瓶的质量。视力好不一定就是视力正。有些人看见好事却不去做,看见学问却不去用。柏拉图在他的《理想国》里谈到的重要一点,就是按每个公民的天赋来安排工作。腿瘸了不能作身体运动,心灵"瘸"了则不能做思想运动,杂种和平庸者不适合研究哲学。当我们看到一个人鞋子穿得不好时,就会说那不是鞋匠才怪呢。同样,按我们的经验,医生一般比普通人更不好好吃药,神学家更少忏悔,学问家也更少智慧。

从前,希俄斯岛的阿里斯顿[①]说得好:哲学家会贻误听众,因为大多数人是不善于从这样的说教中获得教益,而这种说教无益即为有害。淫乱者来自亚里斯提卜学派,粗野者源于芝诺学派。[②]

下面谈的教育方式,色诺芬认为是波斯人所采用的方法。我们发现,波斯人注重于培养孩子的勇敢精神,就像有些民族注重文化教育一般。柏拉图说,波斯人的王储为能继承王位,就是按这种方式接受教育的。王储一出世,便交与国王身边最德高望重的太监养育,而不是交给女人们。太监们负责把太子的身体训练得健美壮实,一超过七岁,就教他骑马、狩猎。满了十四岁,就被交到国内最贤明者、最公正者、最节制者和最勇敢者这四人手中,第一位

---

① 阿里斯顿,古希腊哲学家,活动期为公元前3世纪中期。——译者注
② 原文为拉丁语,作者西塞罗。亚里斯提卜(约公元前466—前435),希腊哲学家,享乐主义学派创始人。芝诺(约公元前335—前263),希腊哲学家,斯多葛哲学学派奠基人。——译者注

教他信仰宗教,第二位教他保持真诚,第三位教他控制欲望,第四位教他勇敢无畏。

利库尔戈斯①的做法颇值得赞赏。他治国有方,本人完美无瑕,对孩子的教育异常重视,并把它看成是他的主要义务。他生活在文艺女神缪斯的家乡,却很少谈论学问。对那些除美德之外不受其他一切束缚的贵族青年,似乎只需为他们提供教授勇敢、贤达与正直的教师就足够了,而无须专门传授知识的先生。利库尔戈斯的做法,被柏拉图引入他的法律中。波斯人的治学方式,是要学生对人及其行为发表见解,假如对这个人或某件事持批评态度还是赞赏态度,都要说明理由。通过这个方式,来学习法律和提高判断能力。色诺芬讲述了这样一个故事:阿斯提亚格②要居鲁士叙述上课的内容,居鲁士说:"学校里有一个个子较大的男孩穿了一件小大衣,他把这件小大衣给一个个子较小的同学穿,并从这位同学身上脱下那件大一些的宽袖外套穿在自己身上。老师让我评判这件事。我说,这件事可予以维持,因为这对双方都更合适些。先生说我判得不对,因为我只考虑合适与否,而首先应考虑的是公正与否,公正是不容强夺他人东西的。"居鲁士还告诉说,这个子较大的男孩因此而挨了鞭打,就和我们在乡下念书忘了希腊文中"我打"③的不定过去时的变位形式时挨打一样。我的老师在让我相信他的学校能同居鲁士的学校相提并论以前,也许会用"褒贬法"给我一顿训斥。波斯人走的是捷径。既然学习知识也只能让我们

---

① 利库尔戈斯(约公元前390—前324),雅典政治家和演说家,以善于理财与严惩贪污闻名。他正直刚强,一心为国,以提高公共道德和个人品德为己任。——译者注

② 阿斯提亚格是波斯王居鲁士的祖父。其实,这件事是居鲁士向他母亲叙述的。——译者注

③ 原文为希腊语。——译者注

学会贤达、廉洁与刚强,他们便一开始就直接让孩子去实践。不是通过讲课来教导他们,而是让他们尝试着行动;不单用格言名句,更重要的是通过实例与劳作生动活泼地教育与塑造他们,使得知识成为思想的本质与习惯,而不是他们思想的附属物;不是舶来品,而是自然拥有。有人问斯巴达国王阿格西劳斯二世,孩子们该学习什么,这位国王回答:"应该学习大人做的事。"若说这样的教育方式卓有成效,那是毫不奇怪的。

有人说,如要找修辞学家、画家和音乐家,就到希腊的其他城市;要找立法者、法官和将领,那得去斯巴达。在雅典,人们学习怎样说得好;在斯巴达,人们学习怎样做得好。雅典人学习如何不被错综复杂、似是而非的语言所蒙骗,以战胜某个诡辩;斯巴达人则学习如何挣脱欲望的纠缠,如何不畏命运与死亡的恐吓。前者醉心于口才,不断地操练语言,后者致力于行动,不断地锤炼心灵。因此,当安提帕特①向波斯人索要五十个孩子去当人质时,他们的回答与我们可能的回答截然不同,他们宁可让两倍的成人去当人质。他们这样做并不奇怪,因为他们觉得让孩子去当人质,对于教育是个损失。阿格西劳斯要色诺芬把他的孩子们送到斯巴达来受教育,不是为学习修辞学或辩证法,而是为学习最完美的学问,即服从与指挥。

希庇亚斯②曾详细地向苏格拉底叙述他在西西里岛,特别在那里的某些小城镇教书时怎样挣到一大笔钱;而在斯巴达他却分文难挣,因为斯巴达人很傻,既不懂测量,也不会算数,既不重视语法,也不了解音律,仅仅热衷于一堆乱七八糟的账目,即各国的历

---

① 安提帕特(公元前 397—前 319),马其顿将军。——译者注
② 希庇亚斯(活动时期为公元前 5 世纪),古希腊智者派哲学家,多才多艺,曾教授过诗歌、语法、历史、政治学和数学等。——译者注

代君主及其兴衰史。要是能亲眼看到苏格拉底以他独特的方式揶揄希庇亚斯,那将多么有趣:听完希庇亚斯的叙述,苏格拉底步步为营地引导对方承认,斯巴达人的治国方式已近完美,他们的生活安乐纯朴,从而让他自己得出结论,他所尊崇的艺术是何等地无用。

　　在尚武的斯巴达国及其他相似的地区,能够找到很多事例来说明学习知识不仅不能使勇气得到锻炼和增强,反而会削弱勇气,让人变得懦弱无能。目前世界上最强大的国家为土耳其,那里的人民也受重武轻文思想的影响。我觉得罗马在重视知识以后就不如过去那样勇敢好战了。在今天,最善战的民族就是那些最粗鄙、最无文化的民族,如斯基泰人、帕提亚人、帖木儿人。当哥特人践踏希腊时,他们中有人提出,应该把全部藏书原封不动地留给希腊人,这样可以使他们的兴趣从作战转移到待在家中看闲书。幸亏这个主张,希腊的书店与图书馆才幸免于难。查理八世剑未出鞘,就征服了那不勒斯王国和托斯卡纳的大部分地方。对这次得来全不费功夫的征服,他的随从贵族们的看法是:意大利君王与贵族们过于热衷于使自己博学多才,而不是骁勇善战。

(周蓉蓉　玉　清　译)

书　籍

　　我很明白,自己常常谈到的一些问题,如果由行家来谈的话,那会谈得更好、更实在。我首先要说明的是,本文是我凭自然感觉而不是凭学问写成的,要是谁觉得这是信口雌黄,那我也不会在意;我的观点不是写给别人看的,而是写给自己看的,而我也不见得对自己写的东西感到满意。至于谁想从中获得什么知识,那就要看鱼儿愿不愿意上钩。做学问不是我所擅长的。本文所谈的都是我的奇谈怪论,我并不希望让人以此来认识事物,而是希望认识我。这些事物或许有一天会让我真正认识,也可能我过去认识过,而今已不记得了。

　　我这人博览群书,却过后即忘。

　　因此,我什么都不能保证,除了说明此时此刻我有什么感受以外。不要期望从我谈的事物中,而是要从我谈事物的方法中去得到些东西。

　　比如,看我的引证是否妥当,是否说明我的意图。由于拙于辞令,或思路不清,我有时无法准确地表达意思,就引用了他人的话。对引证我不以数计,只求质胜,否则,我的引证说不定还会多出两倍来。这些引证除了极少数以外,一般都出自古代名家,不用我介绍,大家也非常熟悉。鉴于我文章内的新观点和说理部分,我把引证内容与我的东西交织在一起，有时还故意隐起被引用者的姓名，为的是使那些动辄训人的批评家不要太鲁莽。这些人见到文章就攻击，特别是当代青年作家的文章。这些青年作家像傻瓜似的招来大家的非议，也同样像傻瓜似的要去反驳这些观点。而我则要他们把普鲁塔克错当成我来批评嘲弄，或骂我骂到了塞涅卡头上而丢人现眼，我要把自己的弱点隐藏在这些名家的身上。

我喜欢有人知道怎样在我身上拔毛——我的意思是他会用明晰的判断力去辨别文章的力量和美。我缺乏记忆力，无法搞清每句话的来源而加以归类，但我有自知之明，很清楚在我的土地上开不出在那些肥沃土地上开出的瑰丽花朵，自己果园里的果子也始终赶不上那里的美味。

倘若我词不达意，倘若我的文章虚妄肤浅，我自己却没有意识到或经人指出后仍没有意识到，那这是我的责任。虽然有些错误会从我们的眼里逃走，但在别人向我们指出后仍不能正视，这便是判断上的毛病了。有学问和真理并不一定有判断力；反之，有判断力也可以不一定有学问和真理，甚至可以说，承认自己无知，是说明自己具有判断力的最可信的明证之一。

我文章的结构也是随心所欲而缺乏一定章法的，往往是想到什么写什么，有时候许多想法蜂拥而至，有时则循序渐进。我喜欢走正常自然的步伐，尽管有时显得有些凌乱；并且我是随着当时的心情去写，因此有一些情况是必须注意的，就是在谈论时避免信口开河与不着边际。

我当然希望对事物有全面的了解，可是我付不起那些昂贵的代价，我的目的是闲适地而不是辛劳地走过一辈子。没有什么东西能使我愿意为它呕心沥血，包括做学问——尽管做学问是一件十分荣耀的事。我在书籍中寻求的也是一种岁月优游的乐趣，即使搞研究,探寻的也只是怎样认识自己,怎样享受人生,怎样从容离世——这是我这匹淌汗的马应该奔向的目标。①

阅读时遇到啥困难,我也不会为它们绞尽脑汁,一两次思考以后,即使得不到答案也不了了之。

倘若我不罢休,那就等于白白地浪费精力和时间,因为我属于冲动型的人,一思不得其解,再思反而会更糊涂。我若没有兴趣就做不了事情;孜孜不倦地反复研究,反而使我的判断力受影响以至于半途而废。我要是视觉模糊的话,那就必须收回视线,然后再度对准焦点,就像是观察红布的颜色,目光必须先放在红布上面,再上下移动好几次才能看清。

假如我一本书看腻了,我就换上另一本,在无所事事并且感到无聊的时候再拿来翻翻。我很少阅读当代人的作品,因为我觉得古代人的作品更丰富更深刻;我也不阅读希腊人的作品,因为我对希腊文一知半解,理解不深,难以进行判断。

在那些用来消遣的书籍中,我觉得现代人薄伽丘的《十日谈》、拉伯雷的一些作品和让·塞贡的《吻》(假如能把它们归在此类的话),倒令人玩味无穷。至于像《阿玛迪斯·德高勒》这类著作,我在童年时就不感兴趣。我还要冒昧地说,我这颗老朽凝重的心,不但不会为亚里士多德,而且不会为善良的奥维德颤抖,奥维德以流畅的文笔和诡谲故事过去倒使我着迷过,但现在已很难再使我留恋。

我对一切事物,包括超过我的理解和不在我涉猎范围内的事物,都喜欢无拘无束地表达我的意思。我所表示的,往往不是指事物本身如何,而是指本人见解如何。当我对柏拉图的《阿克西奥切

---

① 原文为拉丁语,作者普罗普蒂厄斯。——译者注

斯》一书感到兴味索然，认为对这样一位作家来讲，这是一部苍白无力的作品时，我也不认为我的见解一定正确；以前人们对这部作品推崇备至，我自然也不会愚蠢到去冒犯古代圣贤的评论，而是心安理得地去随声附和。我只好责备自己，只停留在表面而没有深入探究下去，或者没有从正确的角度去看待，只要不是颠三倒四、语无伦次也就可以了。对观念及观念表现的现象，想到了就给予恰到好处的阐述，但是这些现象是不明显和不完整的。伊索的寓言大部分都包含几层意思和几种理解。认为寓言包含一种隐喻的人，总是选择最符合寓言特性的一面来进行理解；但在大多数情况下，这不过是寓言最表面的一层，还有其他更生动、更主要和更内在的部分，他们却没有深入挖掘。我所做的正是这个工作。

沿着我的思路继续往下说吧。我始终觉得在诗歌方面，维吉尔、柳克里希厄斯、克塔勒斯和贺拉斯远远在一般人之上，特别是维吉尔的《乔琪克》，这简直是完美无缺的诗作。把《乔琪克》和《埃涅阿斯》比较的话，便很容易看出，维吉尔若有时间，完全可以对《埃涅阿斯》中的某些章节做进一步的细致的加工，这部作品的第五卷我认为写得最成功。柳肯的作品也常让我爱不释手，这倒不在于他的文笔，而在于他本身的价值和中肯的评论。至于诗歌好手泰伦斯——他的拉丁文写得秀丽典雅——我觉得他最适合于表现心灵活动和风土人情，当我看到我们日常的行为习惯，就不时地回想起他。他的书我百读不厌，并且能每次发现新的意蕴。

维吉尔稍后时代的人，并不认为维吉尔和柳克里希厄斯可以相提并论。我同意把两者放在一起不是最恰当，特别是当我读到柳克里希厄斯最美的篇章时也会引起这样的想法，假如他们对此种比较表示生气的话，那么现在有人把维吉尔和亚里士多德作不伦不类的比较，更不知道要怎样生气呢？亚里士多德本人又会怎样呢？哦！这个无判断力、无情趣的时代。①

　　我以为把普劳图斯与泰伦斯（他颇具贵族气）做比较，比把柳克里希厄斯与维吉尔做比较，会更让古人感到不平。罗马雄辩术之父西塞罗常常把泰伦斯挂在嘴边，说他独步诗坛；而罗马诗人的首席法官贺拉斯也对他的这位朋友大加赞美，这些都促使泰伦斯声名远扬。使我感到惊讶不已的是，我们当今的那些喜剧作者（意大利人在这方面可谓是得心应手），往往在泰伦斯或普劳图斯剧本里抄三四段话就可以自成一个本子；他们还可以把薄伽丘的五六个故事拼成一部剧本。那么多情节堆砌在一起，只能说明他们对自己剧本的本身价值缺乏信心，他们必须用情节来支撑。他们自己搜肠刮肚，已找不出任何东西能让我们感兴趣，更不要说让我们着迷了。他们和泰伦斯真是天壤之别。泰伦斯写法完美无缺，无论其内容是什么，我们都能自始至终为他优美动人的语言所吸引，他的描写也始终是那么生动感人。明净得如同一条清澈见底的大河。② 我们为语言的美而陶醉，以致忘了故事的美。

　　沿着这条思路我想得更远了：我看到古代那些优秀诗人毫不矫揉造作，不但没有西班牙人和皮特拉尔克信徒的那种夸大其词，也没有以后几百年里那种绵里藏针的尖刻。一些优秀的评论家从没有在这方面对古代诗人有任何指责。对克塔勒斯的清新自然、隽永典雅的短诗的欣赏远远超过马尔希埃的辛辣诗句。出于我在上面说的同样理由，马尔希埃也这样说自己：他不用费很多工夫，故事已替代了才情。③ 前一类人既不动声色，也不矫揉造作，却写

---

① 原文为拉丁语，作者克塔勒斯。——译者注
② 原文为拉丁语，作者为贺拉斯。——译者注
③ 原文为拉丁语。——译者注

出了令人赞叹的作品，他们信手拈来皆笑料，从不勉为其难；后一类人则需要添油加醋，他们的才情越少，就越需要情节。他们之所以骑在马上，是因为他们的两腿不够有力。这如同舞会上，舞艺差的教师，他们表达不出贵族的气派和高雅，就用危险的跳跃和像船夫那样摇摇摆摆的怪动作来吸引人们的目光。女人跳舞也是这样，有的舞蹈时身子晃动不停；而有的只是轻移慢挪，自然舒展，保持自然本色，前者显然要比后者容易得多。我也看到有的一流演员只穿了日常服装，保持平时姿态，完全依靠才华来使观众获得艺术享受；而那些缺乏才华的新手，必须在脸上抹上厚厚的脂粉，穿上奇装异服，摇头晃脑地扮鬼脸，才能逗人发笑。

我的这些看法在《埃涅阿斯》和《愤怒的罗兰》的比较中，更能得到证实。《埃涅阿斯》内容稳实，情节进展从容，一路振翅高翔，直抵目标；而《愤怒的罗兰》内容复杂，一会儿这件事，一会儿又那件事，就像在枝头上飞飞停停的小鸟，它的翅膀无法承受较长的飞行，一段路后就累得喘不过气来，要停下来歇息。它只能飞飞停停。① 在这类作品中，我所喜欢的作家就是以上提到的那些作家。

还有另一类作品，内容有趣而有益，能使人陶冶情趣，其中最让我获益的是普鲁塔克（自从他被介绍到法国以后）与塞涅卡的作品。他们两人都很合我的胃口，我特别喜欢分成小段议论的知识，就像普鲁塔克的《短文集》和塞涅卡的《道德书简》，不需要费很长时间阅读（我是做不到花长时间阅读的）。《道德书简》是塞涅卡写得最好的作品，也是最有益的。它不需要一本正经地阅读，并且随时可以放下，因为每篇都是独立的。这两位作家有共同的处世哲学，他们的命运也大致一样，生活在同一世纪，都做过罗马皇帝的

---

① 原文为拉丁语，作者维吉尔。——译者注

老师，都出生于国外和有钱有势。他们的学说可以称作是哲学的精华，简单明了。普鲁塔克始终是从容平稳的；塞涅卡的情绪则是大起大落，并且兴趣广泛。塞涅卡似乎不苟言笑，他总是努力提高道德去克服懦弱和不良欲望；普鲁塔克则并不在意那些缺点，也不做郑重其事的防范。普鲁塔克继承了柏拉图学说中温和的特性，较适合于社会生活；塞涅卡则追随斯多葛和伊壁鸠鲁，并不切合社会实际，但更适合于个人修养，也更严峻。塞涅卡似乎更屈从于他那个时代的那些帝王的暴政，我敢肯定，他指责谋杀凯撒的勇士，是出于压力；普鲁塔克则无拘无束。塞涅卡的文章冷嘲热讽，辛辣尖锐；普鲁塔克的文章稳重实在。读塞涅卡的作品会使你心情激动，热血沸腾；普鲁塔克却让你感到天高地远，心胸开阔。前者为你开路，后者为你引导。

至于西塞罗对我的帮助，是那些以伦理哲学为主的作品。不过，恕我直言（既已越过礼仪界限，索性就不必顾忌了），他的写作方法几乎千篇一律，令人生厌，其中序跋、定义、分类、词源占据了他作品的大半部分，那些精华都被淹没在冗词滥调中。要是花一小时阅读——这对我来说已很长了——再作回想的话，那一大半将是空白，因为阅读了这么长时间还没有涉及到对我有用的观点，解答我关心的问题。我做人只要求明智，而不是博学善辩，那些逻辑学与亚里士多德哲学的处方对我毫无益处，我要求作者开门见山地谈出自己的观点，对死亡和肉欲之类的东西我已听够了，不需要他们条分缕析，津津乐道。我需要他们提供坚实可靠的理由，指导我正视和应付各种事件。要解决问题不是靠精妙的语法和优美的文采，我希望他们的文章能直截了当地谈论问题，而西塞罗的文章常常是转弯抹角，着实令人讨厌。这类文章适合教学、诉讼和说教，听的时候我们即使打了一刻钟的瞌睡，醒来后还可以接上话头。这样说话对不管有理无理你都要争取说服的法官,以及必须说透才能明白道理的稚童粗汉倒还可以。而我是不需要别人便能引起我的注意,就像我们的传令官可以这样对我喊五十次:"嗨,听着!"或像罗马人在祭礼中喊:"注意啦!"而我们则要喊:"鼓起勇气!"这些话对我来讲都是废话。我既来了就早有准备,就不需要你引动食欲或添油加醋——生肉我照样也可以吞下去——否则的话,不但不能提起我的胃口,反而使我倒胃口,效果适得其反。

我认为柏拉图的《对话录》拖沓冗长,内容就相对显得薄弱。柏拉图这样一个人,本来可以有许多更有益的话说,却花功夫去写那些无谓的、不着边际的长篇大论,实在让我遗憾。我这样大胆非议不知是否会得到当今时尚的宽容?我无法欣赏他的美文,原因当然是出于我的无知。

我一般要求的是以学问作为书籍的内容,而不是用学问作为书籍的装饰。

我最喜爱的两部书,以及大普林尼和类似的作品,都没有什么"注意啦"之类的东西。这些书是写给心中有数的人看的,即使有"注意啦",也是言之有物,可以单独成篇。

对于西塞罗的《给阿提库斯的信札》我也是爱读的,这部书不仅包含了他那个时代的丰富史料,还更多地记述了他的个人性格。我在其他地方说过,我对作家的灵魂与出自本能的判断,向来很有兴趣。通过阅读他们的传世著作,以及看到他们在社会舞台上的表现,我们只能了解他们的作为,而不能察悉他们的生活习惯和为人。

我千百次地感到遗憾,布鲁图的那本论述美德的书已经失传,要知道从实践家那里学习理论是一件有意思的事。说教和说教者是两回事,我不仅喜欢看普鲁塔克写的书,也喜欢在布鲁图写的书里去认识布鲁图。我既要了解布鲁图在战场上对战士们的讲话,又要详细了解大战前他在营帐中与好友间的对话;我不仅要知道他在讲坛上和议院里的讲话,更愿知道他在书房与卧室里的交谈。

至于西塞罗,我赞同大家的看法,他虽然有渊博的学问,但他的灵魂并不高尚。他是个好公民,并且性格随和,那些像他一样爱开玩笑的胖子,一般都这样。然而他贪图享乐,功名性强。我无论如何不能原谅的是,他把他那些拙劣的诗公布于众。诗写得糟糕这本算不上什么大缺陷,可他居然是这样地缺乏判断力,丝毫没有察觉这些拙诗劣作对他英名的损害。

至于他的辩才,那可是举世无双的,我相信今后也没有人可以与之媲美。小西塞罗与他父亲相同的只有名字。他做亚细亚总司令时,一天他看到他的桌上有好几个陌生人,其中有塞斯蒂厄斯坐在下席(那时富贵人家设宴,常有人悄悄潜入,坐上那个位子)。小西塞罗向仆人询问这人是谁,仆人把名字告诉了他,可小西塞罗却心不在焉似的,忘了仆人的回答,后来又几番地询问,那位仆人感到烦了,便想特别提到一件事好让他牢牢记住那个人,就说:"他就是别人向您提到过的塞斯蒂厄斯,他认为令尊的辩才与他相比算不了什么。"小西塞罗听了顿时大怒,下令把可怜的塞斯蒂厄斯抓起来当众痛打一顿,简直是个不懂礼节的主人。

就是那些认为他的辩才举世无双的人当中,也有人不忘指出他演说中的错误,其中就有他的朋友布鲁图,这位伟人说他是"关节上有病的"辩才。与他同时期的演说家也指出,他在每个段落的最后令人费解地使用长句子,并且不厌其烦地频繁使用"好像是"这些词。

我喜欢句子节奏较快,长短交替,抑扬顿挫。西塞罗有时也把音节随意地重新组合,可是不多。我耳边有个声音响起:对我来说,我宁愿不长寿也不愿未老先衰。①

　　历史学家的作品我读起来更顺心,他们描写生动,考虑周全。一般来讲,我要了解的人物,在历史书中比在其他地方表现得更生动、更完整,他们的性格思想在史学家的粗勾细描下各具特色,内心活动也显得复杂多变。这些传论历史学家对事件缘由的研究更重于事件发展的研究,对内心的着意更多于对外因的着意,十分合我的兴趣,这就是普鲁塔克为什么从各方面来讲是我心目中的历史学家的原因。

　　我十分遗憾我们没有十来个像戴奥吉尼兹·莱蒂厄斯这一类的人物,或许他这一类人物没有被更多的人接受与了解。我对这些贤哲的命运和生活的兴趣,不亚于他们形形色色的学说和思想。

　　要研究这类历史,就应该不加区分地翻阅各类著作,古代的、现代的、文字拙劣的、语气纯正的,这些都要读,以此获得从不同方面而来的史料。我觉得特别值得我们深入研究的是凯撒,这不仅从历史学的角度来考虑,而且从他个人来讲,都能作为一个完美的典型,超过其他任何人,包括萨卢斯特。

　　我在阅读凯撒的作品时,比阅读一般人的著作怀有更多的敬意和钦佩,或对他的行动和彪炳千古的功绩肃然起敬,或为他无与伦比的美妙文笔所折服。西塞罗曾说,其他历史学家,说不定还包括西塞罗本人,都难出其右。凯撒对他的敌人的评论诚恳之极。如果有什么应该批评的话,那就是他对自己事业的罪恶和见不得人的野心文过饰非,甚至对自身也讳莫如深。假如他只做了我们在他的书上读到的那些事情,他是不可能完成如此不同寻常的事业。我喜欢的历史学家,不是非常朴实,就是非常杰出。朴实的历

---

① 原文为拉丁语,作者西塞罗。——译者注

史学家是不会融进自己的观点的，只会细心地罗列汇总搜集到的资料，不选择，不删除，一切照单全收，让我们做全面的判断，以了解事物的真相。善良的让·弗尔瓦萨尔，就是这样一个历史学家，他写史时态度诚恳认真，不论哪一条史料失实，只要有人指出，他都会毫不在乎地予以承认和更正。他甚至把各种各样的流言蜚语、道听途说也照录不误。这可以说是最原始的、不成型的历史材料，每人都可以根据各自的领会各取所需。

杰出的历史学家有能力选择值得流传的事，并且能够甄别真伪，还能根据王公们所处的地位与他们的性格，让他们说出适当的话，对他们的意图作出结论。他们完全有理由使我们接受他们的看法，但这种权威只有极少一部分历史学家才能享受到。在这两类历史学家之间还有些人（而且那些人占多数）却只会给我们麻烦，他们什么都要给我们包办代替。他们擅自制订评论的原则，从而让历史去迁就他们自己的想象，因为评论一旦向一边倾斜，后人叙述这段历史时，就难免受其影响。他们常常隐瞒更说明问题的某句话、某件事，把自己不理解的事作为怪事剔除，把自己无法用流畅的拉丁语或法语表达的东西都尽可能地抹去。他们尽可能无所顾忌地施展自己的口才和文才，他们也尽可能妄下断言，但他们也要给我们留下一些未经删节与篡改的东西，允许我们在他们之后能加以正确的评论，也就是说希望他们原封不动地保留史实。

特别是近几个世纪，常常有一些平庸之辈，仅仅是会舞文弄笔，就被选中编写历史，好像我们从历史中要学的是写文章似的！当然他们也有他们的道理，既然他们被雇用是为了这件事，出卖的是他们的语言，自然要向这方面操心喽。这些人能把在城市十字路口中听来的传言靠几句漂亮的话串成一篇美文。

好的一些历史书都是那些亲自指挥、亲自参加指挥和亲自参加过类似事情的人编写的。这样的史书差不多都出自希腊人与罗马人之手,因为有很多目击者撰写同一题材的著作(如同现代不乏有气魄有才华的人一样),即使有失实问题也不至于太严重,抑或事情本来就是一件疑案。

由医生来描绘战争或由小学生来谈论各国王公达贵的阴谋,这能让人学到什么东西?

如果要了解罗马人在这方面怎样一丝不苟,只需要举出这个例子就足够了:阿西尼厄斯·波利奥发现凯撒写的历史中有些地方失实,失实是由于凯撒不可能对自己军队的各方面都亲自过问;对未经核实的报告偏听偏信,或是他不在时副官代办的事未向他充分汇报。

从这个事例中可以看出,了解事实真相需要慎之又慎,掌握一场战斗的情况,既不能完全依靠指挥官提供的信息,也不能只向士兵了解。只有按照法庭式的审讯,比较每个证人提供的证词,并且要求事件的每个细节都有物证为凭。说真的,我们对自己的事也不全面了解,让·博丁对此讲得十分透彻,和我的看法不谋而合。

有好几次,我拿来一部书,满以为是我从未阅读过的新书,却发现我早在几年前就已认真阅读过,并且还写了不少诠释和心得体会。我为了避免记忆的过失,而恢复了老习惯,即在一部书后面(我指的是我只阅读过一次的书本)写上阅读完毕的日期与我的一般性评论,这样至少能让我能够回忆起阅读时对作者的大致印象与看法。在这里我愿意转述其中的一些诠释。

以下是我在十年前写于圭查尔迪尼的一部书里的诠释(我读的书不管用何种语言写成,诠释我都喜欢用自己的语言写):他是一位勤奋刻苦的历史学家。他在著作中提供的他所处时代历史的真实性,是其他人所不及的,因为有很多事情,他自己就是重要的参与者。从表面上也没有看出，他会因为仇恨、偏见和虚荣而篡改历史，他对风云一时的人物，特别是对那些提拔他、重用他的人（如克莱芒特七世教皇），所做的自由评论都是可信的。他最愿意显山露水的部分，可能就是他的借题发挥和评论的部分，其中不乏精彩篇章，可他对此过于沉迷；又由于他什么都想说，材料又简直丰富得取之不尽、用之不竭，他就变得多嘴多舌，像个啰唆的老学究。另外，我还注意到一点，就是他对那么多人和事、那么多图谋的议论，都没有提到德操、宗教和良心一词，好像在这个世界上根本就不存在这些似的；对于所有的行动，无论外表显得怎样高尚，他都把原因归为私利与邪恶。他议论的众多行动，竟然没有一项出自理性，这真让人无法想象。难道天下人人都是心术不正，没有一个纯洁高尚的人？这不得不让我怀疑他本人心怀叵测，或者是以己之心度他人之腹。

我在菲利普·德·科明的书里这样写道：语言清新流畅，自然质朴，作者的纯朴赤诚之心油然可见，谈自己不尚虚华，谈别人不存偏见，不予嫉妒。他的演讲和劝导是激情饱满而富有真诚，严肃端庄，毫不自我陶醉，表现出一个出身高贵和富有阅历的人应有的素养。

至于杜·贝莱两兄弟的《回忆录》我写了这样的话：亲身经历者撰写的所见所闻，阅读时总让人感到愉快。然而不容否认的是这两位贵族身上，缺乏让·德·儒安维尔（圣路易王的侍从）、艾因哈德（查理曼大帝的枢密大臣）这些古人，以及近代菲利普·德·科明，撰写同类书籍时所表现出的诚恳与坦率。这不像一本历史书，倒像一篇弗朗索瓦一世反对查理五世皇帝的辩护词。我不愿相信他们对重大事实有什么篡改，但却发现他常常毫无道理地偏袒我们，回避对事件的评论，并且闭口不谈他们主子生活中的棘手问题。比如遗忘了德·蒙莫朗西与德·布里翁的失宠;对埃斯唐普夫人也缄口不言。秘闻可以掩饰,但对于众所周知的事情,特别当这些事情对公众生活产生重大影响时,忌讳便成了不可原谅的缺点。总之,要对弗朗索瓦一世和他的时代所发生的事情有一个详细的了解,还是听我的忠告,到其他地方去寻找史料。这部书的优点是对大人物们亲身经历的战役和获得的战功有独特的见解,还记载当时某些亲王的私下谈话和轶事,以及朗生领主纪尧姆·杜·贝莱主持下的交易和谈判等。所记载的许多事情是值得一看的,文笔也不错。

(周蓉蓉　玉　清 译)

经验谈

所有的渴求都不如求知更合理。我们对通向知识的一切道路都进行实验,当理性推理不足时,我们就运用经验。经验通过各种实验产生技术,让范例指明道路。① 虽然经验是条有诸多缺点而难以值得重视的道路,但由于真理是如此地伟大,因此我们不能轻视通向真理的任何道路。理性推理的形式多样化到使我们不知从何着手,经验形式的多样化亦是如此。想从事物的相似性中得出结论是不可靠的,因为事情永远不会相同:在事物显现的图像中,没有一种特性比差异性和多样性更具普遍性。不论希腊人、拉丁人还是我们,大家都爱用鸡蛋的相似性作为相似性最明显的例子。不过仍有一些人,特别是德尔斐②有个人却看出了鸡蛋间存在的差异性,因此他从不把这样的鸡蛋认作那样的鸡蛋。他养了很多鸡,哪个鸡蛋是哪只鸡生的他都能准确地判断出来。差异性总在干预我们的作品,没有任何艺术能做到完全相似。不论柏罗泽还是别人,谁都不能把牌的背面仔细地擦光洗净,直到没有一个赌牌

---

① 来源于马尼利乌斯的《天文》,作者引自于茹斯特·李普斯的《政治》卷一。——译者注

② 来源于西塞罗的《论柏拉图学说》卷二,西塞罗说的是德罗而不是德尔斐。——译者注

人能在牌过手的瞬间认出别人的牌。相似性做不到的事差异性却能做到,大自然注定只能创造不相似之物。

不过我并不欣赏那一位①的建议,他想用大量的法规让法官们吃现成饭,从而限制法官的权力;他不明白,解释法律和制定法律都具有同样的自由度与延伸度的。法官不仅贬低法律,而且对法庭辩论嗤之以鼻,他们要提醒我们注意《圣经》上说得明明白白的话,从而结束辩论。我们在头脑中总认为控制他人的意见与表达自己的意见同样范围宽广,就像认为诠释现成的不如创造新的那样艰苦紧张。这种想法错到了何等程度!我们法国的法律比世界各国所有的法律的总和还要多,远远超过处理伊壁鸠鲁的微粒世界所需要的法律。过去我们忍受丑闻,现在我们忍受法律。②然而我们还是听任法官们谈意见做决定,你再也找不出像他们那么放肆的自由。我们的立法者即使选择十万个诉讼案例并给它们套上十万条法律也没有什么用处。这个数字和人类活动的无限差异性根本不能相比。我们的构想再成倍增长也跟不上案例的变化。你就是把那个数字再增加百倍,在今后发生的事件里也不可能有一件事与几千个选中并登记在案的案例中的某一件事完全吻合,也不可能没有一些特别的事情和差别需要在审判时做出不同的考虑。在我们始终变化的行为里,能与固定成不变的法律紧密相连的极少。最有实际意义的法律是数量最少、最简洁明了,也是最普通的法律。在我看来,宁可没有也不要有我们这么多法律条文。

大自然赋予我们的法律永远比我们自定的法律中肯。诗人们

---

① 指东罗马皇帝查士丁尼,他颁布了两部法律汇编:《法典》和《学说汇纂》。——译者注
② 来源于塔西佗的《年鉴》。——译者注

对黄金时代的描绘与如今看不到黄金时代的各国的生活状况就是证明。有些国家的审判官是经过他们山区的第一位行路人①，还有的地区的人则在赶集的日子里选出其中最贤明的一人，被选出的人随即判定他们所有的诉讼案。如果我们按照具体情况，在众人的监督下，此人在判决我们的案子时，既不按先例，也不作推论，这有何等危险？什么脚就应该穿什么鞋。斐迪南国王派移民去印度时就明智地规定不要把法学学生带去②，因为法学就其本质而言是一门产生争执与分歧的学问，国王担心法学学生去了那里会使他们的诉讼案泛滥。我和柏拉图的看法一样，认为法学家和医生都是国家的有害物资③。

我们的普通语言用在别处是如此地得心应手，为何用在合同和遗嘱里就会变得晦涩难懂？为何在说和写方面都善于明确表达思想的人，一遇到合同、遗嘱之类的事务就会出现差错？原来那些精于此道的巨匠们对挑拣词句和条文情有独钟，他们对每个音节都是再三斟酌，严格规定行文的起承转合，以至于卷进无休止的形式和细而又细的划分，把自己搞得头昏脑涨，结果是那些形式和划分全不符合章程与规定，也得不到确切的理解。分得细小如尘埃的东西都只是一片混乱。④ 是否见过小孩子聚集水银并试图计量的游戏？他们越压紧水银，越揉动水银，越千方百计地想迫使其就

---

① 纪尧姆·布舍的《东方人》卷九中写道："在那个新大陆生活的人们，他们没有文学，没有法官，没有法律，但他们的生活却显得比我们更合法、更公正。在整个东方，诉讼案件都非常少见。古查拉地区的居民只在赶集的日子里设一个施刑机构，以使买卖顺利进行；生活在费兹王国边界地区的马格南山的人们拦住过往行人来裁定案子。"——译者注
② 来源于纪尧姆·布舍的《东方人》，纪尧姆·布舍则引证于波丹的《共和国》卷五。——译者注
③ 来源于柏拉图的《共和国》。——译者注
④ 来源于塞涅卡的《书简八十九》。——译者注

范,就越触怒那自由自在的金属,只见水银越变越小,越变越散,散到不计其数。同样,把很难把握的琐碎问题分了又分,那是促使人加深怀疑,是让人增加、延伸争执,使争执扩散开来,并变得多样化。这样制造问题,再把问题划来划去,使世界纷乱迭起,更加变化无常,就像翻土,翻得越深越细,土越肥沃。知识制造纷争。①我们已怀疑过乌尔丕安②,让我们再怀疑巴尔托鲁斯③与巴尔杜斯④。我们必须消除众多的分歧痕迹,绝不要让分歧粉饰自己,使后人得不到安宁。

我不知该如何讲,但出于经验可以这么认为,对事物做过多的解释会分散真理,埋没真理。亚里士多德之所以写作是为了让人理解,假如他本人都达不到这个目的,那么比他逊色的作者和评论其思想的人就更达不到了。我们研究一个课题以后,靠稀释将主题拓展,扩展至成千上万个题目,再将那些题目细而又细地分,使其反复增长,那我们就掉入了伊壁鸠鲁的无限量微粒世界之中。两个人对同一事物的判断是不可能相同的,两种见解也不可能完全一样;不仅不同的人有不同的看法,而且同一个人在不同的时间里看法也不会相同。我总爱怀疑注疏者不屑一顾的东西,因为平地里更容易让人失足,就像马儿更容易在平坦的道路上失蹄一样。

难道有谁不说注疏加深怀疑与无知吗?众人为之忙碌的人文书籍或圣书没有一本是依靠诠释而消灭难点的。第一百个注疏者把他认为更棘手更困难的问题再推给下一个注疏者。要到何时我

---

① 来源于坎提利安的《演讲法规》卷十。——译者注
② 多米提乌斯·乌尔丕安,公元3世纪出生于叙利亚提尔,罗马著名法学家。——译者注
③ 巴尔托鲁斯(1313—1357),法学教师。——译者注
④ 巴尔杜斯(1323—1400),巴尔托鲁斯的高材生之一。——译者注

们才能达成协议：此书诠释足够矣，足够到了无话可说的程度。这情况在诉讼里更为明显。有人将法律权威赋予芸芸学者，赋予数不胜数的判决与无休无止的注释。然而当真正需要注释时，是否得出过结果？注释能否促进安宁？我们现在是否比繁杂法律的初期少用律师和法官了？事实正相反，我们的理解力正变得越来越弱，我们的理解力已被我们逐渐埋葬，从今以后我们只有在撞上各种围墙与障碍时才能重新找回我们的理解力。人难以识别出自己思想上的痼疾：他们的思想总爱东张西望，四处寻求，不断绕着圈子，不断编选着，而且一旦陷入进去就不能自拔，好比蚕作茧自缚，在茧中窒息而亡。一只小鼠陷进了松脂里。① 人的思想以为自己远远望见了什么光明的迹象与假想的真理，然而在迅速往那边奔跑时，却遇到了众多困难形成的拦路虎，其中有障碍，也有自己新的目标，于是便为那光明的迹象与假想的真理失去了理智，被弄得晕头转向。伊索寓言中狗的遭遇就是这样。那些狗在假想中发现海上飘浮着的尸体，想靠近但又靠近不了，就开始喝水，等到通道里的水吸干，狗也就窒息死了。② 克拉特斯谈到赫拉克利图斯的著作时也有此含义，他说："那些作品需要擅长游泳的读者。"这样，赫拉克利图斯学说的深度和分量才不至于把读者淹没而使读者窒息死亡。③

不是别的，正是我们特有的弱点使我们满足于我们已猎取的知识，若一个明智的人就不会感到满足。总会有位子留给后人，当然也留给我们自己，包括失败。求索是没有终结的，我们的终结在

---

① 拉丁谚语，由埃拉斯姆收入他的《谚语》卷二。——译者注
② 故事来源于普鲁塔克的《论反斯多葛派的共同观念》。——译者注
③ 来源于狄奥热纳·拉尔斯的《克拉特斯生平》。克拉特斯是雅典哲学家，柏拉图学院教师；赫拉克利图斯是旧柏拉图学院的学生，提尔人。——译者注

另一个世界。满足和厌倦是智力衰退的预兆。高瞻远瞩的人从不自我满足：他永远有所追求，勇往直前，超越自身的实力；他若不前进，不往前挤，不往后退，不左冲右闯，他就是半吊子机敏的人；他的追求永无止境，也不固定，他靠赞誉获取，甚至模糊不清的东西维持自己。阿波罗就是这样表现自己，他的讲话总是一语双关，既晦涩难懂，又拐弯抹角①，不是让我们获得享受而是让我们浪费时间，浪费精力。这是一种不规则的活动，无休无止，没有指导，也没有目的，活动中新花样层出不穷，接踵而至。

> 君不见奔流的小溪，
> 溪水潺潺，永无终极，
> 按部就班，顺其永恒的航道。
> 一波推一波，
> 一波超一波，永远如此；
> 水在水中流——
> 同样的溪，不同的水。②

阐明诠释的麻烦超过诠释本身，以书为主题的书比其他主题的书更多——我们总爱互相诠释。

诠释密密麻麻，诠释作者多如牛毛。

几个世纪以来最主要最了不起的学问难道不就是理解学者的学问？理解学者难道不就是所有研究的共同目的、终结目的？

我们的意见总是互相嫁接。第一个意见是第二个意见的梗，第二个意见又是第三个意见的梗，我们就这样一级一级地爬梯子。

---

① 来源于普鲁塔克的《为什么女预言家毕蒂亚传神谕不再用诗体？》。毕蒂亚，古希腊德尔斐城中传阿波罗神预言的女祭司。——译者注
② 拉波埃提写给他的未婚妻玛格丽特·德·卡尔的诗歌片断。——译者注

由此而产生如此情况:达顶峰者所获荣誉往往超过他的功劳,因为他只是踏在他前面一个人的肩膀上爬了很小的一步。

我常常将自己撰写的书扩展再来谈论自己,这或许很愚蠢。我谈论自己时才想起我谈论别人的这番话(别人同样如此):他们对自己的作品如此地青睐,这表明他们爱自己的作品爱得心里发颠,表明他们攻击自己作品的态度粗暴得近乎蔑视,无非是溺爱孩子的母亲装腔作势的一种表现。① 按照亚里士多德的讲法,他们赏识自己与蔑视往往出于同样的狂妄自大。我在这方面比其他人有更多的自主权来为自己辩白,这是由于我所写的恰恰是我自己以及我的作品,也由于我写作的主题总是自己推倒自己。不知大家能否接受我的辩白。

在德国我见到,路德听任大家就怀疑他的观点而发生争论,这种争论的激烈程度超过由他引起的对《圣经》的争论。我们的争论都是口头争执。我询问什么是自然、享乐、限度与替换,问题由话语提出,也由话语解决。一块石头,那是一个物体,或许有人会追问一句:"什么是物体?""就是实体。""那实体又是什么呢?"这样循环往复,最后可以逼得答问者捧着笔记本不知所措。人们用这个词换那个词,那个词往往更为生疏。我知道什么是人,比知道"这是一种终有一死的动物,是有理智的动物"更清楚。为了消除一种怀疑,他们让我抱着三种怀疑——成了七头蛇的头。苏格拉底问门侬②什么是德操。"有男人的德操和女人的德操,"门侬回答,"有官僚的德操和平民的德操,有儿童的德操和老人的德操。""这太妙了!"苏格拉底大声地说。我们一直在寻求一种德操,如今却

---

① 来源于亚里士多德的《对尼哥马克的训诫》。——译者注
② 门侬(? —公元前333),希罗多德雇佣兵首领。——译者注

有了一大堆德操。① 我们传出一个问题，别人却回敬一大堆问题。任何事情任何形式既不会和其他事情其他形式完全相同，也不可能完全相异，自然的造化可谓巧夺天工。倘若我们的相貌毫无相同之处，那就会辨不清人与禽兽；倘若我们的相貌完全相同，那就会辨不清这人与那人。所有事物都靠某种相似性而互相依存；所有范例都不是完善的，而从经验中得出的东西则永远存在着缺陷。然而人们仍然可以从各种可比的事物中找出某些特性，比如法律就是通过迂回曲折、拐弯抹角的解释而为每一件案子效力并适应于每个案子。

我们既已看到涉及个体特殊义务的伦理性法律很难制定，那么，对管理众多个体的法律更难制定就不必再大惊小怪了。请认真想一想管理我们的司法模式，那简直就是人类蠢行的实证，更何况其中错误百出。我们所认为的司法上的宽与严（宽与严情况太多，我不知道是否存在介于两者之间的东西）是同一个躯体上的不正常部分，也是司法的精髓之所在。有几个农人刚才急急忙忙地跑来告诉我，他们在属于我的一片树林里遇见了一个挨了一百大板的男子，那人已垂危，求他们可怜他，给他些水并把他扶起来。但农人们不敢靠近他，他们害怕司法人员恰好路过这里，所以只好逃走了。因为要是真的遇上司法人员，让他看到他们身边有一个被杀的人，那他们就会遭受大难，他们没有能力表白自己的无辜并且保护自己。人道主义的救援，让他们如此惊恐不已。对此，我能说些什么呢？

我们已经发现的无辜受罚者有多少（由于法官的罪过而造成的不包括在内）？未被发现的无辜受罚者又有多少？下面所述的

---

① 来源于普鲁塔克的《论朋友之众多》第一章。——译者注

事情就发生在当今：有几个人因杀人而判处死刑，判决书虽还没有宣布，但至少已有了结论并作出了决定。这时，法官们得到邻近的下级法院的通知，说他们那里有几个犯人承认那桩杀人案是他们所为，其招认颇具说服力，并且罪犯对犯罪事实作了无可辩驳的说明。于是法官们就是否应该撤销或延期执行上述死刑判决进行了讨论。大家仔细考虑了重新审理此案或延期执行原判的后果，认为从司法程序上看，这项判决已无法更改。最后，那几个可怜虫只得为司法程序牺牲了性命。菲力普等人曾为这种弊端提供证明：他判一个人向另一个人付大笔罚金，判决执行后不久真相大白，事实证明他的判决极不公正。他所面临的，一方面是事实，另一方面是司法程式，他不能两全其美，便决定维持原判，同时用自己的钱弥补被判罚款人的损失。① 菲力普遇到的毕竟是可以补救的事故，而那些被绞死的人却是无可挽回了。我所见到的比犯罪更罪恶的判决实在是太多了！

　　这些使我想起古人的见解：有心在总体上办公正事的人却被迫零零星星地去损害他人；想在大事上主持正义的人却在小事上不仁不义。② 人类正义是按医疗模式形成的，因此凡有用的都是公正的诚实的。③ 斯多葛派认为，自然的多数创造物天生悖逆正道；昔兰尼派则认为，一切都非自然公正，公正由习惯及法律形成；④ 狄奥多鲁斯派则认为，所有扒窃、亵渎圣物以及各种各样的淫荡行为，只要圣贤认为于己有利的，都符合正道。⑤

---

　　① 故事来源于普鲁塔克的《古代国王的著名格言》。——译者注
　　② 来源于普鲁塔克的《对掌握国家大事者的训言》第三十一章。——译者注
　　③ 来源于普鲁塔克的《神圣司法为何常要区分惩罚与妖术》。——译者注
　　④ 来源于狄奥热纳·拉尔斯的《阿里斯提布斯生平》。阿里斯提布斯，非洲昔兰尼派哲学家，享乐主义哲学创始人。——译者注
　　⑤ 来源于狄奥热纳·拉尔斯的《阿里斯提布斯生平》。——译者注

真是无可救药！我们竟然到了自己的命运取决于审判官的机敏和照顾，而不是自己清白的地步！这与阿尔西巴德正好成对比①，不过作为一个能支配自己头脑的人，我永远想象不出我能像他那样行事。我或许应当去冒险找一个法庭，该法庭既肯定我做的好事，也不放过我做的坏事，我对这样的法庭既心存希望，又有所畏惧。而我们的法庭只对我们伸出一只手，且是只左手，不论谁从法庭上下来，都要遭受损害。

中国②的政府管理体制与艺术和我们从来没有交流过，他们对我们的政治体制和艺术同样一无所知。然而这个王国在许多方面卓有成效，大大超过我们。这个国家的历史让我们看到，世界是何其宽广，何其丰富多彩，无论古人还是我们当代人对世界都知之甚少。在中国，国王派遣到各省巡视的大臣可以惩处贪赃枉法的官员，也可以十分慷慨地奖励忠于职责、为官清廉的官员，而且奖惩都可以超越一般方式和范围。巡视大臣到省里不仅为确保令行禁止，也为获得利益。

感谢上帝，至今还没有哪个法官以法官身份对我谈起过什么诉讼案，不管是我的诉讼案还是第三者的诉讼案，不管是刑事的还是民事的，也还没有哪个监狱不仅仅是为到里面去散步而接待我。我想象的监狱，即便观其外表也是令人不快的。我生性爱好自由，即使有谁禁止我去印度的某个地方，我也会因此而活得不痛快。只要我能在什么地方找到自由的天地，我就不会在要我隐藏的地方自暴自弃。上帝啊！竟有这么些人因和法律发生冲突而被迫困在某一个区域，无权进入主要城市，无权进入公共水道与大路，看

---

① 阿尔西巴德（约公元前450—前404），伯罗奔尼撒战争时期雅典的统帅和政治家，苏格拉底的学生，一个反复无常的人。——译者注
② 这是作者根据冈萨雷斯·德·门多查的《中国历史》而发挥。——译者注

到这种情景我是多么难受！只要我为之效力的法律威胁到我一个手指头,我就会立即离开,去寻求其他法律,即使找遍天涯海角也在所不惜。在我国内战硝烟四起的年代,我的一切谨慎措施都为使战争不阻挠我四处走动的权利。

法律之所以具有威信,并非它本身的正确,而是因为它是法律。这就是法律权威的神秘依据,除此以外再也没有其他依据。这依据对法律是很有用的。法律往往为蠢人制定,更为常见的制定者是那些讨厌平等而缺乏公正的人,那些狂妄自大而又优柔寡断的人是法律永久的制定者。

没有任何东西比法律的过错显得更为严重、更加充分,犯错误也不像法律犯错误那样惯常。假如谁在他认为法律正确之处服从法律,那他会正好在该服从之时未服从法律。我国的法律因本身的不规则与不正常,有时竟会为法律管理者与执行者的腐败助一臂之力。既然首脑是这样地糊涂,这样地不可靠,那么违抗法律的行为以及解释法律、管理法律和遵守法律方面的种种弊病也就不能原谅了。不论我们从经验中能获得什么成果,要是我们不善于利用我们自身的经验(因为自身的经验更贴切,当然也更能引导我们去做我们所要做的事),从外国人那里吸取的经验就很难对我们的制度有所增益。

我研究其他问题不如研究自己多,这就是我的形而上学,我的物理学。

> 上帝有怎样的手腕统治世界,管理我们的所在?
> 月亮从何方升起,又在何方落下?
> 她如何合拢双月牙,月月重圆露多姿?
> 吸引大海的风从何处吹来,暴风何来逞威?

时时形成云雾的水从何而来?
是否有一天世界的都城会被摧毁?①

探索吧,你们——
为研究宇宙而苦恼的人们……②

在具有普遍性的问题上,我以无知而随便的态度听任世上一般规律的控制。我只要发现普遍规律就能将它认识清楚,但我是不可能改变这些规律的,规律也不可能为我而改变。希望普遍规律发生变化的念头简直是发疯,为此而操心那更是发疯,因为普遍规律必然是相似的、公开的、共同的。

地方军政长官应以自己的善心与干练,无条件和全面地免除我们对他的政府的操心。

探索与深思只能给我们的好奇心提供养料。哲学家们要我们重新注意大自然的规律确实很有道理,只是自然规律并不需要十分深奥的学问。哲学家们篡改自然规律,给自然的面貌抹上重彩,使其过于浓艳过于矫揉造作,从而发生了单一主题多种面貌的现象。正如自然赋予我们双脚用以走路,自然在生活中也充满智慧地引导我们。这种智慧不如哲学家们创造的智慧那么巧妙、那么强烈、那么夸张,却是既随和又有益,在那些善于自然有序地,即顺乎自然地生活的人身上,哲学家们创造的智慧能做到的,天然智慧都能做到,并且做得很出色。最明智地依靠自然就是完全依靠自然。啊!无知与满足是提供成熟头脑休息的怎样柔软并安全的靠枕啊!

---

① 来源于普罗佩尔修斯的《哀歌》。——译者注
② 来源于卢卡努斯的《法尔萨卢斯》。——译者注

我情愿通过自己而不愿通过西塞罗了解自己。只要我善于学习,我相信,我自身的体验足以让我变得聪颖。谁能回想过去自己怎样暴跳如雷,怎样使暴怒主宰自己?如果谁能对这种情绪的丑恶认识得比亚里士多德的著作更清楚,那他就能更正确地排斥这种情绪;如果谁能回忆起他曾经遭受过的伤害,威胁到他的危险,以及使他情绪变动的极小原因,那他就能因此而为未来的变化和自己的处境做好思想准备。凯撒一生给我们的教训并不比我们自己一生给我们的教训多。皇帝也好,百姓也好,每个人在一生中都会遇到各种各样的意外事件。我们就听听以上的这些话吧,这些谈论都是我们最需要的。谁因为自己多次错误判断而从此不再相信自己的判断力,那他不就成了蠢人?当我通过其他人讲的道理而轻信了某个坏主题时,我记不得他对我谈了什么新东西,也记不清在那特定情况下我表现的无知,但一般我会记住我的软弱与我的愚笨,我因此而得出在总体上控制自己的办法。对于我的其他错误我也这样做,我体会到这个习惯对生活有很大的帮助。我并不把某件事或某个人看作是绊倒我的石头,却由此得到了随处都应该小心自己脚下的教训,而且有意对自己的步子进行调整。记住自己说了蠢话或做了蠢事,仅仅如此而已;而记住自己是蠢人一个,这样的教训具有更广泛更重大的意义。我的记忆力常常发生误差,甚至在它最有把握时也出错,好在这类错误并没有白犯:此时此刻我的记忆力对我赌咒发誓,说我即使要相信它也白费力气,我仍然对它摇头表示听不进去。我的记忆提供的证据初次遭到反对就让我十分紧张,在重大事情上我再也不敢信赖它了,也不敢在别人陈述的事实上为我的记忆力担保。我这样做是因为我记忆不佳,而别人这样做则出于缺乏诚意,如果不是这样,在事实问题上,我肯定会更相信别人的陈述。假如人人都能注意观察产生他过激情绪的环境及这种情绪带来的后果,就像我注意观察我天然的情绪那样,那他一定会看见过激情绪怎样来到,并且可以稍许降低其来势汹汹的程度。这类情绪并不一定是冲过来便攫住你不放,而是有事先的预兆和进展的不同阶段。

> 犹如大海里波浪泛起白沫,
> 海水愈涨,浪涛愈高,
> 从深不可测的海底直冲云霄。①

判断力在我身上颇具权威,并兢兢业业地为保持这种地位而努力。判断力听随我的各种情感与欲望而我行我素,不论仇恨与友情,甚至对我自己的恨与爱,它从不因这些情感与欲望而变质而腐朽。倘若说我的判断力无法按自己的意愿改造其他部分,那它也不会让自己变形去屈从那些部分——我的判断力永葆本色。

  人人提醒自己、认识自己,如此产生的作用一定不小,因为那位知识和启蒙之神已让人把此话刻在他庙门的门楣上②,他十分清楚他应在所有方面对我们进行劝导。柏拉图也讲过,智慧无非意味着实行这个嘱托。在色诺芬尼的作品里苏格拉底为此还做了详细的核实。③ 只有深入研究了各门学科知识的人才会发现其中的难点,因为只有在一定程度的理解基础上,才会注意到一般人不注意的事——只有推门才知道门是紧闭着的,由此产生了柏拉图式的难以捉摸的问题。对此,知者不必探究,因为他们已了解其中

---

 ① 原文为拉丁语,作者维吉尔。——译者注
 ② 指德尔斐阿波罗神庙门前的牌子上镌刻的一句格言:"认识你自己吧!"——译者注
 ③ 根据《可纪念者》卷四。——译者注

的奥秘；不知者也不必探究，因为他们不知道探究的是什么。因此，在自知之明这个难以把握的问题上，人人都感觉良好，自诩为行家，既自信又满意，其实这正说明人人对此一无所知，正如在色诺芬尼的著作中苏格拉底对厄提戴姆所作的训诫。① 我个人没有其他公开的主张，我只悟出其中的学问是何等地高深莫测，何等地丰富多彩，因此，我学习的唯一成果便是深感需要学习的东西还有很多很多。我倾向于谦虚的态度，对规定的信仰虔诚恭谨，表达主张时始终保持冷静而有节制。我把我的这些倾向归功于我为大家所公认的宽容，同时，我把怨恨之情归咎于咄咄逼人的令人生厌的狂妄自大，这种狂妄自大使人只相信自己，是纪律和真理的大敌。听听某些人是怎样发号施令的，他们首先提出的建议就是按规格建立宗教与法律。没有比将论断与决定置于感觉与体验之前更可耻的事。② 亚里斯塔尔库斯讲，在古代，世界上只有七位贤人；而在他的时代，世界上仅有七个愚人。③ 在当代，我们难道不比他更有理由这样讲吗？肯定和固执是愚蠢的鲜明特征，那些蠢人每天该有一百次摔在地上狗啃泥，瞧他们神气活现的模样，竟和过去一样自信，自信得不可通融。你也许会说，摔了以后他的心灵已焕然一新，得到了新的领悟力，就像传说中的大地之子那样。大地之子摔在地上便重新得到了强大的意志和力量。④

> 他一接触亲生母亲，
> 精疲力竭的四肢便重新获得了力量。⑤

---

① 根据《可纪念者》卷四。——译者注
② 来源于西塞罗的《论柏拉图学说》卷一。——译者注
③ 来源于普鲁塔克的《论兄弟情谊》第一章。亚里斯塔尔库斯（约公元前310—前230），希腊科学家和哲学家。——译者注
④ 指巨人安特。——译者注
⑤ 来源于卢卡努斯的《法尔萨卢斯》。——译者注

那些顽固不化的人难道不想重新得到智力以重新开始争执？我依照我的亲身经历而强调人类没有必要有知识，我的愚见是，教人无知乃是社会教育最好的捷径。如果不相信我个人的或他们自己的不中用的教训的话，那么可以听听苏格拉底这样一位大师之师对此下的结论。安提斯德奈斯对他的弟子说：喂，你们同我一道去听听苏格拉底的讲话吧，在他那里我同你们一样是弟子。他赞成苏格拉底斯多葛派的教义，即德操足以使人的生活幸福美满，不需要再有其他任何东西。尽管我缺乏苏格拉底的意志。他补充道。①

我对自己进行过长期的细心观察，这使我得到了训练，使我能比较中肯地评判他人，我很少有比这个方面谈论得更恰当更让人宽容的事，我判别朋友们的状况往往比他们自己所认识的还要准确，我曾以我贴切的描述而使某人大为吃惊，吃惊之余也提醒他注意自己。为了练就让我自己的生活映照在别人的生活里，我在这方面从小就十分勤恳，我很少遗漏在我身边出现的对我有用的东西，诸如他人的举止、情感和言谈等。我几乎什么都研究，既研究我应当避让的东西，也研究我应当紧追不舍的东西，比如我通过朋友们的作品可以发现并告诉他们其内心倾向。我之所以这样做，并不是为了规范千变万化、千差万别的行为——在有些体裁和话题中，行为是极多样化、极不统一的——也不是为了将我赞成的和不赞成的意见明确归入大家熟悉的种类和范畴中。可谁都说不准那些种类的数目以及它们的称呼。②

---

① 来源于狄奥热纳·拉尔斯的《安提斯德奈斯生平》卷六。安提斯奈斯，活跃于公元前4世纪左右，为雅典哲学家，苏格拉底门生，犬儒派哲学创始人。——译者注

② 原文为拉丁语，作者维吉尔。——译者注

学者对他们思想的划分与表明往往更为专门更为详细,而我个人看问题全凭习惯,毫无规则可言,因此我只一般地表达个人的思想,并且还是探索着表达,比如我靠无条理的文章推出我的警句,就像在讲一些不统一的东西一样。在我们这些普通人的心灵里是不存在连贯性和一致性的。智慧是牢固而完整的建筑,它的每一个零件都各谋其位并各有标志:只有智慧是完全自我封闭的。① 我让艺术家们千变万化的面部表现整理出来,并克服我们的随意性,使那些面部表情有条不紊地加以表现,我不知道他们能否把这种十分零乱且偶然性极强的事一直干下去。我觉得很难把我们的活动一个个地连结起来,不仅如此,要明确每个活动的主要性质也是很难的,因为人的活动都具有双重性,都闪烁着光怪陆离的色彩。

马其顿国王佩尔瑟不能专注于任何现象②,他在各种生活现象之间飘游不定,犹如天马行空一般。他自己不了解自己,别人也都不了解他。不少人觉得这很奇特,我却认为几乎所有的人都有这种特点。且不谈其他人,就说我曾见到过的一位同样显赫的大人物,这种特点在他身上更明显。他连平常的稳定都做不到,总随着突发事件由一个极端走到另一个极端;他不论以何种方式生活都会遭受挫折,并遇到令人意想不到的障碍;他没有一种特点能使人理解。因此,倘若有一天谁能勾勒出这种性格,那就应该是:靠被人认不出来而千方百计使自己成名。

耳朵必须极度灵敏才能听到他人对自己的评价,很少有人感到忠言逆耳。胆敢评价我们的人往往对我们表现得特别友好,只

---

① 来源于西塞罗的《论职责》。——译者注
② 见底特·里沃的《历史》。——译者注

有对人进行有利的刺伤与冒犯才称得上真正的爱。我觉得爱谈论短处的人是艰难的,柏拉图曾嘱咐意欲考察他人心灵的人要具备知识、爱心和勇气这三种素质。①

有时候会有人问我,假使在我上了年纪时有人竟敢要我为他效力,那我认为自己能干些什么?

> 当旺盛的血气仍使我精力充沛时,
> 当善妒之暮年尚未将我的两鬓染成霜时。②

——"毫无用处。"我说。我当然还会用抱歉的口吻说,我不善于做使我受制人的事。假如我的老师愿意的话,我或许会向他说出他的真实情况并监督他的生活习惯,而且不以笼统的迂腐的教训方式,我不会那一套(也没有在擅长那一套的人身上发现什么真正的益处),而是逐步观察他的生活习惯,适时地对每件事——加以监督并予以评判,既直率又合情合理,让他知道他在众人眼里的形象,同时警惕对他阿谀奉承的人。如果我们也如同帝王那样不断为阿谀奉承所侵蚀,那么我们中间是不会有人比帝王更优秀了,即使像亚历山大那样的一代伟人、明君、哲人都未能幸免于被侵蚀!要忠于事实,必须具备足够的勇气、明晰的判断力和充分的自主权。这类效劳往往是无名的,否则就会失去效劳的作用以及无偿奉献的意味。不是所有的角色都可以不加区分地适用于任何人的,甚至连真理本身都没有随时运用于一切事物的特权——不论出于多么高尚的目的,真理的使用都是有局限的。经常发生这种情况——世上的事难免如此——你在无意中在达官贵人面前讲了真话,这不但毫无作用,反而招致不良后果,使你遭受到不公正的

---

① 出自柏拉图的《戈尔加斯》。——译者注
② 原文为拉丁语,作者维吉尔。——译者注

待遇。无人能使我相信,神圣的谏言会不可能被错误接受,或对内容的重视不会让位于对形式的重视。我希望能遇见一个在谏诤方面乐于认命的人。这个愿意他就是他,再不企望其他什么。① 这人的命运不好也不坏,因为一方面认命的人不会害怕过于触犯主人从而失去往上爬的机会,另一方面他的境况本来就是一般,容易与各种各样的人沟通。我希望这种人只有一个,因为扩大这种无拘无束的特权将会产生有害的影响。确实,对这仅有的一个,我也要特别恳请他保持缄默。

倘若一位国王为他自身利益和自我发展容不得朋友的言论自由(而他的朋友所说的话无非是让他听了不舒服而已,辩论的其他效果则全由他自己决定),那么这位国王无论怎样在自己脸上贴金,吹嘘他怎样耐心等待会见某个敌人,也是不可信赖的。然而从人的本身而言,世上没有人比帝王更需要真正的不受约束的提醒了。帝王们的生活当然是人所皆知的,他们需要观众们满意的舆论,因此,当大家习惯于对诱导帝王走入歧途的一切噤若寒蝉时,帝王们已不知不觉地陷入了公众对他们的仇恨之中;假如舆论能及时让他们察觉,他们就有可能避免引起这种情况的各种因素,而且这也不会牺牲他们的享乐。帝王的宠臣们考虑自己往往比考虑主子多,帝王却感到满意,而对帝王忠心耿耿效劳的仆人们大都却如履薄冰,因此,这样的效劳不但需要深厚的友情和坦率,还需要勇气。

总之,我在这里泛泛而谈的无非是我生活经验的记录,对人的心理健康可以起到吸取反面教训的警戒性作用。对于身体的健

---

① 原文为拉丁语,作者马尔蒂亚尔(公元前104—前43),讽刺短诗诗人,出生于西班牙。——译者注

康，谁也提供不了比我更有用的经验，我介绍的经验是纯粹的，也没有什么花言巧语，也不受外界舆论的影响。一提起医疗，这些经验就变成了一堆废物，再无什么立足之地。提比略说，一个人活到二十岁就应该知道什么对健康不利，什么对健康有利，还应该善于养生。① 他可能是从苏格拉底那儿学来的，苏格拉底要求他的弟子将养生作为主要课题来进行认真研究。他还补充说，假如一个注意自己身体锻炼和饮食起居的明白人，在懂得什么对他身体有利什么不利方面还不如医生的话，那就不可思议了。② 医学家鼓吹自己对医疗永远富有经验，而柏拉图的这番话讲得颇有道理：倘若要当一名真正的医生，就必须亲自患过他想治愈的所有疾病，并经历过他要诊断的所有病情。③ 如想治疗梅毒，自己就得先患梅毒，这是有道理的。我很愿意相信这样的医生，因为其他医生指导我们就像坐在桌子旁把船的模型划来划去的人在画大海、礁石和海港一样，要真的让他去实际操作，他便不知如何下手。他们描述我们的疾病如同城里人用喇叭喊谁丢了马或谁丢了狗，毛色怎样，高矮怎样，耳朵形状又怎样，但当你把狗或马牵到他面前时，他却认不出来。

  为了上帝，希望有一天医学能给我正确的切实的援助，那时你将听到我不知怎样激动地喊出：我总算佩服有用的知识了！④ 所有的技艺都会信誓旦旦地保证使人身心健康，他们许的都是宏愿，而且不忘还愿。然而现在这类技艺显出的作用却不如其他职业的

---

  ① 来源于塔西佗的《年鉴》和罗马传记作家苏埃托尼乌斯（约 75—140）的《提比略生平》。提比略（公元前 42—公元 37），是罗马帝国第二任皇帝。——译者注
  ② 见色诺芬尼的《可纪念者》卷四。——译者注
  ③ 见柏拉图的《共和国》。——译者注
  ④ 原文为拉丁语，作者贺拉斯。——译者注

作用,最多只能称他们在卖劣质药水,却说不上是医生。

我的阅历之广泛足以让我把根深蒂固的习惯说得天花乱坠。对欲领略其风味的人,我曾尝试做斟酒人。就我记忆所及(我的生活方式是根据事物的变化而变化的,不过我记下了我最主要的生活方式),不论生病还是身体健康,我的生活方式都相同:睡同一张床,遵守同样的作息时间,吃同样的肉,喝同样的饮料;什么也不增加,只根据我的体力和胃口少吃些食物。我的健康在于我生活有规律,疾病因此而离开了我。假如我轻信医生的话,那么要治愈我的病只能人为地离开我正常的生活轨道。我坚信:我多年养成的习惯一定不会伤害我。

应顺其自然地让习惯安排我们的生活方式,习惯在这方面是大有作为的,因为西尔塞①的饮料随心所欲地让我们的体质变得多样化。离我们不远就有不少国家的人认为担心夜晚凉意的侵袭是十分可笑的,但夜凉对我们身体的伤害却表现得很明显,而我们的船夫和农人又和我们不同,他们对夜凉不屑一顾。你让德国人睡床垫他会得病,让意大利人睡羽绒垫,或让法国人睡觉没有帐子和炉火,他们也会得病。西班牙人的胃受不了我们那种吃饭方式,我们也不习惯瑞士人的喝酒方式。

一位德国人在奥古斯特②攻击我们的壁炉,说壁炉不方便,这理由正是我们对他们的火炉进行嘲笑的理由。这位德国人听我称赞他的城市方便、美丽(这确实值得称赞)便开始惋惜我为什么要离开那里;他同时还提出一个挽留我的理由,那就是别处的壁炉会使我头晕。他听见别人埋怨壁炉,便以为是我们法国人埋怨的,他

---

① 西尔塞是太阳神的女儿,会魔术的女巫。——译者注
② 指奥格斯堡,作者保留了此城的拉丁名字奥古斯特。——译者注

自己由于习惯已不觉得他们的火炉也有此弊病。其实,所有靠炭火得来的温暖都使我身体疲软、头脑迟钝。欧努斯①说,火是生活中最好的调料②,可我却希望用别的方法取暖。

我们害怕桶底的发酸酒,葡萄牙人喝这种酒却津津有味,把它作为最好的饮料。总而言之,各个民族都有许多风俗习惯,对别的民族来讲,那些风俗岂止是陌生,简直是不可思议,令人难以想象。

有些民族只承认印刷品中的见证,只相信书中记载的人,认为只有年代久远的真理才可靠,对这样的民族我们真是毫无办法。人把自己的蠢话刻在印模上时,蠢话就有了身价。对这种人讲"我读过"要比讲"我听说过"分量更重。而我对人的嘴和人的手同样信任,我还知道无论说话或写字都可能会出现错误;我尊重当代如同我尊重过去一样,因此我既愿意援引奥鲁·盖尔③和马克罗布④的话,也愿意援引我朋友的话;我既愿意援引他们所写的,也愿意援引我亲眼所见的。犹如别人评价德操时认为德操并非越久远越伟大,我认为真理并非越古老越正确。我常说,追随外国的和经院式的范例,那是愚蠢的。那些范例对我们的教益犹如荷马时代和柏拉图时代的范例对我们的教益一样。我们千方百计寻求范例却不力求说真话,仿佛去瓦斯考桑⑤或勃朗廷⑥的店里找论证比从我们村里发生的事更有说服力似的。也许因为我们缺乏对我们身边发生的事进行选择和判断使其成为范例的敏感性和判断力?因为

---

① 欧努斯,古希腊埃托利国王。——译者注
② 来源于普鲁塔克的《柏拉图问题》第八章。——译者注
③ 奥鲁·盖尔,公元2世纪的拉丁学者,他写的《雅典之夜》是研究古代文化和古代文字的必读书。——译者注
④ 马克罗布,公元5世纪的拉丁文作家,曾写过评论西塞罗的《西庇奥之梦》的文章。——译者注
⑤ 瓦尔考桑是当时巴黎的印刷厂主。——译者注
⑥ 勃朗廷(1514—1589),生于普鲁兹,在安特卫普定居。——译者注

如果说我们没有足够的权威使别人相信我们的证据,那是没有道理的。据我的看法,我们倘若能从最平常、最普遍、最熟悉的事物中得到启示,那么最伟大的自然奇迹和最出色的范例都可以形成,尤其在人类活动方面更是如此。

谈到我这个主题,我把从书上得来的例子和亚里士多德谈及阿尔吉安人安特罗尼库斯穿越利比亚沙漠时不喝水的故事①暂且放在一边不论,先说我亲耳听到过的一位曾出色完成多项任务的绅士,谈到他在盛夏从马德里到里斯本没有喝过水的故事。在他那个年龄,他的身体可以说是相当健康的,他告诉我,他可以两三个月甚至一年不喝水,这是他生活习惯中唯一的不平常之处。他能感到口渴,但他能使口渴自动过去,他认为口渴是一种容易自我衰减的欲望,喝水主要出于习惯,而不是出于需要或乐趣。

还有另外一个例子。不久前我看见一位属于法国最优秀的学者之一而又运气不错的人,他当时在一间大厅的角落里学习,大厅四周都挂有壁毯,仆人们放肆地在他四周喧闹。他对我说(塞涅卡也说过类似的话②),他是在利用这种喧闹,给人印象仿佛在喧哗声的冲击下他能更好地修炼,更好地自控和入静。这位帕多瓦的学生,长期以来在大型旅行马车的轰鸣和广场的喧嚣声中学习,因此他不但培养了自己不怕喧闹的习惯,而且还会利用嘈杂声为自己的学习服务。阿尔西巴德对苏格拉底能够忍受他妻子没完没了的吵闹感到奇怪,苏格拉底回答道:这就与有些人习惯听运水车车轮发出的声音一样。③ 我则相反:性情脆弱,易受惊扰。当我的思想处于自我封闭状态时,连苍蝇最微弱的嗡嗡声都能使我极其

---

① 来源于狄奥热纳·拉尔斯的《皮浪生平》卷九。——译者注
② 来源于塞涅卡的《书简五十六》。——译者注
③ 来源于狄奥热纳·拉尔斯的《苏格拉底生平》。——译者注

烦躁。

塞涅卡在青年时代曾严格按照塞斯提乌斯①的习惯生活,不吃任何可能导致死亡的食品,但是一年以后,他便愉快地放弃了这种努力,只是因为他不愿被人怀疑自己在模仿某些新宗教规定。同时他又遵照阿塔卢斯的格言生活,坚持不睡软床垫而睡硬床铺,一直至老年,因为睡软床垫会使身体往下陷,而硬床铺却能使身体挺直。这当年被他认为难以忍受的东西,在今天已被我们视为柔软舒适。

请看我的粗活工人与我本人的生活习惯有着怎样的差异,我想即使斯基泰人和印度人都不会像他们那样害怕我的强制力和我的生活方式。我曾将有些孩子从乞讨中拉来为我干活,但他们很快就离开了我,离开了我的厨房和他们的号衣,重新去过他们原来的生活。我发现其中一个孩子离开我之后靠捡垃圾堆中剩余食物度日,然而无论我怎样请求他、威胁他都无法使他放弃他从困苦中得到的那份甜美。乞丐有乞丐的乐趣,有人说他们也和富人一样有自己的尊严和等级。这就是习惯的作用。习惯不但能让我们适应某种它喜欢的生存方式(不过圣贤说②,我们必须选择能很快适应的最好的生存方式),还能让我们适应变化,这是它最宝贵最有益之处。我体内最优秀的禀赋是能屈能伸,从不固执,我的某些爱好比别的爱好更正宗,也更能使我愉悦,但我可以不费吹灰之力就放弃那些爱好,而且反其道而行之亦易如反掌。年轻人应当善于打乱自己的生活规律以激发自己的活力,并防止活力

---

① 来源于塞涅卡的《书简一〇八》,塞斯提乌斯是塞涅卡的朋友,担任过会计官。——译者注
② 指毕达哥拉斯学派学者。此格言摘自普鲁塔克的《论放逐或流放》。——译者注

衰退而变得怯懦。靠规则与纪律维持的生活方式是最愚蠢也是最脆弱的。

> 她若乐意生痱子都按时定量,
> 那每时每刻都该在占星书上写明。
> 若她擦眼睛时眼角发痒,
> 她得占卜之后再滴上眼药水。①

倘使有年轻人相信我以上的话,他往往不得不矫枉过正,否则初试放纵便会毁了自己,在与人交谈时也会变得惹人厌烦、不快。与平实的人水火不相容的品质是挑剔和坚持某种特殊的行为方式。那种行为方式之所以特殊,是因其不能顺乎自然,灵活机动。自己无能而让别人干,或不敢做同伴能做的事都是耻辱,这种人最好还是守在自己的厨房里!因为去其他任何地方他都不合适。要是军人这样的话那就更糟糕,而且无法让人接受,正如菲洛皮门所说,军人应习惯于多样性和变化无常的生活。

尽管我已尽量使自己养成无拘无束的习惯,但出于惰性,我在逐渐衰老的同时仍注重保持某些特定的生活方式(我的年龄已不允许我再受教育,今后我除了维持原状已不可能再把眼光放到别处),在某些事情上,习惯已不知不觉在我身上深深地打上了烙印,因此我把抛弃习惯看作过分。不必做试验,白天我肯定睡不着觉;两餐之间我不能吃点心,也不吃早餐;晚餐后必须等足三小时之后才上床;我不能出汗不擦;不能喝白开水或纯酒解渴;不能长时间地光着头;晚饭后我从不剪头发;若不戴手套,我就会像不穿衬衣那样感到不舒服;我饭后必须洗脸,起床后也要洗脸;我床上的床

---

① 原文为拉丁语,作者尤维那尔。——译者注

帐和床顶也是必须有的。我用正餐可以不铺桌布，但如按照德国方式吃饭，不用白餐巾就不太方便，因为我比他们更易弄脏餐巾，而意大利人却不会弄脏；另外，勺和叉子对我的帮助也不大。我感到遗憾，人们已开始学习帝王的生活方式：端一次菜就换一次餐巾，换一次盘子。我们知道，勤奋的军人马利尤斯①在年高时对自己的饮料十分讲究，喝饮料时也只使用自己专用的高脚杯。我也由着自己，只用一定样式的酒杯，而不用普通的酒杯，也不喝普通的饮料。与发亮的透明材料制作的杯子相比，所有的金属杯子我都不喜欢。但愿我的眼睛也尽可能地意识到这一点。

我把我多种柔弱的表现归咎于习惯使然。我当然也有与生俱来的柔弱之处：一天之中吃两顿饱饭必定使我的胃受不了，少吃一顿饭又会使我的肚子胀气，使我口干舌燥，食欲大增。露水长久不散也使我身体过敏。由于这几年经常整夜地为战争徭役奔波，一到早晨五六点钟我的胃就开始折腾，还伴有剧烈的头疼，一直呕吐到天明。别人去吃早饭时，我便去睡觉，这时才感到好受些。我在过去常常听人说露水从夜里开始蔓延开来。前几年我与一位庄园主过往甚密，他却深信露水在太阳偏西时及太阳落山前一两个小时最厉害，因此他小心避开那时的露水却不在乎夜里的露水。他想让我记住的是他的感受而不是他的话。

难道怀疑本身和探究竟能冲击我们的心扉并使我们发生变化？凡是突然屈从于此种倾向的人都会自我毁灭。我为好几位绅士感到不幸，他们听信医生的蠢话，年纪轻轻就把自己禁锢在屋子里。宁愿患感冒也不应借口不习惯而永远不参加意义不凡的共同

---

① 来源于普鲁塔克的《应如何抑制愤怒》。——译者注

生活。① 讨厌的知识,它贬低了一天之中最美妙的时刻。我们应该保持最大限度的身心健康。人往往在坚持中变得坚定,而且能在坚持中改善自己的体质,凯撒就是通过藐视而克服他的癫痫病的。人应该遵循最自然的生活规则,但不应该成为规则的奴隶,除非强制服从某些规则(譬如确有此种规则的话)于人有益。

我不对"病人只有安安静静继续按他们惯常的生活方式生活才更安全"这点予以审判。不管怎样的变动都会惊吓人、伤害人。你们去使佩里古人或吕克人相信栗子对他们有害,使山民相信奶和奶酪对他们有害!你们去命令他们过一种全新的而且与他们惯常的生活方式背道而驰的生活!这样的变化连圣人都无法忍受。你们去吩咐七十岁的布列塔尼人喝水,去把海员关进一间蒸汽浴室,去禁止巴斯克仆人遛达:如果你们剥夺他们活动的权利,那就等于剥夺他们的空气和阳光。

> 生活的价值竟如此之大?②
> 我们被迫放弃自己习惯之日,
> 便是活着不再为了生活之时。③
> 糟踏呼吸之空气、引路之阳光的人,
> 我是否还要把他们看作活人?④

倘若说医生没有做其他什么好事,那他们起码做了这样的好事:使病人做好了离世的思想准备,并且逐步破坏直至取消他们的生活习惯。

不论健康还是生病,我都乐意满足折磨我的食欲。我将大权

---

① 指16世纪风行的整夜聊天。——译者注
② 原文为拉丁文,无出处。——译者注
③④ 原文为拉丁文,作者高卢。——译者注

授予我的欲望和嗜好。我讨厌以病养病,还有那比疾病本身更烦人的药品。患腹泻与放弃吃牡蛎的快乐,两者的损失不过是半斤八两。疾病从一边刺伤我们,戒规则从另一边打击我们。我们既然任随自己受骗,那就不如快活之后再去冒险。人们总认为天下事凡不甚艰难的都无用,轻而易举能办到的事都需怀疑。幸好我对许多东西的食欲都天生与我的胃的健康协调一致。我年轻时很喜欢那带有刺激性的辣味品,后来我的胃不再喜欢这类调味品了,我的口味紧随其后,也不喜欢了。酒对病人有害,我的嘴最憎恶的就是酒,而且这种憎恶之情无法制止。让我感到不愉快的东西对我都有害,而我十分乐意接受的东西对我绝不会伤害,我还未遇到过使我感到愉快却又对我有害的活动。因此,我总使医学结论屈服于我的快乐。事实上,出于功利,医生有时也会让他的规定服从于病人突如其来的强烈愿望。想象不出这类强烈愿望会与人的体质格格不入到不可收拾的程度,再者,满足奇想又能损失多少?损害最大也最常见的疾病莫过于想象出来的疾病。无论从哪个角度我都喜爱西班牙人常说的那句话:"愿上帝保佑我抵御我自己。"在生病时我不曾有过什么欲望足以使我感受满足欲望时的愉快心情,我为此深感遗憾。如真有,我是很难放弃的,同时,我还会使这种欲望变得合理。我看不出这种欲望会超出希望,衰弱到只能有心愿是足以让人怜悯了。

　　医学并不至于不通融到使我们不论做什么都没有自主权的地步,医学随气候、随季节变化,也随法奈尔①与埃斯卡拉②变化。假如你的医生认为你睡觉、喝酒或吃肉不合适,那你就别理他,我还

---

① 法奈尔(1497—1558),法国国王亨利二世的医生,曾出版《生理学》。——译者注
② 埃斯卡拉(1484—1588),意大利医学教授。——译者注

要为你找些别的他不同意的东西呢！医学论据和医学观点的分歧在各方面均有表现。我见过一位可怜的病人，他为了治病而把自己折腾得死去活来，另一名医生却嘲笑他，说这种疗法十分有害。前不久石料业死了个人，那人曾利用过分节食的方法治病，他的同伴们却说，是节食把他煎熬干了。

经验还告诉我，疾病自有它的寿命和界限，对它自身的疾病和健康。而我们却往往过于急躁。

疾病结构是按动物结构的样板形成的。疾病一旦形成，其寿命就有限。谁试图在疾病发展中强迫它迅速缩短其生命，谁就是在延长疾病；不仅不能缓解病情，反而扰乱了疾病。我同意克兰托尔的观点，不要顽固轻率地反对疾病，也不要软弱地屈从于疾病，应该根据疾病的状况和我们自身的状况听任其自生自灭，应当给疾病以缓解的通道。我发现疾病在我身上停留的时间较短，原因是我不去管它们。即使是人们认为最严重的顽症，我还是能让其中的几种在我身上自然衰亡，而不求助于医药和医规。我们最好让自然发挥些作用，因为自然比我们更明白该怎样做。那些屁股后面跟两三个医生的人不是照样病故！先例是面宽广的镜子，是全方位、万能的镜子！假如药物既好吃又开胃，我又何必去留意它的名称和颜色——享乐是利益的主要门类之一。

我曾让感冒、风湿肿痛、肌肉松弛、心动过速、偏头痛以及其他偶发性疾病在我身上自我衰老，自我消亡。我几乎刚习惯于容忍它们便找不到它们的踪影了。以勇敢祛病不如以礼貌祛病。应当静静地忍受我们自身的规律。我们活着就为了变老，为了衰弱，为了生病。当墨西哥人的孩子呱呱落地时，大人便这样向他们致意："孩子，你来到世上是为了忍受。忍受吧，受苦吧，别吭声！"

埋怨遭受人人都会遭受的事是不公正的。假若只是不公平地对待你一个人，那你还能发怒。① 看，一位老人请求上帝让他返老还童。荒唐的人，你为何以无谓的誓言枉表心愿？② 那岂不是发疯？他的身体状况根本承受不了返老还童，痛风、肾结石、消化不良这些征候已表明他的衰老。柏拉图不相信医神埃司库拉庇阿斯会作这样的预言，即通过特定的食谱可以使生命长久地在一个已衰老痴呆的人身上持续下去，因此这样的人于国家于他的职业都已毫无用处，也不可能生出健康的后代。他认为这样的预言有失神的公正和审慎，因为神是引导人世间一切事物各司其职的。③ 那位老先生，不要再劳神了，上帝是不会让你恢复青春，最多给你上些石膏，支撑你把你的痛苦再延长几个小时罢了！

> 如同要想支撑即将倒塌的房屋，
> 却反而在上面搁放支撑物，
> 到时，房屋散了架，
> 支撑物也随之一起倒落。④

应该学会忍受不可避免之事。我们的生活犹如世界的和声，是由互相对立的东西构筑而成，它具有各种各样的声音：温和的、雄浑的、高亢的、平缓的、柔弱的、庄重的……音乐家假如只喜欢其中的一部分，那他能告诉大家什么？他必须善于综合利用所有的声音。我们也一样，也应善于综合利用并存于我们生活中的好事和坏事。我们的生存离不开这两部分，而且两者同等重要。试图反抗天然的必要性，那是在重蹈忒息丰的覆辙，忒息丰用脚踢他的

---

① 来源于塞涅卡的《书简九十一》。——译者注
② 原文为拉丁语，作者奥维德。——译者注
③ 见柏拉图的《共和国》。——译者注
④ 原文为拉丁语，作者高卢。——译者注

骡子来和骡子搏斗①。

我很少为自我感觉的衰退去投医,因为医生怜悯别人时总显出高高在上的神情:他们以他们所做出的预后判断粗暴地主宰你的耳朵。以前,他们无意中发现我因疾病而身体虚弱,于是便用盛气凌人的红胖脸和医学教条对我的病进行侮辱性治疗,一会儿威胁我说我会疼痛难忍,一会儿又吓唬我说我死期不远了,我既没有灰心丧气,也没有手足无措,然而我却感到了被冒犯和骚扰。我的判断力虽未变得混乱,却也受到了干扰。

我总是小心地保护我的心灵,并尽可能地让我的心灵摆脱一切干扰和争执。必须支持心灵,迎合心灵,甚至欺骗心灵。我的头脑是颇适合干这类事的。

你愿意听我举个例子吗?我的头脑告诉我,我得肾结石对我有好处,像我这种年纪的人必须容忍这种东西;我的头脑还告诉我,结石是我这种年纪的人最常见的病;结石病人中很少有人能像我那样花如此少的代价就摆脱了病痛——他们得建立令人烦恼的饮食制度,还得服用难吃的药水,而我摆脱病痛全凭运气,因为我只喝了两三次普通的白头蓟汤②和土耳其草药水③,喝这些还是为了报答女士们的好意,她们对我的亲切照顾超过了我病情的严重程度,她们把自己的汤药分给我一半,这种汤药不难喝,作用似乎也不大。贵人们则必须为他们向医神埃司库拉庇阿斯许下的千百种愿而还愿,还得付给医生四百个埃居,因为他们是靠医神和医生才让肾里的沙石排出体外的,我却靠自然的优待而经常接受这种

---

① 忒息丰为雅典人,见阿弥奥的译著《如何抑制愤怒》。——译者注
② 白头蓟俗称刺芹或百头炭,可用来制作利尿汤。——译者注
③ 土耳其草即脱肠草,有利尿功能。——译者注

沙石。在聚会中我从没有因此病而举止失措,而且我可以坚持十来个小时不小便,比一般人时间还长。

"以前你不了解这种病时,"我的头脑说,"你十分害怕这种病。那些急躁的人绝望地哭喊,使他们的病情加重,也使你产生了对此病的恐惧感。看,这病对你的惩罚不过是这样,与其他疾病相比它表现得相当温和;它迟迟不发作,只在你一生中无所作为的时期才打扰你,而在你年轻时,它妥协似地让位于你的放纵和享乐。人们对此病的恐惧与怜悯反成了你荣耀的理由,听人这样谈论你自己是愉快的:'真有胆魄,真有毅力!'大家看着你苦斗,脸色时而发白时而变红,浑身哆嗦,呕吐,甚至吐血,还见你痛苦地抽搐,以至于扭歪了脸,有时还落下大滴的眼泪,你的尿有时变得很稠,发黑,怪吓人的,但你还是让在场的人感到你举止妥帖,还能不停地对你请来的人开开玩笑,使聚会不至于冷场,你用说话来缓解疼痛。"

"你还记得从前那些自讨苦吃的人吗?他们为保持自己的德操完美并使德操受到锤炼而渴求生病。设想是大自然引导你进入这光荣的学校,你还从来没有自愿进去过。倘若你说,这种疾病是危险并且是致命的,那又有哪种疾病不是如此呢?把一些疾病排除于致命疾病行列之外,说这些病不会直接导致死亡,那是医学的骗术。意外死亡和轻松地滑向死亡之路,这又有何不同?死,并非因为你生病,而是因为你活着。死神不必借助疾病就很容易杀死你,何况疾病还可能使有些人远离死亡,那些人的寿命要比他们自认为的要长。还有一些与健康有利的疾病,如各种创伤。腹泻往往与你本人一样富有生命力,有些人的腹泻从孩提时代一直延续到耄耋之年,有些人腹泻一直伴他到临终。你损害腹泻比腹泻损害你更经常,当它向你展示即将到来的死亡的景象时,这难道不是促使高龄之人考虑死亡问题而做的好事?你仔细看看它怎样有意而又平缓地让你感到对生活的厌倦,让你弃绝尘寰:它不像你见过的其他老年病那样蛮横地束缚你、强制你,也不让你像其他老人那样时时刻刻地感到衰弱和痛苦,它只是不时地提醒你、训练你,其间还让你有很长的休息,似乎在教你怎样随意思考和复习它上的课,从而做出正确判断,并以正常人的姿态做出决定。它还向你介绍你的全面状况,好的和坏的;告诉你一天之中生活既有轻松愉快之处,也有痛苦难受之时。假如说你没有紧紧拥抱死神,那么至少也让你一个月摸一次死神的手心。这样做你还可以期望它哪一天抓住你时不至于先威胁你;而且,既然你平时经常被引往休憩之所,你又相信自己还在通常的大限之内,你还渴望某天早晨有人突然发现你正带着你的信仰跨过地狱之河去。人不必抱怨与健康共同忠实地分享他一生时光的疾病。"

  我感谢命运,它总是用同类武器攻击我,用常规磨砺我、训练我,使我变得坚强无比并养成良好的习惯。我大致清楚将来我会在什么疾病上走向死亡之路。我记忆力天生不好,我就用纸来弥补记忆的不足。我的病一出现什么新症状,我马上就把它记录下来。我得过各种各样的疾病,因此,若发生什么意外,我就可以翻一翻这些疾病记录。这些记录虽不连贯,像西比林的神谕①一样晦涩难懂,我却能从中找到一些有用的东西,从而使自己得到宽慰。这种习惯也使我对未来有更为殷切的希望,因为这样的磨砺已年深日久,能认定自然力不会再改变这种进行方式,也不会出现比我感受过的更坏的意外了。再说,有的病本身的状态也符合我急躁的个性,当腹泻慢吞吞地向我袭来时,我反而会害怕,因为这样患病时间会拖长。不过腹泻毕竟是激烈的,它会猛烈地进攻我

---

① 见维吉尔的作品,女预言家西比林把她的神谕写在树叶上。——译者注

一至两天。我的肾脏在一段时间里并没有什么问题，不过后来情况起了变化。坏事好事都有定时，或许这意外变故也快到尽头了。年龄减弱了我胃里的温热，我的消化能力因而不如过去那么完好，于是便把未能消化的东西运送到我的肾脏里①。在机体的运转中，我肾脏的热为什么不能像胃中之热一般被减弱，从而使肾脏无力石化我的黏液？为什么身体的净化活动不能自动从别处取道？年龄显然已使某些伤风感冒在我身上枯竭了，为结石提供的原料为何不能枯竭？

在极度疼痛的排石之后，便一下子重睹了健康的光明，急病之后的轻松感觉是何其美妙，何其自在，何其圆满！世上是否还有与这种突然变化同样美满的事？剧痛后有什么能与突然恢复健康的快乐相媲美？健康和疾病原是近邻，我甚至可以在两者同时粉墨登场时辨认出它们，它们进行竞赛时，大有顶牛到底对抗到底之势，只有战胜疾病之后的健康才倍加完美！正如斯多葛主义者所说，引进邪恶的好处，就是提高了德操的身价，支撑了德操。我们可以更有根据更严谨地推论：大自然让我们痛苦是为了使快乐增光，替快乐效劳。当人们取下苏格拉底的铁镣之后，他便产生了一种因脚下沉重脚镣而引起的痒痒的吃甜食的感觉。于是，他饶有兴趣地思考了疼痛和快感之间的紧密联系，认为这两者之间有一种必然联系，两者互相跟随互相产生。他向善良的伊索惊呼，说他根据这个思考可能构想出一则美丽的寓言。②

我所见过的其他疾病的情况更糟，疾病发作时倒不太严重，却需要一年时间才能恢复，而且恢复之后体质仍然羸弱并胆战心惊。

---

① 安布洛伊斯·帕雷的《论结石》也作如是说。——译者注
② 见柏拉图的《费顿》。此书是柏拉图的对话集，展现了苏格拉底临终前在他弟子们中间的动人情景。——译者注

脱险的偶然性很多,脱险的程度也很不一样,因此,在你恢复之前,一切都尚无定局,你不犯新病就已算不错了。新的疾病往往有此特权:只要老病在肌体内还留有某些痕迹和损伤,新病就容易爆发,有时新老疾病还会互相支持。有一类疾病是能得到宽恕的,因为它们只满足于在我们身上占有一席之地,而不去扩展地盘,也不引起后遗症。还有一类疾病在经过我们身体时还能给我们带来实惠,因此这类疾病简直可以称得上是彬彬有礼、和蔼可亲了。我得了腹泻病后就免除了其他病痛,而且似乎比以前还病得少,我后来就再也没有发过高烧。我敢于肯定,是我常犯的极严重的呕吐使我的身体得到了清理;另外,我的厌食和严格的节食也消除了我身上不良体液,而肌体又通过结石去除了多余的有害之物。不要对我说这样的医疗价值太贵重,因为那些难闻的药水、烧灼剂、外科手术、出汗、排脓、禁食以及其他多种多样的治疗方式往往使我们因无法忍受以至于死亡,不是吗?因此,我一生病就将病因归咎于医药,而把免除病痛归功于我的意志和洒脱。

　　下面可以说是疾病对我的又一特殊恩宠:病痛几乎都在一处发作,并不妨碍我的活动。疾病发作时,我骑马也能挺它十来个小时。不过是忍忍痛而已,并不需要其他什么特别的饮食制度;你可以照样玩,照样吃,照样跑,照样做这做那,只要你做得到。这样与其说对身体有害,不如说对身体有利。把这一切去告诉出天花的人,告诉痛风病人,告诉疝气病患者!有些疾病要求病人所做之事更为广泛,也更妨碍我们的活动,会把我们的生活规律全部打乱,并且要求我们考虑自己全部生活状态时都把它们考虑进去。而有的病只刺激表皮,却任凭你支配你的智力,你的意志,你的舌头,你的脚和手,甚至让你头脑更清醒。

　　此病还让我注意到一个特殊的好处,就是不用人去猜测。我们因而避免了胡思乱想,别的病却因人们对病因、病况和病的发展没有确切的认识而使人陷进混乱的思想中,这样纷乱的心情可以使人痛苦不堪。而我们不需要看病,不需要医生诊断,我们的感觉就可以告诉我们那是什么病,病灶在哪里。

根据以上这些既牢靠又不牢靠的判断,我试着哄骗并捉弄我的思想,犹如西塞罗对待他的老年病一样。① 如果明天病情加重,明天我们再想别的脱身之计。

但愿如此,因为从此以后,我无论怎样轻微的活动都会引起肾出血。不过那又能怎样呢?我照常运动,照常跟着我的狗群飞跑,像年轻人那样显得精力旺盛,充满活力。我感到我已战胜了这样严重的病情,如今我无非感到这个部位隐隐发沉并逐渐衰变而已。这是那个大石子在挤压我的肾脏,在耗费我肾脏中的养料,也在消耗我的生命。我在慢慢地排除我的生命的同时,也得些许天然的温馨。我是否已感到有什么东西正在崩溃?你可别以为我会去检查我的脉搏和尿液以得出什么讨厌的预报,我能相当及时地感觉到我的病,绝不会因恐惧疾病而延长生病的时间。谁害怕受苦便已经在为他的害怕本身受苦了。再者,大自然给人类的指望和对人类的威胁都有着极大的不确定性、多样性和模糊性。除了衰老这接近死亡的不容置疑的征兆,在其他所有事故里,我都很少看到有什么预示未来的迹象而使我们能做出预言。

我判断自己只根据自己的真实感受而不根据别人的推断。你想知道我因此获得多少好处吗?你只要看看那些行为准则与我相反的人,那些一切依赖别人的劝说的人就足够了:他们是何等地烦恼!而我却自感安全并且从不受危险疾病的束缚。我曾多次把

---

① 来源西塞罗的《论暮年》。——译者注

我身上刚出现的疾病征兆通报给医生，而且还轻轻松松地忍受了他们做出的可怕结论，同时更加感谢上帝的恩惠，使我更清楚地了解了医术的虚妄。

可以说，任何职业都不如当军人来得有趣、高尚（因为英勇是最有影响、最具内涵、最美好的德操），从军的动机也很高尚，任何事业都比不上保卫国家的安全和强大，更正确更具有普遍意义。与众多年轻高贵、富有进取心的男子相处使你兴奋，你能见到悲壮的场面，还有直来直去、无拘无束的交谈，毫无客套的男子汉生活方式，千变万化的丰富活动，以及始终鼓舞你、振奋你的威武雄壮的战乐声，你鼓励自己充当什么角色冒什么特别风险，都取决于你对它们光荣性和重要性的判断。志愿兵，你可以看到生命被利用的价值，人们想，在战场上牺牲是何等的高尚。① 害怕冒与民众密切相关的共同风险，不敢做人人都敢做的事，这可以说是极其卑劣怯弱的。军队使儿童都感到安全。如果你在学问和优雅风度、在力量和财产方面不如别人，你可以归咎于外在原因，然而在心灵坚强方面比不上别人，那只能在你自己身上找原因。死于床上比死于战斗更卑下、更痛苦、更难熬，发烧、重伤风和遭火枪射击同样痛苦、同样能致命。谁善于承受普通生活中的事故，谁就能不必鼓足勇气而成为战士。我亲爱的卢西乌斯，生活就是战斗。②

我出生时可以说身体各器官功能完好无损。我的胃口好并能使我常感舒适，我的头脑也是如此，即使发烧我一般也能保持清醒，我嘴里也无难闻的气味。我过五十大关已有六年，有些国家规定五十岁为人一生的终结年限，这不无道理，那些国家不允许任何

---

① 原文为拉丁语，作者维吉尔。——译者注
② 摘自贺拉斯的《颂歌》。——译者注

人活过这个年限。这样看来，我的岁数还延了期，尽管延期的时间不长也不稳定。我的面容已暴露了我这一点，还有我的眼睛。我身体的一切变化都从这两处开始，而且看来还比实际变化更严重，往往在我的朋友已对我露出怜悯之情时我还发现不了怜悯的理由。我的镜子并没有使我感到吃惊，在我年轻时我就不止一次地从镜子里看出一种难以言表的神情和身姿以及并非重病引起的不祥之兆，医生找不出这种外部变化的内在原因，便将其归咎于我的思想。然而，他们错了。如果我的身体能像我的心灵一样听命于我，我的身心必定活得更自在。我当时的心情不仅不麻乱，而且还春风得意，处在最正常的状态。我思想的疾病没有损害我的四肢。①

我曾发烧达四五个月之久，我的脸也被高烧烧得变了形，但我的思想不仅保持安宁，而且还快快活活。要是没有疼痛，仅仅是虚弱和疲惫是不足以让我感到忧郁的。我见过许多一提起就令人胆战心惊的身体衰弱现象，但我更害怕我常常看见的那种精神上的痛苦和不安。我并不为我身体的自然衰退而怨天尤人，也不为我不如橡树那样青春长驻而叹息。

我对自己的思维活动毫无怨言，在我一生中很少有什么想法能阻挠我的睡眠。我不常做梦，即使做梦也是由有趣的思想引起的离奇古怪的东西和异想天开的事物，这样的荒唐梦胜于悲哀。我认为梦能够忠实地表达我们的喜好，但要把梦境内容联系起来并加以理解却需要技巧。人在梦里重睹他们的生活，重温他们醒时所思、所见、所为、所求，这不必奇怪。②

---

① 原文为拉丁语，作者奥维德。——译者注
② 来源于罗马悲剧诗人阿克西乌斯（约公元前170—前85）的悲剧《布鲁图斯》。——译者注

柏拉图进一步说,从梦中得出的预见性教益,那是智慧的职责。① 我领悟不了这一点,但我能理解苏格拉底、色诺芬尼、亚里士多德叙述的有关这方面的妙趣横生的故事②,这几位都是无懈可击的权威人士。《故事》③说,大西洋岸边的人从不做梦,他们也不吃死了的东西。后面这点是我加的,因为这或许是他们为什么不做梦的原因,毕达哥拉斯就曾命人为适时做梦而配制某些食品④。我做梦还是表现得很温和的,身体不会动来动去,也不会发出声音。我见过好多人做梦时都发生不可思议的激动现象。哲学家德翁经常梦游,佩利克莱斯的奴仆还在房屋的屋顶上梦游。

　　我在饭桌上从不挑食,上什么东西就吃什么东西,我爱吃离我最近的东西,不愿意为换口味而动来动去。摆的菜和上菜次数太密就像其他东西太拥挤一样令我不快。我只随便问津其中的几样菜。我讨厌法沃利努斯的主张⑤,他认为在宴席上有必要悄悄撤下大家吃得津津有味的肉菜,再换上一盘新的肉菜;他还认为如不能让客人饱食各种飞禽的尾巴,那顿晚餐就不足挂齿;他还说,莺这一道菜就值得吃个精光。我平时爱吃咸肉,所以我更偏爱无盐面包,我家的面包师傅总是无视家乡的习惯而给我这种面包。在我童年时,大人们希望纠正我的主要毛病是我拒不接受我同龄人最喜爱的东西,像糖块、果酱、糕点之类。我的家庭教师就曾与我厌恶淡肉的习惯作过斗争,他认为不吃淡肉也是一种挑剔,这完全是对口味的苛求。但如果谁取消儿童的某种特殊而又固执的爱

---

① 　见柏拉图对话集《提梅》。——译者注
②④　来源于西塞罗的《论感悟》。——译者注
③ 　指希罗多德所著的《故事》。——译者注
⑤ 　作者把法沃利努斯在《阿提喀之夜》所抨击的主张错当成法沃利努斯自己的主张。——译者注

好,如麸皮面包、肥肉或大蒜之类,那就无异于取消他的糖果。有些人装出艰苦勤俭、坚韧不拔的样子,在山鹑面前怀念牛肉和火腿,其实他们很会享受——那是挑剔了又挑剔。见平常吃惯了的东西便觉无味,那是穷奢极侈者的口味。为此,在厌恶财富中透出了奢侈。①

假如我有男性子孙的话,那我很愿意他们有我的运气。上帝给了我一位好父亲,我对他的慈祥只有感激之情,当然,他的慈祥在本质上是十分刚毅的。他把我从我的摇篮直接送到他亲戚居住的穷乡僻壤,让我在整个哺乳期间一直待在那个村庄里,甚至在哺乳期过了以后,以此来训练我适应最低层、最普通的生活方式:调整好肚子便得到了大部分自由。② 你们别自己操持,更别让你们的妻子亲自操持孩子们的饮食,让孩子们按普通人的天性随便得到培养,按常人的习俗训练他们节俭与勤恳,让他们从艰难中走来而不是向艰难中走去。按父亲的脾性,他还有另外的抱负,他有志于培养我与普通人、与需要我们帮助的人的生活相结合。他认为我应当坚持把眼光朝向对我伸出双臂的人,而不是朝向那些见我便转过身走去的人。这也说明在我出生时他为什么把我送给处境最差的人,让他们做我的教父教母,那是为了让我感激他们,依恋他们。

他的抱负并没有落空,我自然而然地偏爱小人物,这样做或许是为了更荣耀,或许是为天然的同情心所驱使,这种同情心在我身上是广大无边的。在不断的战争中,我谴责的一方假若非常昌盛,他们会受到我更为猛烈的谴责;当我看到这一方处于困境时,他们

---

① 来源于塞涅卡的《书简十八》。——译者注
② 来源于塞涅卡的《书简一二三》。——译者注

说不定能促使我与他们和解。我对斯巴达两国王的女儿和妻子什洛妮的美好性格由衷钦佩①。在全城一片混乱中,当她的丈夫克雷昂布洛图斯国王战胜她父亲利奥尼达斯国王时,她做了好女儿,她在父亲遭受流放时,站在父亲的一边反对作为胜利者的丈夫。她父亲时来运转后,她也随命运一起改变了初衷,勇敢地站到了她丈夫的一边,丈夫落魄到哪儿她就跟他到哪儿。她似乎别无选择,只能倒向最需要她的人一边,只有这样她才能更充分地表现自己的仁爱之心。我主动按照弗拉米尼乌斯的榜样行事②,因为他宁愿顺从需要他帮助的人而不愿听命于可能为他做好事的人。我从不向皮勒斯③学习,因为他喜欢在大人物面前奴颜婢膝,在小人物面前却盛气凌人。

或许从我孩提时就养成了习惯,用餐时间过长会使我不快并且对我有害。小时候我举止欠文明,往往是在桌边能待多久就吃多久。不过,在我家里,尽管用餐时间并不算长,我仍乐于效法奥古斯特④,在其他人入座一会儿之后再入座,但我并不效仿他提前退席。相反,我喜欢饭后很久才离席,还爱听别人聊天,只是自己并不参与,因为饱食之后讲话容易让我感到疲劳并有伤我的健康,这就与我认为用餐前练练争吵有益于身体健康并且颇有趣味是同一个道理。古希腊人和古罗马人比我们明智,如果没有其他事,他们会把好几个小时,甚至夜里最好的那段时间用在膳食上。吃东西是他们生活中的主要活动。他们吃着,喝着,绝没有我们那样匆

---

① 来源于普鲁塔克的《阿齐斯与克雷奥迈的生平》。——译者注
② 来源于普鲁塔克的《弗拉米尼乌斯生平》。盖尤斯·弗拉米尼乌斯(卒于公元前217年),罗马将军。——译者注
③ 皮勒斯,希腊埃皮鲁斯国王,公元前319—前272年在位。——译者注
④ 奥古斯特,即屋大维(公元前63—公元14),罗马第一任皇帝。——译者注

忙，也不像我们把工作当作主要活动。他们还把这种朴素的快乐放到更多的闲暇时间和习惯中去，在饭桌上互相贡献各种有益而愉快的话题。

上帝施恩，使一些人免于生活小事的纠缠，这是老年人的唯一特权。死得越晚，琐事想得越少，受害也越少。这样的死杀死的不过是半个人或四分之一个人。我刚掉了一颗牙，不痛，也不费劲，因为这颗牙的自然生存期已到尽头。我身上的这一部分和其他许多部分也已死亡，剩下的部分也处于半死亡状态，这是全身最积极的部分，在我年富力强时它们处在第一线。我就如此这般地消失着，逃避着"我"。就我的智力来讲，意欲感觉这年久日长的衰退猛然到来是多么愚蠢，衰退不是一下子完成的！我并不抱此愿望。

事实上在想到死亡时，我主要的安慰在于我的死属于正常的自然死亡；从那之后，在死亡问题上我对命运所要求或希望的任何恩宠都只能是不合理的。人人都相信古人的生命犹如古人的身材，比今人长，然而古代的梭伦①只不过活了七十岁。

不论何时何地，我都珍爱这句古训："中庸之道好。"我认为中等价值是最完美的价值，既然如此，我怎么会去追求长得可怕的晚年？一切违背自然进程的事物都可能是不合时宜的，而按自然规律办事则永远是令人愉快的。凡顺乎自然之事都应归入好事之列。② 因此，柏拉图说，凡创伤和疾病引起的死亡都属暴死，而衰老在不知不觉之间导致死亡，这是一切死亡中最轻松的，有时还显得颇为美妙。③ 青年丧生为暴死，老人死亡为寿终……④

---

① 来源于希罗多德的《故事》卷一。——译者注
②④ 来源于西塞罗的《论暮年》。——译者注
③ 来源于柏拉图的对话集《提梅》。——译者注

死亡到处混杂于我们的生活中,衰退能先期而至,甚至能穿插于我们的成长过程中。我保存了我在25岁和35岁时请人画的肖像,我将这两幅肖像和我现在的肖像做比较,差距之大可以说远远超出我现在的形象和我死亡时形象之间的距离!过分烦扰大自然就是滥用大自然,使大自然被迫离开我们,被迫让我们失去行为能力,失去眼睛、牙齿、腿和其余一切功能,使之听任乞讨来的援助摆布,使我们在医术的股掌之间忍气吞声——大自然厌烦之中不愿再理我们了。

我认为食不厌精并且少食多餐更有利于健康。不过我强调吃饭要有食欲,我绝没有像吃药一样勉强忍受三四顿粗茶淡饭的兴趣。我今天早晨胃口好,但又怎能保证我今天晚上胃口同样好?让我们——尤其是老人——把握住最早光临我们的时机!历代同日大事记可以让年鉴作者去写,也可以让医生去写。我身体健康的最大成果就是乐得痛快,我们应坚持享受最早出现也最熟悉的乐趣。我实行禁食,但不是长期的、有恒的。谁如果认为某种习惯对他有利,那就应避免继续保持此种习惯,否则我们就会僵化在习惯里,我们的精力也将沉睡于习惯里。

不论冬夏,也不论大腿小腿,我都只穿一双长丝袜。我故意让感冒保持头脑的清醒,同时让我的肚子继续泻下去。我的病不用几天便已习惯,于是就开始轻视我平常的预防措施。我从戴头饰过渡到戴帽子,又从戴无边软帽过渡到戴双层有边礼帽。我的紧身上衣的填料已经只起装饰作用,即使不加上一张野兔皮或秃鹫皮,不戴上一顶无边圆帽,也无关紧要。就这样循序渐进,走路也会走得飞快。我不会再做什么,如果我要做的话,我乐意否定我在这方面所做的一切。有些人任凭强制性的饮食制度束缚自己,强迫自己相信这种制度,从而毁了自己。其实,他们还需要其他的饮食制度，其他的之后再需要其他的，永无完成之日。

像古人一样，不吃午餐而在回家休息时饱餐一顿，这既不打乱一天的日程安排，又有利于我们的工作和娱乐，我过去就这样。以后，经验使我反其道而行之，为了健康而吃午饭，消化力处于警戒状态可以工作得更好。

狼吞虎咽地用餐是不合适的，除了不利于健康，也影响到吃的乐趣，而我就是这样：我吃饭太快，经常咬痛舌头，有时还咬痛手指。狄奥热纳看见一个孩子这样吃饭，便给了他的家庭教师一个耳光。① 在罗马有人讲授怎样用餐雅观，还有讲授怎样走路姿势优雅。② 我那样用餐便失去了边吃边聊的乐趣。要是谈话有趣而简短，这种边吃边聊倒是给饭桌增添了温馨风趣的上好佐料。

我们的各种乐趣之间既有嫉妒又有羡慕，它们互相冲撞互相妨碍。阿尔西巴德是一位美食家，他吃饭时就不听音乐，他认为音乐能破坏闲聊的乐趣。他根据柏拉图提出的理由③认为，让乐师和歌手为宴会助兴是普通百姓的习惯，因为普通百姓既缺乏高雅的谈吐，又不经常进行愉快的交谈，而高雅之士却善于在宴会中谈天说地以此获得乐趣。

瓦隆对宴会提出这样的要求：赴宴会的人必须仪表整洁，谈吐儒雅，不寡言，也不多舌；宴会场所和食品必须干净雅致；天气必须晴朗④。高品位的宴会是需经过精心设计并给人愉快享受

---

① 来源于普鲁塔克的《德操可教可学》。——译者注
② 来源于塞涅卡的《书简十五》。——译者注
③ 见柏拉图的《普罗塔哥拉斯》。普罗塔哥拉斯，希腊著名诡辩派哲学大师，苏格拉底同时代人。——译者注
④ 来源于奥鲁·盖尔的《雅典之夜》。——译者注

的欢聚。杰出的军事家和哲学家都不拒绝这样的宴会形式,并且还颇为熟悉。在我的记忆里我还能想起的这样的聚会有三次。我感到幸运的是,在我风华正茂的几个阶段我都能有机会领会它的美妙之处。在这种宴会上,每一位赴宴的人都能把自己独特的风采献给宴会。我目前的状况却已把我排除在这样的宴会之外了。

我个人只不过掌握一些普通的知识,我不喜欢旨在使我们轻视和敌视体育的非人道的知识。我以为不愿享受和过分享受天然乐趣都是不正确的。薛西斯是一个妄自尊大的花花公子,他过着荒淫的生活,却还要去悬赏征集新的享乐方式。[①] 然而人若摒弃大自然给他的乐趣,其妄自尊大也不亚于薛西斯。没有必要追求享乐,也不必逃避享乐,正确的方法是接受乐趣。我十分大方地接受乐趣,但我却更倾心于天然爱好。我们不必夸大享乐的害处,享乐的害处已淋漓尽致地被揭示开来。感谢我们的病态思想——这使人扫兴的东西,它让我们憎恶人的享乐,犹如憎恶病态思想本身。不论对待自己还是对待它接受的东西,病态思想都做得要么过分要么不足,这取决于它贪得无厌、摇晃不定的本质。器皿有污垢,所有倒入的东西都变脏。[②]

我本人自诩喜欢博采生活中之种种便利,并且采纳时饶有兴味,方式独特,然而当我对这些便利进行仔细审视时,从中得到的却几乎只是一阵风。但我们在哪里不都是一阵风吗?风比我们还聪明些,它呼呼作响,摇曳飘荡,对自己的作用心满意足,从不寄希望于稳定与牢固——稳定与牢固不是风的品质。

[①] 薛西斯为波斯国王(公元前486—前465年在位)。此处来源于西塞罗的回忆录《图斯库伦辩论集》。——译者注
[②] 原文为拉丁语,作者贺拉斯。——译者注

有人说，精神欢乐和精神痛苦一样极其重要，其重要程度和克里托拉尤斯的天平①好有一比。这并不奇怪：因为精神可以随心所欲营造欢乐和痛苦，而且可以对欢乐和痛苦进行大幅度的剪裁。这类显著例子每日每时都可见到，甚至还令人神往。而我，个性复杂，大大咧咧，我不能紧咬住这单一的目标不放，否则我便不能尽情享受人生的乐趣。按人的一般规律，这种乐趣在精神上不可忽视，又是不可忽视的精神乐趣。昔兰尼学派哲学家始终认为，肉体的快乐与痛苦更强烈，也更正当。②

正如亚里士多德所言，有些人出于可怕的愚蠢，竟对肉体欢乐表示反感。③ 我认识的某些人出于野心也如此。他们为什么不放弃呼吸？他们为什么不光靠自己生活？阳光既不收费又无须他们发明也不花他们力气，他们为什么要拒绝阳光？但愿战神或科学神或商业神把这些人托在空中，让他们看不到文艺女神、谷神和酒神！在我们吃饭时，我不喜欢谁来命我们想入非非。我并不主张把思想固定在饭桌上，但我愿意吃饭时思想集中，应该思想入座而不是躺下。阿里斯提布斯只保护身体，好像我们没有灵魂似的；④芝诺就只管灵魂，好像我们没有身体似的。这两位都有问题。人们讲，毕达哥拉斯的哲学全在于静修，而苏格拉底则全在于道德和行为，柏拉图则在两者之间找到了平衡之处。⑤ 这些纯属无稽之谈，真正的中庸之道属于苏格拉底，与其说柏拉图毕达哥拉斯化，

---

① 来源于西塞罗的《图斯库伦辩论集》。克里托拉尤斯，雅典逍遥派哲学家，曾把世俗财产和精神财产比作天平两端盘子上的物品，他肯定地说，精神财产重得连土地和大海都不如。——译者注
② 来源于狄奥热纳·拉尔斯的《阿里斯提布斯生平》。——译者注
③ 来源于《对尼科马克的训诫》。——译者注
④ 来源于西塞罗的《论柏拉图学说》。——译者注
⑤ 来源于《上帝之都》，这是圣奥古斯丁的见解。——译者注

不如说他苏格拉底化,而且柏拉图和苏格拉底更接近。

我跳舞时就跳舞,睡觉时就睡觉。就是在美丽的果园里散步,假如我的思想瞬间为外界发生的事所吸引,我也能在片刻工夫后把思想拉回果园,引回静谧的温馨里,引到自己身上。大自然像母亲一般观察我们,她为我们的需要而安排给我们的活动同样会赋予我们快乐,她不但用道理鼓舞我们从事这些活动,还使我们自己有活动的欲望。总之,破坏她的规则是错误的。

当我看到凯撒与亚历山大在工作最紧张时还能充分享受大自然的恩赐,那些必要的合情合理的快乐时,我不仅不说这是在使精神松懈,而且还说这是在使精神更坚强,因为他们以魄力和勇气迫使他们的剧烈活动与勤奋思考服从于生活的常规。如果他们认为前者是他们的日常活动,后者是超凡的工作,他们便是智者。而我们不过是愚蠢之极的人:"他游手好闲地度过了一生。"我们这样说。"我今天什么事都没做。""怎么,你们难道没有生活?生活不但是最基本的活动,也是最显赫的活动。""若当时让我经营管理真正的大事,我一定已显出我的本事了。""你会思考并管理你的生活吗?如会,你已经做了最大的事。"

大自然想显示自己、开发自己,并不需要任意拔高,她在各个角度都能表现自己,即使在后面也一样,没有什么遮掩。我们的使命是形成我们的习惯而不是撰写著作,是赢得我们行为的有序而平静,而不是赢得战争的胜利和各省的地盘。我们最了不起的杰作是安稳的生活,其他所有事情如统治、理财、建设,至多能看成是附属与辅助。我很高兴在阅读中看到一位将军在他即将进攻的城墙突破口下自然放松地与友人吃喝、交谈。布鲁图斯在天地共谋反对他本人和罗马的自由之际,还在夜间巡视之余忙里偷闲地读书,并安安稳稳地批注波吕比乌斯的历史著作达几小时之久。① 卑贱之人受沉重的繁琐事务之压,不知怎么从中解脱出来,他们不善于拿得起放得下——

  啊,常常与我同舟共济的朋友,
  今日,你们借酒浇愁,
  明日,我们去无边的大海漫游。②

或出于玩笑,或确有其事,神学酒、索邦酒已成为名谚③,还有学生宴会,我以为他们有理由吃得舒服吃得高兴,因为他们将整个上午都认真有效地用于学业了。在饭桌上当发现自己合理安排了此前的时间,那等于是给吃饭加上了美味的调料。先贤们就是这样生活。大加图与小加图致力于德操修养的精神使人难以仿效,也令人叹服,他们严肃的个性有时会发展到不合时宜的程度。然而就是他们,也曾软弱地屈从于人间烟火,屈从于爱神和酒神,他们遵循的是他们各自教派的教规,那些诫律要求他们在享受人间正当快乐的同时恪守人生的职责。愿有心灵智慧的人也具备灵敏的味觉。④

  洒脱随和使人受尊敬,这种品质仿佛和伟人豁达豪爽的气质相得益彰。埃帕米农达斯和他城中的年轻人打成一片,和他们一起跳舞、唱歌、吹奏乐器,还与他们同甘共苦。⑤ 埃帕米农达斯并不认为这一切与他的荣耀和他的修养格格不入。大西庇奥⑥是一位

---

① 来源于普鲁塔克的《布鲁图斯》。——译者注
② 原文为拉丁语,作者贺拉斯。——译者注
③ "神学酒"是学生常用名言。——译者注
④ 摘自西塞罗的《论职责》。——译者注
⑤ 来源于史学家尚内利乌斯·内勃斯的《埃帕米农达斯生平》。埃帕米农达斯(公元前418—前362),希腊底比斯城著名将军,曾战胜过斯巴达人。——译者注
⑥ 可能指小西庇奥(埃米利亚努斯)而不是大西庇奥(阿非利加)。——译者注

值得上天评说的了不起的人物,在他的过去的丰功伟绩中,使他最受尊敬最受爱戴的莫过于他能悠然自得地像幼童一般捡拾贝壳,以及他和莱利乌斯①一道沿海岸比赛奔跑拾物,如遇天气不佳,他们还会饶有兴趣地写剧本来展现下层人民最粗俗的生活。② 还有,西庇奥满脑子装着汉尼拔和非洲的伟大事业③,并常常去西西里学校听哲学课,直到自己有相当的辩才,并能够打败怀有盲目野心的敌人。苏格拉底最引人注目的事情就是,他在年老时竟能腾出时间让人教会他跳舞和演奏乐器,并以此表明自己善于利用时间。④

希腊军队全部在场时,苏格拉底竟整天整夜地站在那里出神,全部心思沉浸在突如其来的某种深邃的思想里。⑤ 在众多英勇士兵中他第一个赶去救援被敌人攻击得难以支持的阿尔西巴德,用自己的身体掩护他,并动用强大武器解除他的压力。当三十僭主命他们的随从押解特拉墨涅斯赴死时,苏格拉底在被激怒的雅典人中第一个站出来援助特拉墨涅斯⑥,尽管当时跟随他的总共只有两人,他的大胆行为只是在特拉墨涅斯本人责备他时才停止。他在他所热爱的美人一再找他的情况下,也可以在必要的时候保持节制。⑦ 在提洛岛战役中,他把从马上翻落下来的色诺芬尼扶

---

① 莱利乌斯,公元前2世纪罗马的政治家、军事家和作家。——译者注
② 指罗马喜剧大师特伦克的作品,作者却肯定这些戏剧的作者是西庇奥和莱利乌斯。——译者注
③ 大西庇奥即西庇奥·阿非利加(公元前235—前183),罗马将军。曾在布匿战争中大胜汉尼拔和迦太基。——译者注
④ 来源于色诺芬尼的《宴会》。——译者注
⑤ 来源于柏拉图的《宴会》。——译者注
⑥ 特拉墨涅斯,伯罗奔尼撒战争之后由三十僭主组成的寡头政权(公元前404—前403)中较为温和的一位。——译者注
⑦ 来源于柏拉图的《宴会》。——译者注

起来,从而救了色诺芬尼的命。① 他不间断地奔赴沙场,常常赤脚履冰,无论冬夏都穿同一件袍子,他的工作毅力在同伴中没有人能比得上,无论赴宴还是平时用餐他都吃同样的饮食②。他忍受饥饿、贫穷,忍受儿女的不恭和妻子的恶意中伤,同时还忍受暴政、牢狱、铁镣和诽谤,二十七年如一日。此外,他还是一位常胜的军人。这样一位伟人却从不拒绝和孩子一道玩榛子游戏和骑木马,并玩得十分高兴。一切活动都与圣贤相称并为圣贤增光,哲理就这样告诉我们。我们有理由将这位伟人作为至善至美的典范加以介绍,而且应该永远乐此不疲。完美纯正的生活典范可以说是寥若晨星,而一些人却天天向我们推荐蹩脚的冒牌货,这种货色只能勉强经得起一次波折,不但不能纠正我们的思想行为,反倒会拉我们的后腿,使我们腐化。这种推荐实际上是在负面影响我们的教育。

  对大众来讲,从道路两端起步比从中间起步容易得多,因为路的终端既是界线又是路牌;服从形式比服从自然容易得多,只要这种形式光明磊落。心灵伟大未必能像善于谦让、善于自控那样使人提高,使人进步。心灵伟大是相对而言的,其伟大表现在喜中庸而厌突出。最美好最合法之事莫过于正正派派做好一个人;最深奥的学问莫过于怎样自自然然度过一生;人最凶险的病症莫过于轻视个人的存在。肉体患病时,谁要隔离心灵使其不受疾病传染,就应竭尽全力勇于作为;否则适得其反,心灵会支持肉体,帮助肉体,甚至随着肉体一道沉溺于享乐。心灵如更明智,它是有可能使享乐有所节制,避免不小心灵肉一齐陷进痛苦中。纵欲为享乐之

---

① 来源于狄奥热纳·拉尔斯的《苏格拉底生平》。——译者注
② 来源于柏拉图的《宴会》。——译者注

大患,节欲不危害享乐却调剂享乐。欧多克修斯确立了节欲的至善原则①,他的朋友们先是大大提高享乐的品位,然后通过节欲而领略了最美妙的乐趣,在这方面他们可以称得上是非凡的。我让我的心灵以同样平常的角度看待痛苦与快乐(心灵在欢乐中心花怒放和在痛苦中垂头丧气一样应受责备。②),且同样坚定不移,但若对此随便,对彼就必定严厉,随便或严厉都取决于快乐和痛苦所产生的结果。停止欢乐或延伸痛苦都必须谨慎。正确对待"得",必然能正确对待"失"。痛苦在开始时必然缓和;欢乐在结束时却并非必然过度。柏拉图将两者结合起来,硬说与痛苦斗争和与毫无节制、过分诱人的欢乐斗争都是勇敢者的本分。③ 那其实是两眼泉水,无论是人还是牲畜,谁汲了泉水,谁就是幸福者,不管汲的是哪一眼泉水,什么时候汲,也不管汲了多少。汲前一眼泉水出于医疗目的与必要性,因此更精打细算些;汲后一眼泉水出于口渴,但不应喝到陶醉的程度。孩子最先的感觉是痛、乐、爱、恨,到懂事的年龄,如这些感觉都符合理性,那便是德操了。④

　　我有我个人的词汇:天气不佳令人烦恼时,我"消磨"时间;天气晴朗时,我不愿"消磨"时间,便一再"品味"时间,抓住时光不放。对坏的要迅速跑过,遇上好时光则须坐下来。"消遣"与"消磨"这几个普通平常的词却表现了谨慎者的习惯,他们认为最实惠地度过一生的方法便是无声无息地过日子,犹如避开令人生厌的东西一样避开生活,消磨生活,无视生活。这与我了解的生活大相径庭。我认为生活可取而又便利,甚至在我晚年,我也执着于生活。

---

① 来源于狄奥热纳·拉尔斯的《欧多克修斯生平》。——译者注
② 摘自西塞罗的《图斯库伦辩论集》。——译者注
③ 来源于柏拉图的《费顿》。——译者注
④ 来源于柏拉图的《法律》。——译者注

大自然把生活交到我们手里时，生活本来充满生机，因此，假如生活困扰我们，假如我们的生命在白白流逝，我们只能埋怨自己。失去理智者的生命在白白流逝，他生活无序，空想着未来。[①] 不过我仍有意虚度年华而不悔恨，这倒不是因为生活折磨人、纠缠人，而是因为生命本身具有可虚度性。只有乐于生活的人才不畏惧死亡。有人对生命的享用节俭而又慎重，我享用生命却双倍于人，因为对生命的享用取决于我们为生命付出了多少努力。尤其在今天，当我意识到我的生命已十分短暂时，我愿以加重生命的分量而延长生命，我愿只争朝夕以阻止生命的飞速流逝，以利用生命的力度来弥补生命的短暂。生活的时间愈是苦短，我愈有必要使生活变得更深沉更充实。

别人感受到顺利和成功的乐趣，我也同样能感受到，但这种感受不应成为过眼烟云。应研究这种乐趣，品味这种乐趣，并反复地思考，从而对给予我们乐趣的人表示恰当的感激。人们享受其他乐趣和享受睡觉的乐趣别无二致，即使享受了也并不知晓。我认为睡眠被打搅也是件好事，可以让我隐隐约约地看到睡眠中的情景。我寻求使自己满意之事，但我并不强求，我迫使自己的理智去获取满意，因为我的理智已变得抑郁而且颇有厌倦感。我是否处在某种静止的状态？是否已有某种快感在刺激我？我从不让快乐欺骗我的感官，我将心灵投入快乐之中，这样做与其说是使心灵在快乐中受到约束，不如说为让心灵从中得到认同；与其说使心灵在其中迷失方向，不如说让心灵存在于其中。我动用心灵是让心灵自己感受到此种幸福，并让它掂量幸福，估价幸福，甚至扩展幸福。心灵会估价良心无愧和内心安宁在多大程度上应归功于上帝；会

[①] 摘自塞涅卡的《书简十五》。——译者注

估价身体处于正常状况并能有序而恰当地享受身体愉悦的功能在多大程度上应归功于上帝；心灵还会衡量，要做到不论在哪里都能看到周围天空的宁静，这需要它付出多大代价！要做到没有欲望，没有恐惧和怀疑，做到无论过去、现在还是将来都没有使它过不去的困难，这需要它付出多大代价！做这样的思考必须十分重视各种不同条件的比较。因此，在五花八门的人群中我选中那些因厄运或自身错误而心烦意乱的人；还有，离我更近的，那些接受了好运却漫不经心、无精打采的人。那是些纯粹在消磨时间的人，他们放弃现在，放弃他们业已拥有的，却致力于他们想入非非的东西，他们追求的不过是在他们前方引诱他们的海市蜃楼，

> 据说，酷似追随死亡飞来飞去的幽灵，
> 或在睡眠中愚弄我们的梦景。①

人们愈是追逐那些向往的东西和虚幻的图景，那些东西就愈加离得快，离得远。他们为追逐而追逐，结果只有追逐，如同亚历山大大帝说他工作的目的就是工作一样。如还有要做的事，那就是什么也不做。② 至于我，我热爱生活，上帝赋予我什么样的生命，我就怎么样生活。我并不希望由生活本身提出吃喝问题，我认为，人即使错误地对生活有双倍的需求也值得原谅（圣贤热切地寻求天然财富。③）；我也不愿意大家只吃伪劣药品维持生命，尽管埃皮梅尼德斯曾依靠伪劣药品而取消食欲并维持生命④。抱怨是令人不快的，也是极不公道的。我以感激的心情由衷地接受大自然

---

① 原文为拉丁语，作者维吉尔。——译者注
② 原文为拉丁语，作者卢卡努斯。——译者注
③ 摘自于塞涅卡的《书简一一九》。——译者注
④ 来源于普鲁塔克的《七贤宴》和狄奥热纳·拉尔斯的《埃皮梅尼德斯生平》。——译者注

为我做的安排,我为此感到满意和高兴。拒绝这位伟大而万能的供给者的馈赠,甚至废弃之、歪曲之,这都是对他的伤害。这位馈赠者善而又善,所为者无不善。一切符合自然的事物都值得敬重。①

在所有哲学主张里我乐意选择最实在的,即最富人情味最适合我们的——我讲话总按照我的习惯,虽然调子较低,却颇为朴实。有人盛气凌人地教训我们说,让神圣与世俗相结合,让理性与无理性、暴厉与仁慈、忠厚与狡诈相结合,那真可谓是粗暴的联姻;还说快感是兽性的,不值得圣贤品尝。她的导师,也是我们的导师苏格拉底可没说过这样的话。苏格拉底高度评价肉体的快乐(他也应当这样),然而他更赞赏的是精神乐趣,精神乐趣更强大,更稳定,更便利,更丰富,更有尊严。不过精神乐趣并非他唯一的乐趣(他不那么爱空想),而是他的主要乐趣。对他来说,节欲起缓和作用,并不与快乐不共戴天。

大自然是一位温和的向导,但他的温和不超过他的谨慎和正确。必须深入了解事物的天然状态并准确认识天然状态要求的东西。②我到处寻找天然的踪迹,因为我们把天然踪迹和人为痕迹混同起来了,由逍遥派确立的"按天然状态生活"这条经院式的至善原则因此而变得难于界定;同样,与之相近的斯多葛派制定的赞同天然状态的原则亦复如此。认为有些行为很有必要但并不高尚的观点难道不是谬误?谁也无法消除我头脑里的这个观念:快乐和必要性不可分割。一位古人②曾说,诸神永远和必要性相投合。我们何必去肢解分离接合得如此天衣无缝的组织?相反,我们应该通过它们之间相辅相成的关系经常将它们重新接合起来。愿精

---

①② 摘自于西塞罗的《论职责》。——译者注

神激活笨重的肉体,愿肉体阻止精神的轻浮并使精神稳定下来。谁赞灵魂为至善而责肉体为恶,他必定在肉欲里寻求灵魂,并在肉体上逃避肉欲,因为他判断的依据是人的虚妄而不是神的真理。①上帝对我们的馈赠中没有一件物品是不值得我们关心的。即使是一根毫毛我们都得感谢上帝。对人类来讲,按人本身的状况指引人这并非敷衍塞责的差使,而是明确的、自然的、也是首要的差使,造物主把这差使交给我们时态度极为认真,极为严肃。只有权威才能引导普通理解力的人,而且用外语引导似乎更有分量。让我们从此处开始承担我们的重任吧。谁能否认,蠢行的特性在于做应做之事时疲沓而又违心;在于将肉体推向一边,又将心灵推向另一边,并在反向的运动中犹豫不决。②

快! 为了解情况,你抽一天时间去让别人谈谈他如何胡思乱想地消磨时间,谈谈他如何为此而茶饭不思,并后悔把时间花在吃饭上。你会发现,你饭桌上没有一盘菜像此人自以为是的心灵交谈么乏味(我们往往宁可蒙头大睡也不去提防我们该提防的东西),他的空话和空想还不及你的炖肉。连阿基米德都为之欣喜若狂③,他那一套又算什么? 我在这里并不想触及那些可尊敬的伟人,也不想把他们和我们这群吵吵嚷嚷的人,以及让我们解解闷的稀奇古怪的思想混同起来。那些伟人已靠虔信宗教的热忱对神圣事物进行了认真执着的思考,从而使灵魂得到了升华;他们出于热切的期望而集中精力享用永恒的食粮,即基督教徒一切愿望的终结目的和终点,永恒不移、永不腐朽的唯一欢乐;因此他们不屑于

---

① 摘自圣奥古斯丁的《上帝之都》。——译者注
② 摘自塞涅卡的《书简七十四》。——译者注
③ 指阿基米德在洗澡时因发现了定律而欣喜若狂。阿基米德(公元前287—前212),古希腊数学家、发明家,叙拉古僭主希埃罗的廷臣。——译者注

我们所拥有的不稳定的、杂乱无章的舒适起居,但他们又很容易屈服于自己的肉体而为短暂的声色犬马之类的事操心。说真的,必须是天赋条件极佳的人方能进行这种修炼。说句悄悄话,我一直能看到这两者之间有一种一拍即合的离奇关系:一边是上天神灵的主张,一边是地上的世俗生活。

  伊索,这位伟人,看见他的老师一边散步一边小便,便说:"这么的话,我们就该在跑步的时候大便喽?"爱惜时间吧,我们有许多时间被闲置或使用不当。我们的智慧假如不在它有限的时间内摆脱肉体的束缚,就不可能有其他足够时间干工作。有人希望灵魂脱离肉体而单独存在,那简直是在发疯:他们不但不能成为天使,还会变成畜牲;不但不能变得崇高,还会立即倒下。我畏惧这种超常的个性,犹如畏惧可望而不可即的高处。在苏格拉底的一生中,除了他的恍惚和调皮,我什么都能理解;在柏拉图身上,没有任何品质能像促使人们称他为神的品质那样富于人情味了。我认为,在我们的知识中升华到最高层次的知识似乎更通俗更易于理解。在亚历山大的一生中,最不值得一提和最乏味的就是他希望永垂不朽的荒谬想法。[①] 菲洛塔斯[②]在回答亚历山大的问话时以开玩笑的口吻刺痛他,他在写给亚历山大的一封信中曾表示自己将和皇帝一起为朱庇特·哈蒙[③]的神谕欢欣鼓舞,因为神谕将亚历山大列为诸神之一:"我很高兴你被如此器重,然而我也有理由同情那些必须和一个人一同生活并服从这个人的人们,因为这个人已超越了人的价值并且已不满足做一个人了。"

[①] 来源于坎特·库尔斯的《亚历山大生平》。——译者注
[②] 菲洛塔斯,亚历山大的骑兵队长。——译者注
[③] 哈蒙为利比亚人的主神,希腊人将其视为朱庇特。——译者注

只要你服从诸神,全世界的人都将成为你的臣民。① 雅典人为纪念庞培进入他们的城市而撰写的恳切的铭文倒符合我的主张:因为你自认是人,所以你也是神。② 善于忠实享受自己的生命,这便是神一般的尽善尽美。我们寻求别的条件;我们离开自己的肉体而去,因为我们缺乏自知之明。我们踩高跷是枉费力气,因为在高跷上也得靠自己的腿走路——坐上世界上最高的宝座也只能靠自己的屁股。

照我看,最美好的人生是向合情合理的平常模式看齐的人生,这样的人生是有序的,虽无奇迹,也不荒唐。老年时则需要更多一些体贴,我们可以把老年托付给保护健康和智慧的神灵③,但老年应过得快乐而合群:

> 拉托娜之子,允许我健康地享用生命,
> 恳求你,维持我体魄的健壮,
> 别让我为暮年羞愧难当,
> 别让我在晚年把诗兴全丢光。④

(周蓉蓉　玉　清　译)

---

① 来源于贺拉斯的《颂歌》。作者是从茹斯特·李普斯的《反对逻辑学家》中援引此诗句的。——译者注
② 来源于普鲁塔克的《庞培生平》。——译者注
③ 指阿波罗。——译者注
④ 原文为拉丁语。拉托娜为阿波罗的母亲。——译者注

交　谈

在我们的司法上，常常是杀一儆百。

人一犯错误就定罪，那是愚蠢的，正如柏拉图所说的那样。① 因为，做过的事是不能再更改了，惩罚只是为了不再犯同样的错误，抑或说是不重蹈覆辙。

不能改正已被绞死的人的错误，只能通过被绞死者的先例，防范别人的错误。我也如此，我的错误几乎与生俱来，不可更改。不过，诚实人的所作所为是利民，而我，也许只为了使自己避免重犯。我公开责己所过，有人却学会了惧怕自身的缺点。在我身上，我最引以为荣的是非难自己，而不是荐誉自己。这就是为什么我更经常地否定自己，说得也更详尽。不过，讲述完一切之后，人再谈自己便会招致损失，随着自我否定的递增，赞誉也随之递减。

有些人可能与我相同，我这个人向来从对立中比从认同中、从回避中比从追随中得到的教益更多。这大概与大加图有关，他曾说过：圣贤得愚夫之教胜过愚夫得圣贤之教。② 保萨尼亚斯③曾谈到古希腊的一位竖琴演奏家，说他喜欢强迫他的学生去听住在

---

① 见柏拉图《法律》卷十一，第 891 页，以及《普罗塔哥拉斯》。——译者注
② 见普鲁塔克《监察官加图生平》第四章。——译者注
③ 保萨尼亚斯，2 世纪希腊地理历史学家，著有《希腊志》。——译者注

他家对面的一个很差劲的乐人的演奏,学生们因此更憎恶走调和不合节奏的音乐。厌恶残忍使我更趋向于仁厚,连仁厚的主神都不可能对我有如此之大的影响力;精于骑术的优秀骑手纠正我的骑马姿势就不如生疏地骑在马上的检察官或威尼斯人纠正的效果好;以错误的语言改正我的语言比正确的语言更具效力;别人的蠢笨行为时刻提醒着我、告诫着我,痛苦的事物比愉快的事物更能刺激人,使人警觉;时间只有向后倒退才能使我们珍惜;通过不协调比通过协调、通过差异比通过相似更能使人改善。优秀范例对我的教益很少,我习惯运用坏典型,从坏典型的惩戒中收获更大。我曾做过努力,看见别人让人讨厌到什么程度,就使自己让人喜欢到什么程度;看见别人多懦弱,自己就多刚强;看见别人多暴躁,自己就多温和。我为此采取措施,而且颇有恒心。

  依我看来,训练思想最有效、且最合情合理的方法是与人交谈。我认为交谈比生活中其他任何行为都更令人愉快,因此,如果要我被迫做出选择,我相信我会选择失去视力,而不会选择失去听力或语言能力。雅典人、罗马人,在他们的柏拉图学院里就曾以语言练习课为荣,当代的意大利人还保留了这方面的某些做法。以我们的智力与他们的智力相比较,就可以看出他们的训练方法对他们相当有利。书呆子那样地研读书本,是一种毫无生气的行为,绝不会使人兴奋。而交谈却能使人一下便学到东西,得到锤炼。如果和一位厉害的对手、一位出色的辩论家交谈,他会紧逼我的两侧,或左或右地向我进攻,他的想象力会刺激我的想象力,嫉妒、荣誉感等等,它们会集中起来推动于我,提高于我,使我超越我自己。要是在交谈中意见一致,则绝对令人生厌。

  与精力旺盛、思想敏锐的人交往,可以使人精神振奋,而与思维迟钝、性格病态的人持续不断地往来,则会降低人的思想,进而使思想退化到令人难以置信的程度。对此,我有充足的经验使我明白其中的严重程度,任何一种传染病都不像这种情况的蔓延来得严重。我喜欢与人交谈,喜欢争论,但只限于少数人,而且只为自己而交谈,而争论。其中的原因就在于,我认为不论是作此表演以引人注意,还是极力想卖弄自己的才智和口才,都与一个体面人很不相称。

说蠢话就其本质而言当然是坏事,然而容忍不了蠢话,为蠢话而生气,而受折磨(我就是这样),则又是另一种毛病,这毛病令人厌恶的程度不下于说蠢话,因此,我现在愿意责难自己。

我很容易与人交谈争论,而且很随便,因为任何见解在我身上都难以找到一块适合营踞并深深扎根成长的地盘。任何意见都不能使我吃惊,任何信仰都不能使我气恼,即使这类信仰与我的信仰背道而驰。我认为,任何荒谬无聊的思想都似乎能配合产生人类的精神产品。我们这些人可以对事物做出判断,却无权对此做出判决,因此我们可以从容不迫地看待不同的意见,即使认为我们还不能判断那些意见,我们却还能宽容地听取那些意见。如果天平的一端空无一物,我就任其摇摆不定,而心里自有一杆秤。如果说我喜欢单数而不喜欢双数,喜欢星期四而讨厌星期五,在饭桌上愿坐第十二个或第十四个座位而害怕坐第十三个座位,在远足时希望野兔从我旁边跑过去而不横穿过我要走的路,穿鞋时必定先穿左脚而后穿右脚,那都可以得到宽宥。所有我们周围享有信誉的人进行的遐想都至少可以值得我们一听。这些遐想能让毫无用处的东西消亡,而最终取得优势。带偶然性的普遍意见应该说还是有一定分量的,在本质上也不同于一文不值的东西。对那些意见不去附和的人,虽无迷信之嫌,却可能患顽固病。

可以说,反对意见既不触犯我,也不损害我,它们只会使我获得启迪,获得磨炼。我们总爱逃避别人的纠正,其实应该主动迎上去参与纠正,特别是这种纠正是以谈话的方式而不是以教师授课的方式出现的时候,反对意见一来,有些人不看意见本身是否正确,而只看对方提意见提得应该不应该,并且一味考虑怎样摆脱那些意见;对反对意见的到来不是张开臂膀,而是伸出爪子。我对朋友的粗暴攻击——诸如"你是个笨蛋,你瞎扯!"之类——一般都会容忍。在文雅人中,我也希望大家大胆地表达思想,推心置腹地交谈。我喜欢的友谊亲密牢靠而大气,我以朋友交往中出现剧烈碰撞而自豪,就像爱情中常会出现相互攻击和稍带血迹的轻微抓痕一样。友谊如果害怕碰撞而客客气气、缩手缩脚,就显得不够强劲,不够完美——没有矛盾就没有论辩。①

  如果有人与我对立,那他将引起我的注意而不是我的恼怒。谁阻止我、教导我,我就向谁靠去。对真理的探索应成为双方的共同动因。如果他的判断力已被愤怒所袭击而导致偏颇,理性也已被昏昧紧紧抓住,那么采取这办法或许对大家都有用:各自抵押物品作赌注以解决争端。说不定哪一天我的仆人会对我说:"去年,因您的无知和固执已损失一百埃居二十次了!"

  不管在何人手里寻到真理我都会表示欢迎和亲近的,并且会轻松愉快地向真理缴械。当我远远看见真理向我走来时,我就会立即作出投降的姿态。只要不以过分专横霸道、过分盛气凌人的嘴脸斥责我的作品,对所有的斥责我都欣然接受,我对自己的作品进行修改往往就是因为谦逊。我还喜欢以轻易让步的方法,奖励和栽培大胆提醒我的人——哪怕这有损于我。然而吸引我的同代人提醒我又着实不容易,那些人没有勇气去修正别人,如同他们没

---

① 原文为拉丁语,作者西塞罗。——译者注

有勇气让别人修正自己一样,因此他们在你面前说话总是吞吞吐吐。我是那样喜欢被人评判、被人了解,而究竟是被怎样评判或被怎样了解,倒与我无关紧要。我自己在思想上也常常作自我否定,自我反省。因此,他人对我的否定责备,其实对我来说是一回事。而我,只想给评判者给予我愿意给予的权力。然而我与那些高人一等的人却是水火不相容,就比如我认识的某一位人来说吧。倘若别人对此人的斥责不以为然,他便强词夺理;要是别人抵制他,他更是破口大骂。苏格拉底总是微笑地接受别人对他的演讲提出的相反意见。他如此豁达大度,根源就在于他的力量:既然优势无可置疑地在他这边,他接受意见便如同接受新的荣誉。反而言之,我们也遇到这样的情况:那些充满优越感和带着蔑视的意见使人变得敏感而挑剔;进而推之,甘愿接受反对意见以矫正自己改良自己的多为弱者。对于我来说,我最希望严厉责难我的人而不是惧怕我的人来经常探访我。和赞耀我们,给我们让座的人交往必定是兴味索然,并且有害。安提斯泰纳①令他的儿女永远不要感激夸耀他们的人。在激烈的论战中,当我让自己屈从于对方强有力的论断时,我为战胜自我所获得的自豪感,远远超过战胜对方时所得到的自豪感。

  总之,我接受并认可顺直线而来的各种不同的攻击,不论这些打击多么微不足道,然而我对混乱的打击却难以忍受。其实,所提意见的内容与我关系并不十分密切,对我来讲,意见本身才是重要的,而内容对我来说几乎是无足轻重的。如果争论进行得有条不紊的话,我会一整天平平和和地进行辩论。对于辩论的力度和思

---

  ① 安提斯泰纳(公元前 444—前 365),古希腊哲人,苏格拉底的学生,大儒主义学派首领。——译者注

想的敏锐性,我倒不像要求争论有序那样重视。每天在我们屡见不鲜的牧童或小店伙计间的争吵中也能见到秩序,但在我们高尚人之间却从来都见不到。假如小店伙计之类在争吵中出了问题,那就是粗野,我们当然是不会有的。然而喧哗和急躁并没有使他们离开争吵的主题——他们仍在正常地辩论。如果说他们七嘴八舌的话,他们起码互相听见了对方在说什么。若是回答正好答在点子上,我认为那就是最好的回答了。当争论乱糟糟地毫无秩序可言时,我便会离开主题,冒冒失失地带着气恼去纠缠争论的形式问题,并且一头栽进顽固、狡猾和专横中去。事后,我总为此感到羞愧。

与蠢人是不可能诚恳地交谈问题的。即使在君主蛮横的干涉下,我的判断力也不会被蒙蔽,我的良知也不会变质。

也许,我们的争论应像其他口头罪行那样受到禁止和处罚。如果争论一直被愤怒所主宰的话,将会引起并积累怎样的弊病!我们一旦进入敌视状态,首当其冲的是理性,其次才是人。我们学习辩论的目的仅仅是为了反驳他人,结果人人都在反驳,又都在被反驳,争论到最后便是真理的毁灭。无怪乎,柏拉图在他的《共和国》里提出,禁止禀性不良之辈和头脑愚顽者参与此种活动。

确实没有必要与那些一无规矩、二无风度的人一起去探求问题的本质。当人们脱离主题去寻找讨论主题的方法时,主题本身并没有受到损害。我这里所说的方法并非学院式的人为的方法,而是自然而成的使人能够正确理解问题的方法。像这样到底是怎么回事呢?一人要往东行,另一人却偏要往西走,他们没了最主要的东西,那主要东西被排斥在一大堆杂次的东西之外,在激烈争吵一小时之后,他们仍不明白自己要找的是什么!辩论中,吵闹声此起彼伏。有的人为某句话或某个比喻争吵起来,有的人再也无法领会别人反对他的是什么,他的心思全放在怎样争斗上,并考虑接着再怎样争斗下去;有的人自己水平有限,便惧怕一切,对什么都给予排斥,一开始就把什么都搅乱,使之成为一团糨糊,或者见众人都十分投入地争论,便一反常态,为自己也感到生气的无知而沮丧,于是装出一副高高在上、不屑一顾的神情或逃避争吵的谦虚模样。这边一位只要一出去,就忘乎所以了;那边一位是字斟句酌,每说一句话都要掂量一番;还有的人只会卖弄他嗓音和肺活量的优势。有人作结论时竟然自己反对自己;也有人以他离题八百里的废话吵得你耳朵发聋;还有人索性把辱骂当武器,想方设法与人争吵,以摆脱与才智高他一筹而使他烦恼的人的交往和谈话。最后还有一种人自己听不懂别人的道理,却偏要提出根本不能解决问题的老一套办法,靠医生处方式的东西把你套在论证的围栏里。

  在仔细考虑那些治不好任何疾病的文字[①]的用途时,谁还能相信知识?谁不提出质疑:从知识中能否得到于生活有用的东西?有谁通过逻辑学的学习提高了才智?逻辑学作出的动人许诺能到哪里得到兑现?它既无助于更快乐地生活,也无助于更好地推理。[②]难道你能说在饶舌女人的唠叨中比在那些人的公开辩论中的胡说八道更多?我宁愿让自己的儿子去小酒店里学说话,也不把他送到语言学校就读。当你找到一位艺术教师,与他谈话,你就发现,他并未能让我们通过欣赏他有力的论据和清晰的条理而体会那所谓的精妙,也未能使妇孺之辈为此而着迷,他无法如愿以偿地说服我们,主导我们。一个智慧超群、品行高贵的人在击剑时会变得鲁莽和暴躁。让他拿掉头上的博士帽,脱下身上的长袍,丢

---

  ① 原文为拉丁语,作者塞涅卡。——译者注
  ② 原文为拉丁语,作者西塞罗。——译者注

掉拉丁语，让他别再搬弄亚里士多德，在我们耳边喋喋不休，那时你一定会把他当成普通一员，甚至更糟。我认为，他们用来折磨人的纠缠不清的语言涵义正好比作耍把戏：用杂耍的眼花缭乱刺激并制服我们的感官，但无论如何也不能使我们心悦诚服——除了这些街头把戏外，他们实在平庸得很，甚至可以说是低贱。他们越博学就越显得蠢笨。

我喜爱知识、尊重知识的程度并不低于拥有知识的人，从实用性来看，知识可以说是人类最高尚、最浩大的收益。然而，在那些以知识建立他们的基本技能和价值的人身上，在那些"扯外国大旗作虎皮"①的人身上，在那些除了书本外其他事一窍不通的人身上（以上这些人的数量真可谓无穷之大），我讨厌知识，甚至敢说，比讨厌愚笨还有过之而无不及。在我们这个国家，在我们这个时代，知识在很大程度上充实了人的钱包，却很少充实人的心灵。知识如遇到愚钝的心灵，它会使之愈发愚钝，并使心灵窒息，因为知识在那里是一大堆生硬的难于消化的东西；若遇到敏慧的心灵，知识会自然而然地使之净化、精炼，使之愈加灵慧。从性质上讲，知识几乎是无足轻重的东西，它对禀赋优秀的人来说，是极有用的附属品；对其他人来讲，则既无益处又招致损害。更明确些讲，知识是极宝贵、极有用处的东西，贱价是买不到的。知识在有的人手里可以是权杖，在有的人手里则变成了宫廷丑角的人头杖。

不过，我们还要继续谈下去。告诉你的敌人，说他战胜不了你，没有什么能比这个胜利更大了。当你以你的论点获得优胜时，那是真理的胜利；当你以你的条理和你的品行占上风时，那是你本

---

① 摘自塞涅卡的《书简三十三》。——译者注

人的胜利。我认为,在柏拉图和色诺芬尼的作品①里,苏格拉底在进行辩论时对辩论者的考虑超过对辩论本身的考虑,与其说他在教育厄提代姆斯和普罗达哥拉斯认识他们不恰当的辩术,不如说他在教育他们认识自身不得体的言行思想。他抓问题的目的是为了净化思想,他要锤炼的是人的思想。争论正是我们力所能及的事,如果这样的事情都做不好或不得体,那就得不到原宥了。我们生来便注定要探求真理,而真理的掌握则须更强大的力量,正如德谟克利特②所说:真理并未沉于渊源之底,真理已升华到无限的高度,为神所识。人世不过是一所求索的学校,不看谁是否进入,而看谁跑得最好。讲真话也好,讲假话也好,这些连傻瓜都能做到,因为我们谈论的是讲话形式而不是讲话内容。按我的性格,我既注意形式也注意内涵,既注意律师也注意案件本身,阿尔西巴德便令人如此行事。③

每天我都阅读一些作家的作品来消遣,我并不关心他们的知识如何,作品的内容如何,只研究他们的写作方式,就像我保持与某位知名人士的联系,目的不是要他指导我,而是为了我了解他。

任何人都会说话,然而要说得条理明晰,要说得机智巧妙,要说得富有哲理,则只有少数人才能做到。因此,我对因为无知而产生的假话错话并不感到生气,那不过是愚蠢而已。我曾经多次因谈判对手在提出异议时出言不逊,而中断对我有利的交易。我会

---

① 指以厄提代姆斯和普罗达哥拉斯两人的名字作书名的两本对话集。——译者注
② 德谟克利特,公元前5世纪古希腊哲学家。——译者注
③ 阿尔西巴德(约公元前450—前404),伯罗奔尼撒战争时期雅典的一个反复无常的将军。——译者注

因一年中没有一次为弱于我的人犯错误而激动,然而一些人做断言时表现出的愚顽,以及他们又傻又唐突的借口和狡辩,却没有一天不让我恨得咬牙切齿。他们既不听清楚别人在说什么,也不懂别人为什么那样说,回答问题也是这样,实在让人灰心丧气。我的头只有撞在别人的花岗岩脑袋上才感到痛楚。在我看来,下人的严重疾病也要比他们的冒失、愚顽和纠缠不止要好些。只要他们能办事,干少点也不是不可以。要是你盼望振奋他们的心态的话,那就如同面对一个老树桩,你再也不可能获得有价值的收益。

那么,我看待事物是否与事物的真实面貌有所出入:有这种可能,不过我首先应当责备的是我的急躁,并且完全有必要认为急躁对有理之人和无理之人一样有害,因为急躁是容不下不同意见的人所特有的专横和暴戾的表现。事实上,对他人的无聊动不动就生气就发火,这本身就是最大的无聊,是最常见、最荒唐的无聊。这种无聊将我们程式化了,因此,首遭其难的还是我们自己。昔日的那位哲人从不放弃哭泣的机会,因为他太看重自己了。[①] 七贤之一的米松既有提蒙[②]的性格,又具德谟克利特[③]的个性。当有人问他为何自个儿发笑时,他的回答是:为自个儿发笑而发笑。[④]

在我看来,我每天说的和回答的蠢话不知有多少!在别人看来,我讲的蠢话自然还要多得多!若是我为此忍住不说,别人又会怎么样呢?人总应当在活人中生活,桥下长流不息的河水并不受我们的影响——至少不受我们变化衰老的影响。奇怪的是,为什

---

① 指古希腊哲学家赫拉克利特。——译者注
② 提蒙,公元前5世纪的希腊哲人,愤世者。——译者注
③ 德谟克利特的主张是人应从欲望的节制中去寻找幸福。——译者注
④ 根据狄奥热纳·拉尔斯的《米松生平》卷一,第一〇八章。——译者注

么我们遇见一个身体畸形或身材不佳的人毫不生气,而见到一个思想混乱的人却怒气冲冲?这种无益的冲动应归咎于审视的人而不能怪有缺陷的人。让我们记住柏拉图的这句话:我认为什么东西不正确,其实就是我自己不正确。① 我自己不也是有缺点的吗?我的斥责难道不能掉转矛头指向我自己?充满睿智的圣贤之言重复鞭挞着人类最普通的错误。不仅我们之间相互驳斥,连我们在辩论中各自提出的观点和论据也通常都可以反过来驳斥我们自己,我们常常是作茧自缚。在这方面古人给我们留下了极好的先例。伊拉斯谟的一句话说得既巧妙又贴切:人人喜欢自己大便的气味。②

  人的眼睛无法看见自己身后的东西。一天之中我们不知有多少次地议论邻居,其实是自己嘲笑自己。我们厌恶别人的缺点,而那些缺点在我们自己身上可能更为突出。出于某种令人难以置信的厚颜无耻或疏忽大意,我们竟对那些缺点表示惊讶。昨天我还亲眼看见一位明白人,一位温和可亲的绅士在嘲笑别人的可笑行为。他说得正确而有趣,说那人向大家吹嘘他的家族和姻亲,其中大部分是编造出来的(只有身份更可疑的人才会对此类蠢话趋之若鹜)。这位先生如果能反身自顾的话,他就会发现自己在显耀和散布他妻子家族如何享有特权时也犯了同样的错误。啊!令人憎恨的自负,妻子竟然亲手培育丈夫这样的自负!若是那些人懂得拉丁语,他们应该说:

  勇敢些!如果她自己荒谬难尽兴,

---

  ① 根据普鲁塔克的《应如何听》第六章和《怎样才能吸取敌人的优点》第五章。——译者注
  ② 根据普鲁塔克的《应如何听》第六章和《怎样才能吸取敌人的优点》第五章,原文为拉丁语。——译者注

那就给她再添把劲!①

　　人不清白不告状,不会有不清白之人告状。但在审判被告时,这审判是不会吝惜它对我们内心的审判权的。不能治愈自身疾患的人却设法治愈别人身上同样的疾患,这应说是件好事,在别人身上找出病根也可以使他自己感到少些痛苦,少些凶险。谁提醒我有错误,我就说他也有同样的错误,这样是毫无道理的。为什么呢?提醒永远是有效而有益的。如果我们的嗅觉还算灵敏的话,那一定会感到自己身上的气味更难闻。苏格拉底如此告诫说:倘若谁犯了暴力罪,同时犯罪的还有他的儿子和一个外人,那他应该首先对簿公堂,听候法院的判决,并恳请刽子手帮助他赎罪;其次再是他的儿子,最后才是外人。② 若是说这个调子定得太高些,那他也至少应当带头去要求接受惩罚。

　　我们个人的首批法官当然要数感觉了,但感觉只能从外部了解事物。倘若说,我们社会的各个行政部门都像是无休无止的世俗客套和杂碎事情的大杂烩——这正是政府最重要、最有效的职能——这并不显得不可思议。与我们打交道的永远是人,而活生生的人则是令人吃惊的现实。前些年,有些人想为我们创立一种宗教修炼形式,一种纯精神的静修方式。③ 要是修炼者中有人考虑,这样的沉思默想如不更重视人的地位、身份、头衔以及党派之类的东西的话,就有可能从他们的指缝间散落掉,那么就但愿那些创立者别因此而感到震惊。比如在交谈中,谈话者的职位和财富往往可使他无聊庸俗的话受到欢迎——用不着去设想,一个大家

---

① 原文为拉丁语,作者特伦克。——译者注
② 根据柏拉图的对话集《戈尔吉亚斯》。——译者注
③ 指宗教改革。——译者注

十分敬畏并对之言听计从的贵人,其实并没有什么出众之处;一个被委以重任而又不可一世的人并不比另一个对他毕恭毕敬而又从未受重用的人更有才干——不光这些人说的话,就连他们装模作样的表情都能得到重视,得到考虑,人人都费尽心机地对那些表情作出精彩的并且头头是道的解释。如果这些人屈尊参加一些平常的交谈,而人们又不知趣地报之以称赞和敬仰以外的东西,他们便会搬出他们经验的权威把你吓得半死:他们之所见,他们之所闻,他们之所为,一大堆例子,把你压得喘不过气来。我愿意同他们讲,外科医生的实验结果并不等于他实践活动的经验总结的。可以记住他治好了几个瘟疫病人和几个痛风患者,但如果不能从医术的运用中总结出一些规律性的东西,如果不善于让人了解他因此已有更出色的医术,那些治病的经验阅历并不能作为他医疗实践活动的经验总结。犹如听乐器演奏,我们听的不是诗琴声,不是斯频耐琴声,也不是笛声,而是所有乐器合奏的和谐音乐,是一种集合体,是集聚起来的成果。倘若旅行和公务能使人改善,那么要使这种改善表现出来就得靠他们的精神活动。总之,仅仅有经验是不够的,必须学会对各种经验进行分析比较,并找出它们之间的内在联系;需要消化吸收经验,提炼总结经验,从而得出经验中固有的规律和结论。

　　史学家向来为数不多,听他们谈话却永远让人受益,因为他们丰富的记忆,可以向我们提供许多值得称道的教益,那当然可以使我们获益匪浅。然而,此刻我们要研究的还不是这些。我们要研究的是这些历史的汇集人和叙述者本人是否值得称道。

　　我厌恶各种各样的专横跋扈、油嘴滑舌和装模作样。我愿意集中精力对付那些以感官刺激来蒙骗我们的种种虚假现象,而且十分警惕那些看似不同寻常的显贵——在我看来,那至多只是些寻常人而已,春风得意中鲜见常识。①

也许是人们小看他们,因为他们包揽的事情过多,抛头露面也过多,以致他们承受不了重托。然而,承受重托的人应具备超出重托要求的力量和本领,如果连要求的能耐也达不到,那就不得不使人怀疑他是否具有更高的水平,怀疑他的力量是否已穷尽。在承担重托中跌倒的人会让人看清他到底有多高的水平,看清他的双肩到底能承受多少重负!学者中的笨蛋是如此之多,多到几乎比学者本身还多!他们本可以成为出色的管家、精明的商贩、心灵手巧的工匠,他们与生俱来的才能正是以此来裁剪的。知识是极重的,他们会被知识压垮。要想展开并运用高超深奥的理论知识,他们还没有足够的智慧,还缺乏一定的驾驭能力。这样的理论知识只能由天赋极高的人来支配,而这样的人又是十分少见的。苏格拉底说:"平庸者研究哲学将会损坏哲学的尊严。"哲学一旦被搅乱,那就不仅显得无益,而且有害。上述那些人就是这样,最终落得自我糟踏、自我贬值的下场,正如克洛地安所描绘的那样:

> 如同猴学人样,
> 小孩玩耍着把贵重丝绸遮身上,
> 可是屁股脊梁光溜溜,
> 惹得众人笑落牙。②

那些管理我们、指挥我们的人,甚至那些操纵世界的人也都是一样的,他们拥有一般人都有的智力,做我们谁都能做的事。若是他们不能远远超出我们,他们就远远低于我们了——既然他们比我们更出色,就应更能干。沉默可以使这些人显得端庄可敬,而且

---

① 原文为拉丁语,作者尤维那尔。——译者注
② 原文为拉丁语,作者克洛地安。——译者注

往往会给他们带来事半功倍的好处。墨伽彼斯去阿佩尔的画室，开始，他在那里好长时间一言不发，随后便煞有介事地议论起画家的作品来，结果他遭到了严厉的诘难：你在沉默时，你戴的项链和你的排场还让你像回事，可现在大家听到了你说的话，便都看不起你了，甚至连我店里的伙计都如此。① 他华丽的衣着打扮和高贵的身份不允许他像平民百姓一般无知，也不允许他奢谈绘画，唯有沉默能使他继续保持他表面上的那份自命不凡。当今社会中，显示才智的矜持的外表帮了多少蠢货的忙啊！

  爵位和职位的获得首先是靠运气，其次才是功劳。对此，人们总是怪罪国王。其实，国王们天资平庸、才学疏浅却快乐幸福，才真正是不可理喻呢！马尔西阿尔说：王公的首要品质在于了解臣民。② 而本质上国王们是不可能具备千里眼以识别了解众多臣民的，也不可能透视出我们的胸怀以了解我们的心态和出众之处。他们必须通过猜测和摸索，根据对方家族、财产、才学和百姓的呼声进行筛选——其实，这些依据都是极不可靠的。要是谁能想出个办法，使人公正地判断人，理智地挑选人，那他仅凭这一点就可以形成一个完善的政府管理模式。

  "对，他办这件大事办到点子上了。"这话不错，但不够全面，因为正好有条被普遍认可的格言：不应以结果判断主张。迦太基人惩罚那些出坏主意的军官，是不管战争结果如何的；③罗马人经常拒绝为一些巨大胜利欢呼，因为指挥官的所作所为与他的好运气实在不相称。通常我们会发现，在人类活动中，命运女神为了显示

---

  ① 来源于普鲁塔克的《如何鉴别阿谀者和朋友》。阿佩尔是公元前4世纪希腊最有名的画家。——译者注
  ② 原文为拉丁语。——译者注
  ③ 来源于茹斯特·李普斯的《政治》。——译者注

她对世上一切的威力,以杀杀我们的傲气,总喜欢让蠢人获得幸福——即使不能让他们变得更聪明些——以此与德行展开竞争。命运女神还主动优惠实施者,因为在实施中会更清楚地显示出命运的脉络。因此,我们每天都能看见那些头脑最简单的人完成一件件大事,有私事也有公事。人们奇怪,西拉内斯言谈机智且富有哲理,而办起事情来却会接二连三地遭到失败。对此,他回答:人只能主宰自己的言语,主宰人的成就的是命运。① 上述那些人也可以作同样的回答,不过得换个角度。世间多数事情是靠事情本身发展而成的。命运自有通途。② 结果通常使愚笨至极的行为找到理由。我们对事物的插手只是一种例行公事,所考虑的往往是习惯和示范,较少理性的思考。过去,当我对一件事情的重大意义感到吃惊时,总是向干这事情的人了解他们的动机和做法,从他们那里我只听到很平常的见解。但我知道,最平常、最常用的,往往就是最可靠的,即使它们不太适合于装门面,也是最便于实践的。

为什么最平常的道理最牢固,最低廉,也最不缜密;而经过千锤百炼的道理却更有益?枢密院为了保持权威,拒绝普通人参加进去,也不希望他们看得比第一道栅栏更远。要想保持名望就得肆无忌惮地自我崇拜。我这些意见只是对此作大体的勾勒,而且也只是随随便便地考察其基本方面,这项工作最重要、最主要的方面,我按习惯留给了上天——其余的留给诸神。③

按照我的看法,幸运和不幸是两种强大无比的力量。认为人类智慧可以充当命运的主宰力量是不明智的。谁能推测自己既可把握动因又可掌握结果?又有谁能推测自己可以亲自推动自己行

---

① 来源于普鲁塔克的《古代国王中之所谓显要者》。——译者注
② 原文为拉丁语,作者维吉尔。——译者注
③ 原文为拉丁语,作者贺拉斯。——译者注

进？所作的推测行动纯属徒劳，在战争审议中作此类推测更是枉费心机。军事行动中的谨慎和明智从来没超过我们生活中有时表现出的谨慎和明智——也许大家因为害怕天有不测之风云，因此还是保存实力以防御推测的灾难为好吧。

我还要进一步地说：我们的智慧和判断力大都受偶然性的左右。意念和见解动来动去，看上去时而这样，时而又那样，其间的许多意识的流动是自然的，并不受理智的干预。理性每天都受到内在情绪和躁动的冲击：

> 内心的情绪变化无常，
> 此刻被一种激情主宰，
> 当风向一转，
> 另一种激情又替代而上。①

看一看城里谁最有权，谁干的活最好——你会发现，都是些愚笨的人。现实中，女人、孩子和疯子都曾领导过一些大国，其成就足以同最富有才华的国王媲美。修昔底德曾说过，在国家领导者中，见的最多的是粗俗肤浅一类的人，而不是精细睿智一类的人。我们则通常把那些人的好运气归功于他们个体本身的才智。普劳图斯②这样写道：

> 人只因命运的垂爱，
> 才得以扶摇直上，这一来
> 谁都称赞他为英才。

由此，我无论如何要强调：结局只是人的价值和才能的肤浅

---

① 原文为拉丁语，作者维吉尔。——译者注
② 普劳图斯（约公元前254—前184），拉丁语诗人。——译者注

的证明。

在这方面，只需审视某位青云直上的人物就清楚了：三天前我们刚认识他时，他在我们眼里还是个毫无可取之处的人。不知不觉地，在我们头脑里悄悄地塞进了些高贵能干的印象，他的排场和势力又在不断增长，于是乎，我们相信他已有功于世了。我们对他的评判并非根据他本身的价值，而是根据他的地位带给他的特权，以计筹码的方法进行计算。运气有时也会转，当他从高处摔下来，重又成为普通一员时，人们才惊讶地一个接一个地去打听从前是什么原因使他爬得那么高。"这就是他吗？"大家问。"他在台上时难道就不懂得这些事？贵族们难道就这么容易自足？我们原来是被操纵在这样一个人手里！"就是现在，这样的事我亲眼见过的也不在少数。即使是戏台上表演出来的高贵的脸部表情有时也能打动我们，蒙骗我们。我最欣赏国王们的是：他们拥有一大批崇拜者。世间几乎所有的俯首帖耳都归属于他们，但他们唯一得不到的就是智慧的俯首帖耳——智慧是不习惯卑躬屈膝的，只有膝盖才习惯弯曲。

有人曾问梅朗提乌斯对德尼的悲剧有何见解，他说：我压根就没有看见这出戏，戏已被如此之多的论调遮盖住了。[①] 我们评判伟人讲话的人也应当说："我压根就没有听见他说的话，他的话已被如此之多的庄严高贵遮盖住了。"

安提斯泰纳有一天向雅典人建议说，驴和马一样可以用来耕田。雅典人回答，驴生来不是作此用处的。这其实是一回事。安提斯泰纳辩驳道：这完全取决于你们怎样安排。你们若是起用一

---

① 来源于普鲁塔克的《该如何听》。——译者注

些最无知、最无能的人来指挥打仗的话，他们也一定能够胜任。①

许多民族的人民习惯把他们自己培养出来的国王加以神圣化，只给国王荣誉已不能使他们满足，他们还需要对国王的个人崇拜。比如墨西哥人在国王的登基典礼完成以后便再也不敢正面看他一眼了——国王一旦王权在握似乎就成了神。原来，国王已发誓要保护他们的宗教、法律以及他们的安全、自由，并且发誓要做到勇敢、公平和仁慈，还发誓要让太阳按大家已适应的光亮照射，让天上的云在恰当的时候才化成雨水，要让河水长流不息，让大地给他的民众提供一切必需的物品。

与一般人的态度不同，我一见伴随着精明强干而来的是发迹、显赫和崇敬，便格外警惕这种精明强干。我们必须明白，什么时候该说话，什么时候不该说话——打断别人的话，或者以权威的口气蛮横地改变话题，或者在见到你就畏惧得直打哆嗦的人面前以摇头、发笑或沉默来否定别人，这会产生什么样的后果。一个飞黄腾达的人要是在饭桌上随便谈话并发表意见，他必定以这样的口气开始："与我这意见不一致的人要么是骗子，要么是傻瓜，云云。"那么你们就手拿匕首跟着这颇有哲理的尖刻话走吧。

下面这句话使我大受裨益：在争论和商谈中，并非每一句正确的话都能随即被人接受的。大部分人都有从外部得来的机智，有时会说出一两句精彩的俏皮话，一句恰到好处的答语，一句有益的格言，尽管他在说话时并没有觉察出这些话的分量。借来的东西不一定都能掌握运用，还要靠我们自己进一步地核实。那些话无论有多实在，有多精辟，都没有必要一听就连声诺诺，必须主动与之斗争，或者往后退一步，借口没有听见而从各个角度揣测这话

---

① 来源于狄奥热纳·拉尔斯的《安提斯泰纳生平》。——译者注

是如何到讲话人的口里的。我们有时会作茧自缚,使对方有机可乘,这样就大大提高了对方的攻击能力。以前,我曾竭力强调反击的重要性和紧迫性,反击的成功竟超过了我原先的意图和期望——我本来只在数量上进攻,而对方却感到了重量。当我与一位强有力的对手争辩时,我往往采取先声夺人的方法,在对方作结论之前就取消他解释的机会,并提防他产生完善的想法(他的思维判断一旦妥帖有序,那就会对我产生极大的威胁),对其他人我则反其道而行之:让他们自己去理解,千万不要事先假设什么。如他们用一般的话作出判断,"这个好"或"那个不好",意见又大致相同,那便去看看这是否出于偶然性。

　　但愿人们为他们的箴言划一些范围:为啥这样,根据什么如此。一切屡见不鲜的一般意见都是不名一文的,这好比人们向整个民族敬礼一样。① 真正了解那个民族的人会从中找出某个人,专门向他致敬,不过此举是要冒一定风险的。几乎每天我都能见到一些缺乏思想的人,他们附庸风雅,在阅读某部作品时想指出其卓越之处,但是他们低下的欣赏水平使他们指出的地方不仅不能向大家展示作品的美妙,反而暴露了自己的无知。在听人念了一整页维吉尔的作品后,发出这样的赞叹是万无一失的:"呵,这有多美!"然而,就是这一声赞叹,其中的精华便逃之夭夭了。要想一点一点听下去,要想做出专业化的精辟的评论,要想指出作者在什么方面超越了自己,在什么方面有所提高,要想斟词酌句,那就得赶快走开!因为这不仅需要研究每个人都在使用的言辞,还要研究作者的见解及其依据。② 我每天都听到一些蠢人说着不蠢的话,

---

① 来源于普鲁塔克的《论苏格拉底习以为常的机智》。——译者注
② 原文为拉丁语,作者西塞罗。——译者注

他们谈论的是美好的东西,那就让我们了解一下他们是在哪里知道这些的,是怎样得到这些的。我们可以协助他们使用他们尚未真正掌握的那些华丽的词藻和精辟的道理,因为他们只是那些美妙东西的收藏者,或许他们有一天也会摸索着进行创造,我们则让他们了解这些东西的价值并使之相信它们。

你是在援助他们?何苦呢,他们不会对你有半点感激之情,或许他们还会因此变得更蠢。请别去帮助他们,让他们自己走自己的路吧!他们将来要是再涉及这方面的话,就是因为他们害怕上当受骗,他们对这类问题的基本方面和认识角度是丝毫不变的,也不会深入探究下去。要是问题稍有偏离,他们就抓不住了,就会放弃这个领域,即使这个领域美妙无比。此类事情我经历得实在太多!有时候你对他们的话作进一步地阐述,他们就会马上说:这正是我原先想要说明的,那恰是我的想法,我讲得不好只是因为我表达不妥当,等等。赫热西亚的信条——不必仇恨,不必控诉,只需教导——在别的地方还有道理,在这里则成了不公正、不人道之举。我喜欢让那些人越讲越糊涂,越讲越尴尬,让他们能走多远就走多远,最终他们会重新认识自己。

愚蠢行为和感觉混乱不是通过一次提醒就能改正的。对此,我们可以重复居鲁士的一番话。在一场战斗即将打响之际,有人催促居鲁士去鼓励他的战士,居鲁士这样回答:在战场上,士兵是不会因一次精彩的训话而马上变得骁勇善战的,正像人不会听一支优美的歌曲而马上变为音乐家的。① 要成为音乐家必须经过长期的坚韧不拔的教育才能达到。

此种关心还是留给自己人好,对自己人才能作殷勤的更正的

---

① 来源于色诺芬尼的《居鲁士全书》。——译者注

开导。对过路人说教,或对初识的无知之徒和蠢材进行教导,都是我最不情愿做的,即使是在和别人聊天时,我一般也不会这样做。我宁愿放弃其他一切也不想进行这种人为的专横教育。我的性格决定了我不适合为刚崭露头角的人演讲和写作。对大家议论的一般问题和别人正在交谈的问题,不论我认为多么荒谬,多么无聊,我也不以言语和表情动作加以阻拦。一般而言,愚蠢而又得意扬扬,得意到超出任何正常头脑合理得意的限度,这种愚蠢比任何其他的愚蠢更使我恼恨。

为什么我们不能将朋友间相互开玩笑时打闹嬉笑的争吵和七嘴八舌的闲聊掺进谈话和交往中去?我的性格开朗,很适合于这样的活动。有人认为,这种活动不如前面提到过的激烈辩论来得紧张严肃,其实它是同样能碰撞出智慧的火花,在表现方式上也可以同样风趣幽默,或是很有意义的,吕库古斯①就是这样认为的。就我而言,我对这样的谈话交友活动会感到它的轻松愉快超过了机智创造。我具有很强的忍受能力,我能忍受别人各种各样的攻击,有严厉的,有冒失的,只要是对方没有歪曲我。别人向我发起进攻时,即使我不能立即给予反击,我也不会愿意靠疲软无趣的争执凑上去,不然的话就成顽固了。我让对手的攻击自行结束,并快乐地低下脑袋,把战胜对方的行动推延到更恰当的时候。没有一直赚钱的商人。在缺乏力量时,大多数人的脸色和声调都会发生变化,但如果愤怒不得当的话就会让人讨厌,不但制服不了对方,还会显露出自己全部的缺陷和急躁。在高兴时,我们往往会拨弄一下我们个人的缺点中那不为人知的几根弦;而在严肃时,我们一

---

① 吕库古斯(约公元前 396—前 323),雅典政治家和演说家,主持雅典财政。——译者注

触动这几根弦就会相互冲撞,更不要说互相有效地提醒各自的缺点了。

还有一种打闹游戏,纯粹法国式的,既鲁莽又粗野,我对它恨得咬牙切齿——因为我的皮肤太娇嫩太敏感了——我已经看见有两位王公葬送在这种游戏中了。① 游戏中动武实在是可怕的。

此外,当我想评判一个人时,我会询问他对自己的满意程度,以及对自己的言谈举止和工作的满意程度。但愿我不要遇到这样漂亮的借口:"我干这活是在闹着玩,这活计还在铁砧上,别人便把它抢走。我在那里待了不到一小时,此后再也没见过这活计了。"可是,"得了,"我说,"我们不去管这些,请您拿出最能表现您全貌的活计来,这样大家可以估量您的能耐。"这之后则要问:"在您的这部作品中,您认为最出色的地方在哪里?是这里,还是那里?是典雅,还是材料好,抑或是想象力丰富?是见解出众,还是知识广博?"因为我发现,人们不仅判断自己作品时经常出现差错,评判他人作品时也同样容易出错。这不只是由于感情因素,还因为他们缺乏对作品的识别能力和欣赏水平。作品本身的力量和机遇往往可以帮助作者超越自我,使他走到自己想象力和知识的前面。至于我,我评判自己作品并不比评判他人作品来得更高明。我对《随笔》的估计就时高时低,极不稳定,也极不可靠。

许多书因主题好而成为好书,但作者并没有因此得到推崇,而且有些好书,就像优秀工程那样,它们的创作者还为此遭到诘难。我有计划今后要写我们宴席的形式;我还打算写我们的服饰(当然写得不会像服饰那样优雅);将来我还要整理编辑当代政府颁布的

---

① 指法国国王亨利二世和昂基安公爵。亨利二世在 1559 年的一次骑士比武中被对手的长矛刺中,伤重而亡。昂基安公爵于 1546 年在一次赌博时,被从窗户外扔进来的一只银箱子击中而身亡。——译者注

赦令、公告和流传到民间的一些要人的书信；另外，我还要缩写一本好书（尽管所有好书的缩写都是愚蠢的缩写，这本书说不定会碰巧砸锅，或者遭遇其他麻烦）。后人会从这些作品中得到意想不到的收获。而我，要是碰不到好运气的话，那又将是什么好事情呢？许多闻名遐迩的书都受到这种遭遇。

几年前，我读到菲利普·科米内①的文章，科米内当然是位优秀的作者，当时我特别留意到一句颇为不俗的话：千万不可过多地为主人效劳，否则你会得不到公正的奖赏。我应当称赞的是这句话的创意，而不是作者本人，因为不久前我见到了塔西佗的一段拉丁文字：好事只有在能得到回报的范围内才令人愉快，如若大大超出了这个范围，感激就会被仇恨代替。②塞涅卡说得更是斩钉截铁：以有债不还为耻的人是不愿欠任何人的债的。③西塞罗则比较宽和：若是谁自认为没有还清你的债，那他就不会成为你的朋友。

一本书可以让人发现一个博学强记的人，然而要判断此人哪些地方更具特色、更宝贵，要发现他心灵的力量和美好，就必须知道什么是属于他个人，什么不属于他个人。在不属于他的东西里，也应了解书的选材、结构和语言在多大程度上应归功于他。为什么？因为援引素材而弄糟形式的情况可以说是屡见不鲜的。我们这些人缺乏与书打交道的经验，我们常常处于这样的处境：当我们发现某位初出茅庐的诗人超凡的想象力时，当我们发现某位传经布道者的一些颇具说服力的论据时，在向旁人打听那些东西是

---

① 菲利普·科米内（卒于1511年），法国历史学家，法国国王路易十一的宫廷顾问。——译者注
② 见塔西佗的《年鉴》。——译者注
③ 见塞涅卡的《书简八十一》。——译者注

否属于他们之前,我们是不敢随便夸奖他们的,直到现在我仍如此。

我刚一口气读完了塔西佗的历史书[1](我从未这样读过书,二十年前我就不再连续读书一个小时了),我是听了某位贵公子[2]的建议才读这本书的——法国很器重这位公子,为他本身的价值,也为他们兄弟几个身上表现出的长久不衰的才华和善良——我不知道还有哪位作者像塔西佗那样在政府文件汇编里掺进自己对民间风俗的思考和喜好如此之多。他随时留意与他同时期的王公们的生活及其多样性,特别是他们残酷压迫人民的一些突出的行为,因此,他有比一般战争和暴乱更重大、更吸引人的内容可以谈论和描述。而对感人的英雄事迹他只轻轻掠过,仿佛他害怕此类事迹过多过长会使我们厌烦似的。我却因此在阅读中常常感到枯燥乏味,和他的想法截然相反。

而这种撰史方式却是最有益的。偶然性引导公众的行动,命运决定个人的行为。这本书与其说是在描述历史,不如说是对历史的一种评价,其中议论多于叙述。那不是专供阅读的书,而是供学习和研究用的书。书中处处有箴言警句,有正确的,也有错误的,可以说是一个伦理和政见的荟萃地,能为主宰国家的人提供储备和增光的原料。书中为人辩护总有可靠而又有力的理由,而且措辞犀利,洞察入微,并遵循当时的文风。操纵世界的人爱好自我膨胀,因此,只要他们处理事务时,措辞无法犀利,鞭辟无法入里,他们就会借助这本书上的一些现成话。此书和塞涅卡的作品较接近,但它更厚实,塞涅卡的书则更趋于激进。这本书对动荡不安的

---

[1] 指塔西佗的《年鉴》。——译者注
[2] 可能指作者的邻居和朋友特朗侯爵的三位公子中的一位。这三位公子都于1587年的蒙特拉波战役中牺牲。——译者注

国家更有用处，就像现时期的我国——不少地方你看了以后会说，这是在描写我们，那是在讽刺我们。怀疑这本书真实性的人正好反映出他们对此书的居心不良。书中的许多看法都是正确的，对罗马发生的各种事件的评判也是对的。不过他对庞培的评价我有些异议，他的评价甚至比与庞培一起生活共事的正人君子对庞培的评价还要严厉。他说庞培与马略①和塞洛②毫无共同之处，只是他更为隐蔽。③ 人们并不否认庞培有野心，企图操纵国家，也不否认他具有报复心，他的朋友们也确实害怕胜利会使他跨出理性的界限，但绝不会认为他会到丧心病狂的地步——在他一生中，没有什么东西可以表明他有令人生畏的残忍毒辣和专横独断。不能以怀疑来替代事实，不然的话，是不会让我相信的。此书的表述是朴实平直的，这样写史是有好处的，即叙述并不一定全都符合他所评价的结论。评价的依据是个人的观点，而作者从不愿以任何形式使史料倾向于他本人的观点。他听从法律的指挥，信仰当时的宗教而无视真正的宗教——他无需为此抱歉，这是他的不幸，而不是他的过错。

我很重视他的评价，但不是所有地方都十分理解。比如提比略④在年老多病之际写给元老院的信中有这样的话："先生们，我给你们写些什么？怎样写？或不该写给你们什么？诸神要让我死得比我每天意识到的死亡更可怕——假如我能意识到的话。"我不明白作者为什么会肯定地认为这些是在表明提比略良心遭到了悔恨的折磨？我是不会那么认为的。

---

① 马略（公元前157—前86），罗马政治家和军事将领。——译者注
② 塞洛（公元前138—前78），罗马军人和政治家。——译者注
③ 作者引用塔西佗的一句话："更为隐蔽，但并不更优秀。"——译者注
④ 提比略（公元前42—公元37），罗马帝国皇帝。——译者注

此外，在介绍他于罗马执政时期干过的一些体面事后，他接着说：他说这些并非出于卖弄。我认为这反而暴露了他内心的怯弱，因为他不敢坦然地谈论自己。凡判断事物能做到洞察入微、高屋建瓴、正确可靠的人，都善于全面利用自我和外界的所有事例，他会像谈论其他事物那样谈论自己。我们应该冲破世俗的规矩去维护真理和自由。我不仅敢于谈论自己，而且敢于仅仅谈论自己。我对自己并不是良莠不分，认为自己什么都好，我会退后几步像邻人那样看我，或像我看一棵树那样认识自己、审察自己。看不见自己的价值，或把自己看得特别高，这两种错误可以说是不差上下。我们不应给自己而应给上帝更多的爱。我们对爱谈得太多，实在是因为我们对此知之甚少。

这部作品还叙述了一位大人物的情况，这位大人物正直而勇敢——不是那种具有传奇色彩的勇武，而是一种高贵豪爽的英武。他说的话我们也许会觉得有些荒唐，比如他说一个背着沉重木材的士兵双手冻僵了，放在木材上的那双手坏死并从他的手臂上脱落下来。① 而我却习惯于向伟人的权威屈服。

书上还记录了在亚历山大城，韦伯芗②托萨拉匹斯神③的福，把唾沫擦在一个盲女人的眼睛上治愈了那个女人④，以及其他一些奇迹。作者遵循的是优秀史学家的范例和职责，记载所有重要事情以及民间发生的大事和传闻。史学家们的职责是不差分毫地

---

① 来源于《年鉴》十三卷，第三十五章。——译者注
② 韦伯芗(7—79)，罗马皇帝(公元69—79在位)，他曾以他的雄才大略使罗马帝国恢复了昔日的辉煌。——译者注
③ 萨拉匹斯神，希腊—罗马时期埃及的神灵。埃及法老托勒密一世(公元前305—前282)为融和其统治下的希腊人和埃及人的关系，对此神倍加尊崇。——译者注
④ 故事来源于《故事》第四卷，第八十一章。——译者注

复述普遍的信仰,而不是对那些信仰进行调整。信仰调整工作应属于心灵的指路人——神学家和哲学家。他的同行,那位与他同样伟大的人则十分明智地说:事实上,我记录下来的事情并不都是我相信的,但我既不能肯定我的怀疑,也不能毁灭流传下来的东西。① 还有一位说得一样聪明:不必费尽心思去肯定或驳斥那些事实……应当服从名声。② 塔西佗是在大家对神话的迷信开始衰退的时代写史的。他说,他不愿意把一些来源于古代贤士的素材写进《年鉴》中去,从而使那些东西站牢脚跟,尽管他十分敬慕这些古代贤士。这话讲得太好了,但愿他们为我们记录的历史根据史料比根据自己的信仰多。

我主宰着我自己的写作素材,从不会按别人的意图写作,但也绝不会自负。我尝试着写一些富于机智的幽默话,但我自己都不相信那些话;我还常常试着使用那些妙辞佳句,最终连我自己也都对其嗤之以鼻,不过我还是对它们的运气听之任之。有些人却以此为乐,但这也不该由我一个人任意评判。我对自己的描绘既有站姿,也有睡姿;既描写前胸,也描写后背;既写左边,也写右边。总之,我要写出我全部的真实面貌。人的头脑即使智能相同,其审美观也会大相径庭。

以上是我个人的记忆为我再现的一些大致思想活动,相当靠不住。大致方面的东西都是不完善、不可靠的。

(周蓉蓉 玉 清 译)

---

① 来源于坎特·库尔斯的《亚历山大的故事》。坎特·库尔斯,公元1世纪历史学家,与塔西佗同时代。——译者注
② 来源于底特·里沃的《历史》。——译者注

论预言

　　说起神谕,远在基督出世前就已失去威信了。我们看到,西赛罗曾经着力探寻神谕威风不再的缘由。他说:为什么这神谕如此长久地不再降临德尔斐①,而不仅是现在,还有什么比它们更受到轻视?② 至于其他预测占卜,有的建立在祭神牲畜的骨骼分析上(柏拉图认为,多亏祭祀神灵的活动,人们才得以对动物肢体的内部结构有所了解);有的依赖于鸡的顿足和鸟的飞翔(西赛罗说:我们想,有些鸟只是为占卜而生存。③);有的则根据雷电、河流的走向进行预测,肠卜祭师④和占卜师⑤预见很多事,许多重大事件是由神预言的,也有不少是通过占卜、解梦和奇象来的;⑥还有一些是古人在处理各类重大事情时常常使用的预卜,今天已被我们的宗教所摒弃。现在,利用星座、神鬼、身体征兆、梦魇等占卜的方式仍然存在,这实在是人类本性爱无端操心的一个杰出事例。人类总是担忧将来,并以此为乐,仿佛现实的事还不够他们操

---

① 德尔斐,希腊一小岛,岛上有太阳神阿波罗的神殿。——译者注
②③ 原文均为拉丁语。——译者注
④ 肠卜祭师,古罗马用动物内脏占卜的祭师。——译者注
⑤ 占卜师,古罗马根据鸟、雷电等卜测吉凶的人。——译者注
⑥ 原文为拉丁语,作者西赛罗。——译者注

心似的。

> 奥林匹斯山的主啊,
> 你为什么用残酷的预言宣布凡人的不幸,
> 使他们雪上加霜,忧惧难安?
> 如果你真要惩罚他们的话,倒不如突然袭击!
> 让他们毫不知晓未来的命运!
> 在忧心中带着希冀!①

　　知晓未来可以说毫无意义,因为徒劳地为将来犯愁是可悲的。② 然而,人们卜测未来的兴趣依然不减。这就是为什么我认为弗朗索瓦·萨吕斯侯爵的事例很有说服力。萨吕斯侯爵是弗朗索瓦一世时阿尔卑斯山的驻军司令,国王的宠臣,国王对他不薄,他的侯爵领地是他兄弟的领地被没收后国王赏赐给他的。当时没有什么背叛机会,在感情上侯爵也不想背叛。尽管如此,正如事实发生的那样,他还是被当时流传的预言给吓坏了。那预言讲,即使在意大利,查理五世也将获胜,法国则被打败。当时的意大利到处流传着法国将战败的预言。开始时,萨吕斯侯爵见法国王室就要倒霉,他的宫廷朋友也跟着要倒运,便不时地在亲信面前唉声叹气,不久就背叛了法国王室,倒戈投降了。不管出现什么样的星象,他这样做都是不值得的。不过,他的确表现得像一个饱受折磨的人,因为他掌握着城市和部队,安托尼·德·莱夫率领的敌军近在眼前,他的行动又不被人怀疑,他本来还可以做得更坏些。然而,我们并没有因为他的叛变而损失一兵一卒,除了福斯诺以外也再没有丢失其他城池,就是福斯诺也是争夺良久才丢失的。

---

　　① 原文为拉丁语,作者卢卡努。——译者注
　　② 原文为拉丁语,作者西赛罗。——译者注

> 神用预言蒙住未来,
> 讥笑人类的惊慌恐惧。
> 过一天敢说自己"活了一天",
> 才算真正把握住了自己的命运。
> 无论上帝让明日的天空乌云翻滚,
> 还是阳光灿烂,
> 这又有什么关系呢?
> 此时愉快的人,
> 决不为未来操心。①

有人错误地相信这样的话:他们的观点就是:有占卜,就有神;有神,就有占卜。② 还是帕库维尤斯③说得有理:

> 对于善解鸟语的学者,
> 那些从动物内脏比从自己的心灵
> 吸取更多智慧的人,
> 我尽可能更信赖他们。④

意大利托斯卡纳人闻名于世的占卜艺术是这样产生的:一个农民犁地犁得过深,地里便冒出一个长着孩子脸,却有老人智慧的半神塔霍。大家都围了过去,塔霍说的话意蕴着占卜的原则和方法。这些话被收集和保存了足有几个世纪。如同它的产生一样,它的发展也同样荒唐不经。

相对于梦魇来讲,我是更相信用抽签的方法来处理难题。

---

① 原文为拉丁语,作者贺拉斯。——译者注
② 原文为拉丁语,作者西赛罗。——译者注
③ 帕库维尤斯(公元前 220 年—前 132 年),拉丁语诗剧作家。——译者注
④ 原文为拉丁语。——译者注

几乎所有的国家都给抽签卜测以相当的地位。柏拉图在他幻想的国家里,也给抽签赋以定夺大事的权力。在他的构想中,婚姻要在好人之间抽签决定。他对这种偶然性的选择十分重视,说这样结合生下来的孩子才能在本国生活,而恶人生下的孩子将被赶出国门。当然,被驱逐者假如在成长中表现出良好的品质,也能召回国;而留在国内的人,要是少年时就显得平平庸庸的话,也将被驱逐出境。

我发现,那些研究和解释预言的人,总是用预言到的发生的事,来证明预言的权威性。其实,他们的预言中有真有假都是难免的:整天抽签,难道会一次也抽不中?① 但即使他们言中了几次,也丝毫不能让我对他们产生敬意。假如有本事撒谎,也应该把事情做得更圆满些。再说,没有什么人计较他们的失算,因为这种事情实在可以说是层出不穷,屡见不鲜。只有稀少的神奇的令人难以置信的预言才有价值。在萨莫色雷斯岛②的万神殿,有人指着幸免于难者还愿捐赠的众多物品以及画像,对外号叫"无神论者"的迪亚戈拉斯说:"喂,您说众神对人间漠不关心,可有这么多人得到他们仁慈的救护,您又怎样来解释呢?"迪亚戈拉斯回答说:"那些淹死而没被画下来的人,远远超过画上的。"西塞罗说,在有神论哲学家中,只有色诺芬尼③试图拒绝各式各样的占卜预测。遗憾的是,就连我们的君王也无不对此沉迷不悟,那就显得更不足为奇了。

---

① 原文为拉丁语,作者西塞罗。——译者注
② 萨莫色雷斯岛,希腊岛屿。公元前 700 年,希腊人在该岛建立万神殿和众神圣殿。——译者注
③ 色诺芬尼(约公元前 473—前 365),古希腊哲学家。他反对将神人化,反对多神说,认为只有一个全视、全听、全知的神。——译者注

我本人曾亲眼领略过两本奇书，一本是加拉布里拉亚教士若阿香的书，书中对未来教皇以及他们的姓名、习惯，都一一作了预言；另一本是利奥皇帝撰写的，预言对象是希腊皇帝与主教。我亲眼看到，那些困惑于自己命运的人，是怎样向上天寻求他们灾难的因缘与征兆，就像求助于任何迷信那样。他们这样做感到异常满足。这倒使我相信，这实在是思维敏捷却又无所事事的人可以从事的消遣；那帮训练有素、精于此道的人，总能设法找到他们所需要的答案。然而，他们漂亮的游戏，归功的是预言行话的晦涩、模糊与虚幻。作者没有提供明确的含义，后人可以随意找来进行卜测。

　　苏格拉底的守护神①恰恰是一种意愿的冲动，是未及理性思考而突发的奇想。对于像他那样纯洁、审慎和高尚的人来讲，这尽管显得轻率而唐突，但也颇有益处，值得研究。我们每个人都会感到自己身上的那种突如其来的强烈的冲动。尽管我对先见之明不以为然，但对人的这种冲动却比较重视。我缺乏理性，可是在说服和劝诫上却有一种强烈冲动。苏格拉底更是如此。我这种倾向十分有益，而且很成功，可看作是神灵的启示。

（周蓉蓉　玉　清　译）

---

① 苏格拉底的守护神，指一个神秘的声音。据说，苏格拉底的一切决定都来自这个神秘的声音。——译者注

对孩子的教育

——致迪安娜·居松伯爵夫人[①]

夫人,知识给人以华丽的装饰,是为人服务的不可思议的工具,特别是对于您这样高贵且富有教养的人。说实在的,知识在地位卑贱的人手里是无用武之地的。人们之所以以它为荣,与其说能为人们立论、辩护和诊治,不如说可以为发动战争、统治人民和赢得某亲王或某国家的友谊提供帮助。夫人,您出身于书香门第(直到今天我们还存留着您的先人富瓦克斯伯爵的文稿,您与您的丈夫都是他的后人;您的叔父弗朗索瓦·德·康达勒伯爵天天勤于笔耕,他的作品能使您家族的这一才华流芳百世),您品尝过教育的甘甜,我深信您不会忘记所受的教育。因此,在这个问题上,我只想对您谈一点和习惯做法格格不入的看法,这便是我可能为您做的一切。

选择怎样的人做您儿子的家庭教师,直接决定着他受教育的效果。家庭教师的职责涉及很多方面,可是我不谈这些,因为我明白自己并不能谈好。在这篇文章里,我想给那位教师一些忠告,如

[①] 居松伯爵曾是作者邻居,迪安娜·德·富瓦克斯于1579年嫁给居松伯爵,故也成了作者的邻居。——译者注

果他愈认为有理,就会愈加信赖我。作为贵族子弟,学习知识不是为了图利(这个目的卑贱庸俗,难以为缪斯女神垂青与宠爱;再者,能不能图利,这取决于他人,而不是自己),也不是为了适应环境,而是为了丰富自我,丰富自己的内心;不是为了造就有学问的人,而是为了培养有能力的人。因此,我希望能特别注意给孩子物色一名头脑多于知识的老师。若能两者兼而有之则更好;若不能,那宁可选择品德高尚、判断力强的人,也不要找一个只有学问的人。我希望他能用新的方式来培养孩子。

人们总是不间断地往我们的耳朵里注入东西,就像灌漏斗似的,我们的任务也只是鹦鹉学舌,重复别人说的话而已。我希望您孩子的老师改变这样的做法,走马上任时就要按孩子的天赋对他进行考验,教他如何独立欣赏、甄别和选择事物,有时扶着他前进,有时则让他自己去披荆斩棘。做老师的不应该只一个人想,一个人讲,也应该听听他学生怎样讲。苏格拉底及后来的阿凯西劳斯①就先让学生讲,然后再由他们自己讲。教师的权威在多数时间里不利于学生的学习。②

老师应让学生在他前面小跑,以便判断其速度,并决定用怎样的速度来适合学生。如果师生的速度不合拍的话,事情就会搞得一团糟。善于选择适当的速度,取得和谐的步调,这是我所知道的最困难的事情。一个高尚而有眼光的人,就要善于屈尊俯就于孩子的步伐,并加以指导。对我来说,上坡比下坡的步子更稳健,也更扎实。

通常,不管学生的能力与习惯的差异有多大,课程及教学方式

---

① 阿凯西劳斯(约公元前316—前241),希腊怀疑派哲学家。——译者注
② 原文为拉丁语,作者西塞罗。——译者注

却千篇一律。因此,不难想象,在众多学生中,学成者寥寥无几。

教师不仅要求学生说出学过哪些词,还要讲出它们的意思与实质;在对学生的成绩进行评估时,不是看他记住了多少,而是会不会生活。学生在学习新知识后,教师应按照柏拉图的教学法,让他举一反三,并反复实践,看他是否真正掌握,真正消化成自己的东西。吞什么,就吐什么,这完全是生吞活剥、消化不良的表现。消化系统若不能改变吞进之物的外表与形状,那就等于没有工作过。

我们的思想徒劳无益地听任别人的摆布,受它们的奴役与束缚。我们的脖子被套上了绳索,我们显得步履沉重,没有了活力与自由。他们不能自己支配自己。① 我在意大利的比萨市私访过一位学者②,他把亚里士多德奉为神灵,他的信条概括起来就是,衡量一个学说的可靠性与真实性,要看它是否符合亚里士多德的学说,否则便是空想与玄想。他认为亚里士多德见多识广,他的学说包罗万象。他的信条是被歪曲的,因此,他曾长期陷于困境之中,为罗马宗教裁判所查究。

教师如果能让学生把学习的东西进行严格的筛选,而不是蛮横又徒劳地迫使他记住一切,那么,亚里士多德的那些原则,也将与斯多葛派和伊壁鸠鲁的原则一样,对他而言就不单单是原则了。假如提出各种看法让他判断,那他就能做出区别,即使不提出区别也能提出怀疑。我喜欢怀疑不逊于肯定。③ 因为,倘若学生能通过思考来掌握色诺芬与柏拉图的观点,那么这些观点就成为他自

---

① 原文为拉丁语,作者塞涅卡。——译者注
② 指意大利一位医生,罗马大学哲学教授。他曾被罗马宗教裁判所逮捕,后被教皇释放。——译者注
③ 原文为拉丁语,作者但丁。——译者注

己的了。跟在别人后面的人其实什么也跟不上，他将一无所获，甚至还可以说他任何东西也不想获得。我们不受任何君主的统治，人人有权支配自己。① 学生至少应该明白自己了解了什么。要运用哲学家们的观点，而不是死记他们的教条。若愿意的话，他尽可以忘记那些理论来自何处，但要把它们变为自己的东西。真理及理性是大家共有的，不用分辨哪个先说哪个后说，也不管是柏拉图说的，还是我说的，只要彼此的看法相一致。蜜蜂飞来飞去，四处采集花粉，酿成的蜜却是它们自己的，而不再是荚蒾或牛蒡了。同样，学生从他人那里拿来残章断篇，经过加工组合，做成文章，那就表明了自己的观点。他受的教育，他所从事的工作与学习，都是为了形成自己的思想。

他从何处获得养料，这可以隐瞒起来，只要将成果展现出来就行。大凡文抄公与借物者之类的人，只夸耀他们建造的房屋及购买的物品，而不是从他人那里得来的东西。法官接收的礼品，你是见不着的，你只看见他为他的孩子们赢得了姻亲与荣誉。谁也不会把自己的收入归公，只会将得来的财物占为己有。

经过学习，我们变得更完美、更聪明了。这就是学习的结果。

埃庇卡摩斯②说，唯有理解力能看得见，听得着，它利用一切，支配一切，影响且君临一切，而其他一切都是瞎子和聋子，没有灵魂。诚然，由于我们不予理解力以行动自由，它变得唯唯诺诺，缩头缩尾。哪个人曾让自己的学生对西塞罗的各种名言的修辞与语法谈过自己的想法？人们把这些饰有羽毛的警句箴言当作神谕输入我们的脑袋，一个字母、一个音节都变成其要旨。然而熟记不等

---

① 原文为拉丁语，作者塞涅卡。——译者注
② 埃庇卡摩斯（约公元前 530—前 440）西西里岛喜剧诗人，雅典喜剧的发展颇受其作品的影响。——译者注

于理解，熟记只是把别人的东西储存在记忆里而已。真正理解的东西，就要会使用，而且不用瞻顾老师或书本。死记硬背得来的才能，是有缺憾的才能。但愿这种才能只用于装饰，而不作为基础。按照柏拉图的看法，坚定、信念、真诚才是真正的哲学，与之无关的一切知识都是用来装饰的。

我倒希望帕瓦罗①、蓬佩②这些当代杰出的舞蹈家在教我们跳舞时，不要让我们动作，而只让我们看他们的动作，如同我们的老师教我们判断，却不让我们启动大脑一般；我希望人们在教我们骑马、投标枪、弹琴或练声时，不要让我们练习，如同我们的老师教我们判断与语言时，不让我们练习言语与判断一样。不过，在学习舞蹈这类东西时，我们眼前的一切都是重要的教科书；随从的邪恶，奴仆的愚笨，宴会上的交谈都可作为新的内容。

因此，与人交往是十分适合于这种学习的。另外，周游列国也同样如此，不过不要像我们法国贵族那样，只注意圣罗通往万神殿的台阶有多少，利维亚小姐③的短衬裤有多漂亮；也不要像有些人那样，只关心尼禄在某废墟雕塑上的脸比他在某金币上的脸是长还是宽，而要把这些国家的特长与生活方式带回来，用他人的智慧来充实我们的大脑。我希望，在孩子年幼时，就带他们到各国旅游。为了一举两得，可先从语言相差较大的邻国开始，因为如不尽早地训练孩子的舌头，长大后就很难学好外语。

除此以外，人们一般认为，孩子受教育时，最好离开父母，因为

---

① 帕瓦罗，米兰舞蹈家，在法国国王亨利三世的宫廷中教授舞蹈。——译者注
② 蓬佩，米兰舞蹈家，相继在亨利二世、弗朗索瓦二世、查理第七和亨利三世的宫廷里教授舞蹈。——译者注
③ 利维亚是一位舞蹈家，因其漂亮的短衬裤而闻名。17世纪，利维亚式的短衬裤由拉辛的情妇传到法国。——译者注

骨肉亲情,会使父母变得心慈手软,连最理性的父母也如此。他们不忍心惩治孩子的过错,不愿看到对孩子的粗暴教育,不让孩子过于受约束,过于冒风险。他们见不得孩子汗流浃背、满身尘土、遇冷受热地操练,也见不得他们骑烈马、持无锋剑、拿火枪与严厉的教练比试。教育孩子别无良策:要想使孩子有出息,就不要在他们年少时姑息迁就他们,而应经常违背医学规律:让他生活在野外,经受风雨。①

不仅要磨炼他们的心灵,还要锻炼他们的体魄。心灵如果没有躯体的支撑,孤单地挑起双重任务,就会不堪重压。我对此深有体会。我身体脆弱敏感,心灵要做很大努力,才能承受住身体的重负。在书中我经常发现,我的那些老师们在谈到高尚与勇敢时,总免不了要夸奖钢筋铁骨之躯。有些人生来就身强力壮,对他们来说,挨一顿棍棒,好比被手指头弹一下,可以脸不变色心不跳。运动者和哲学家比赛耐力的话,更多的是利用体力,而不是心灵。然而,习惯于耐劳,就是习惯于吃苦:劳动能磨出耐痛的老茧。② 要培养孩子吃苦耐劳的品德,使他们能忍受脱臼、肠绞痛、烧伤、囚禁与酷刑的痛苦。很难肯定,他们今后不会遭受囚禁与酷刑的折磨。有时候,好人也会像坏人那样去坐牢及被拷打。我们要经受住考验。有些人无法无天,会拿皮鞭与绳索来威胁正人君子。

再者,教师对孩子的权威应该是至高无上的,假如父母在场,就会受到影响。另外,依我的看法,孩子受父母溺爱,或者自小就清楚自己出身于豪门贵族,这对他反而不利。

---

① 原文为拉丁语,作者贺拉斯。——译者注
② 原文为拉丁语,作者西塞罗。——译者注

在培养社交方面,我常常发现这样一个问题:我们总是千方百计地表现自己,推销自己的货色,而不是去了解别人,接受新的知识。沉默与谦虚更有利于和人交往。等您的孩子有了才华时,我们要教育他不要过于显山露水;若听到别人一派胡言,不要怒形于色,因为听到不合自己口味的东西就面带愠色,是不礼貌和让人讨厌的行为。要教育孩子注重修身养性,自己不愿做的事,别人做了也无须指责,不要和世俗格格不入。做贤士的应该不卖弄学问,不咄咄逼人。① 要教育孩子懂礼貌,不要好为人师,不要小小年纪就野心勃勃,急切地显示自己过人的聪明以让人刮目相看,贬低他人、哗众取宠以捞取名声。唯有大诗人才得以在艺术上标新立异;同样的,也唯有伟大杰出的人物才能脱离传统而独树一帜。即使有那苏格拉底与亚里斯提卜撒开了习俗与传统,人们也不能步其后尘,他们才识过人,卓越超群,因此便能独树一帜。② 要教会孩子只有在棋逢对手时才发表见解或进行辩论,就是这样,也不要把所有的招数都拿出来,而只使用对他最有利的。要教会他善于择取自己的论据,说理切中要害,这样就能言简意赅。要教导他一旦发现真理,就要立即表示诚服,不管真理是源于对方之手,还是由自己的看法略加修改而成,因为他上台演说,不是为了说一些规定的台词。让他不要受任何理由的束缚,除非自己赞同这个理由;也不要用正当的钱去买回悔恨。他不是非要为规定的思想观点辩护。③

倘若他老师的性格和我相同,他就会让孩子立志效忠于国王,即使披肝沥胆,也在所不辞。不过,这一效忠只限于公务,要让他

---

① 原文为拉丁语,作者塞涅卡。——译者注
②③ 原文为拉丁语,作者西塞罗。——译者注

打消别的念头。一个人假如被雇佣或收买了，就要偿还这特殊的债务，讲话也不会那么坦率，而变得言不由衷，不然就要担当轻率冒失与忘恩负义的罪名。

为臣者只能言君王所言，想君王所想，这是他的唯一权利与意愿。君王从成千上万的臣民中选择了他，并且亲自调教。这个恩宠与功利使他神魂颠倒，他也就难以做到直言不讳了。然而，我们发现，这些人的语言通常和其他人的语言不同，他们讲话缺乏真诚。

要让孩子的言谈闪耀出良知与道德，只有用理智加以指导。让他知道：当他发现自己的言论有错时，即使旁人并未发觉，也要勇于承认，这是诚实与判断力强的表现，而诚实与判断力正是他需要的重要品质；还要使他了解，坚持或不承认错误是愚蠢者的品质，人愈是卑贱，这样的品质就愈是鲜明；他应该懂得，纠正看法，改正错误，放弃一个错误的决定，这是难得的优良品质，是真正的哲学家品质。

要告诉孩子，同别人在一起时，要多看多听，因为我发现最好的位置通常让平庸者占据着，而家财万贯不等于才智超群。

当坐在餐桌上方的人大谈某挂毯如何华丽，马尔维西亚酒如何可口时，我听见另一端风趣谈话的声音。

我希望他要了解所有人的价值：牧牛人，泥瓦匠，还有过路者。应该调动一切，以博采众长，因为一切皆有用处，即使是别人的愚昧与弱点，对他也有教育作用。通过观察每个人的举止风度，他就会欣赏得体的举止，鄙视丑陋的姿态。

应该培养他对周围一切的好奇心，所有新奇的东西，他都要看个明白：一幢房子，一汪泉水，一个人，还有古战场，凯撒或查理曼的通道。

> 什么样的土地会结冰,
>
> 什么样的土地在烈日下沙尘滚滚,
>
> 什么样的风把帆船直吹到意大利。①

他将了解各位君王的习惯、才华和婚姻。这些东西学起来颇有趣味,也非常具有实用价值。

在这种和人的交往中,应该还包括——在我认为是主要包括——那些只在书本上生活的历史人物。他将通过史书和最辉煌世纪里最杰出的人物交往。这样的学习或许会造成徒劳无益,可也不乏硕果累累的可能,这完全由人们的意愿决定。就像柏拉图所说的,这是斯巴达人唯一重视的学习。孩子阅读普鲁塔克的《名人传》,怎么不会大有收益呢?只是做先生的不要忘记自己的职责,不要让学生死记硬背迦太基灭亡的日子,而忽视汉尼拔与西庇阿的品行;不要只让学生记住马赛卢斯②死于何地,却不说明他为何不死得其所。老师不仅要讲授历史事件给学生,更要教会他怎样判断。在我看来,这是我们的大脑特别需要注意的地方。我在李维的著作里读到很多东西,别人却没有读到;而普鲁塔克从中感觉到的不少东西,我却没有感受到,或许连作者自己也没有感觉出来。有些人研究的是纯语法,而另一些人却从事哲学式的解剖,从中能够发现人类本性中最深奥的部分。在普鲁塔克的著作里,有很多精辟的论述,很值得为大家所知。在我看来,他不愧为这类作品的一代宗师。不过他也有很多论述仅仅是蜻蜓点水,只是为愿意研究的人作一指点,或只满足于触及一个问题的最要害处而已。

---

① 原文为拉丁语,作者普鲁佩斯。——译者注

② 马赛卢斯(约公元前268—前208),罗马著名的政治与军事人物。公元前209年与汉尼拔交战,未分胜负。公元前208年,在侦察对方阵地时落入埋伏而身亡。——译者注

我们应把那些类似议题的精炼语句从中抽出来，加以详细地阐述。拉博埃西①的《甘愿受奴役》，就是根据普鲁塔克的某句话写成的，那便是亚洲人只屈服于一个人，对他连一个单音节词"不"也不会说。普鲁塔克甚至还从某人生平中选出一件小事或一句话作为论述对象，只是它们还不能算作一个议题。遗憾的是，理解力强的人都喜欢简明扼要，这也确实会使他们获得声誉，可我们这样做，就不一定有如此效果。普鲁塔克希望的是我们赞美他洞察世事，而不是知识渊博；是激起我们对他的兴趣，而不是厌倦。他很清楚，对于好事，人们总是讲得过多，他笔下的亚历山德里达就曾一语中的，指责那个过分称颂斯巴达法官的人：啊！外乡人，你用不应该的方式，说了应该说的话。② 身材纤细者用麻布填塞以充胖子，脑袋空乏者千方百计地用语言来伪装智慧。

人通过接触社会来增强判断力，使自己洞悉世事。我们每个人都囿于自我目光短浅，只看见眼皮底下的事。有人问苏格拉底是什么地方人，他没有说是"雅典人"，而回答是"世界人"。他比我们更有丰富睿智的想象力，把整个宇宙视作自己的故乡，把自己的知识面向整个世界。他热爱全人类，和全人类交往，不像我们只注意鼻子底下的小事。我家乡的葡萄园冰冻时，我的神甫就下结论说，这是上帝降怒于人类，并且断言，野蛮民族会因此而口干舌燥。看到我们战祸不断，一个个都叫嚷着天下大乱，最后审判的日子已到来？他们也不想想，比这更坏的事也经常会发生，可在世界许多地区，人们仍然快快乐乐地生活着。尽管战争放纵任性，为所欲

---

① 拉博埃西(1530—1563)，法国作家，作者的挚友。《甘愿受奴役》一书揭露了专制统治。——译者注

② 亚历山德里达，普鲁塔克在《斯巴达箴言集》中提到的一位斯巴达人。原文为拉丁文。——译者注

为，而我却惊奇地发现它们驯服和疲软的一面。有人头上挨了一下冰雹，便以为半个世界都在遭受风暴。萨瓦人亨利·埃蒂安纳[①]说，如果那位愚蠢的法国国王善于经营财产的话，那就可以给他的公爵当膳食总管了。埃蒂安纳想象不出还有比他的主人公爵先生更了不起的人。我们谁都会在不知不觉中犯类似的错误，从而造成严重的后果与损失。然而，只有像在一幅画中那样，看到大自然那威力无比的形象，观察到我们这位母亲脸上瞬息万变的神情，发现不仅是我们本身，就连整个王国都不过是一个极其精美的圆点时，我们才能对事物的大小做出准确无误的判断。

这个大千世界，是一面镜子，我们可以对镜自照，从而得以正确地认识自己；有人还对其分门别类，使其更显得精彩纷呈。总之，我希望世界是我学生的教科书，它容纳着各种各样的特性、宗派、见解、看法、法律和习俗，能够教会我们正确地认识自己，发现自己的判断力的不足与先天缺陷——这可不是轻易就学会的。看到国家历尽磨难，命运多舛，我们便明白我们个人的命运也不会出现什么奇迹。多少英名、胜利和征服都被掩埋在遗忘中，倘若我们自以为抓了十个轻骑兵，占领一个鸡窝般的防御工事就能名垂青史的话，那实在是太可笑了。看到多少国家对其奢华引以为荣，多少王宫为其威严自豪不已，我们的眼光就会得到锻炼，就能目光灼灼地直视我们自身的灿烂炫目的豪华。在我们的前面，有多少人已埋葬在地下。我们的勇气因此而骤增，不怕到别的世界里去寻访良师益友，如此这般。

毕达哥拉斯说，人生如同庞大而繁杂的奥林匹克运动会：有

[①] 亨利·埃蒂安纳（1531—1598），出生于法国，是人文主义者，出版商。——译者注

些人为在比赛中争得荣誉,而在那里运动身体;有些人为挣钱,拿着商品到那里去销售;还有些人——不是最坏的——只做看客,观看着每件事如何进行以及为何如此进行,观察别人怎样生活,以便对此作出评论,调节自己的生活。

所有有益的哲学观点都将完全适用于上述的例子。哲学好似规则,是人类行为必然涉及的。要让孩子知道:

> 我们能够期望什么,
> 辛苦挣来的钱怎样使用,
> 祖国与父母对我们有何要求,
> 上帝希望你成为什么样的人,
> 他为你安排了什么角色,
> 我们为何存在,为何出生。①

还要让孩子知道,何谓知之,何谓不知,为何学习;何谓英勇,何谓忍耐,何谓正义;进取和野心、奴性和服从、放纵和自由之间区别何在;何谓满足;对死亡、痛苦和耻辱的承受限度,以及如何避免和忍受痛苦。②

要让他知道,何种动力能促使我们前进,何种方法能使我们不断变化。我认为,为了培养孩子的判断力,首先应该向他教授对他的习惯与意识能起关键作用的东西,教他认识自己,教他怎样生得其值,死得其所。至于七种自由艺术,我们还是首先应该致力于让我们自由的艺术。

这七种艺术,肯定可以教会我们怎样生活,就像其他任何事物能教会我们生活一样,但应该选择有益于我们生活与职业的一种

---

① 原文为拉丁语,作者佩尔西乌斯。——译者注
② 原文为拉丁语,作者维吉尔。——译者注

艺术。

倘若我们善于把生命的附属物界定在正确而自然的范围内，那我们就可以发现，在那些通用的科学中，最优秀的部分却是不通用的；即便是通用的部分，有些广而深的东西也是无用的，最好把它撇在一边，而去遵循苏格拉底的教导，把我们的学习限制在实用性内。

> 要成为智者，那就行动吧。
> 迟迟未敢生活的人，就像
> 等河水退完后才敢过河的乡巴佬，
> 而河水却是永不枯竭的。①

在孩子们了解自己的星相以前，就要把有关星座的学问与第八球体的运转等教授给他们，让他们了解：

> 双鱼座、充满激情的狮子座、
> 西方海中的摩羯座有何威力。②

而不要这样愚蠢地认为：

> 昴宿星座、牛郎星座
> 于我何用？③

当我们教会了孩子怎样使自己变得更聪明更优秀之后，便可以教授他逻辑学、物理学、几何学和修辞学了。他的判断力已培养起来，对于他所选择的学科，他很快就能融会贯通。授课方式有时

---

① 原文为拉丁语，作者贺拉斯。——译者注
② 原文为拉丁语，作者普鲁佩斯。双鱼座、狮子座、摩羯座均为黄道十二宫的三个星座。——译者注
③ 原文为希腊语，作者阿那克里翁。昴宿星座即金牛星座。——译者注

可以通过闲谈的方式,有时则讲解书本。老师既可以让他阅读和他的课程有关的书本选段,也可以具体地讲解精神实质。倘若孩子自己不很善于读书,发现不了书中的精彩论段,那老师就可以有的放矢地为他选择一些作家,根据不同需要而为他的学生提供不同材料,谁能怀疑,这种授课方法不比加扎①的方法更容易也更自然呢?加扎授课时,尽说些晦涩难懂、索然无味的原理与空洞枯燥的词语,根本没有什么能够启发智力的有意义的东西。而采用我说的方法,则多是可以理解与吸收的东西,这样结出的果子也一定硕大无比,更趋成熟。

令人惊愕的是,在我们这个时代,事情竟至于如此,即使是颇有头脑的人,也把哲学当成是空洞乏味的字眼,不论从舆论上还是实际效果上看,哲学都是无用处、无价值的东西。我认为,这是由于似是而非的诡辩阻塞了各条哲学通道的原因。把哲学描绘成双眉紧皱、孤傲冷峻的可怕模样,使孩子们难以接受,这可真是大错特错。到底是谁给哲学戴上那张苍白可恶的假面具?其实,没有什么比哲学更轻松更愉快的了,我差不多要说它爱逗乐了。它只劝告人们愉快地生活。在它那里,愁眉不展是无立足之地的。语法学家德米特里在德尔福斯神殿遇见一群坐在一起的哲学家,就问他们:"不是我搞错了吧?瞧你们这样平和快活,不像是在激烈讨论。"听他这样问,其中的一位哲学家,迈加拉人赫拉克利翁②回答说:"只有研究动词'βαλλω'③的将来时是否有两个'λ',或比较级

---

① 加扎(约1400—1470),拜占庭的语言学家。他长期在意大利教授希腊语,编写过一部希腊语法书,在16世纪颇受欢迎。——译者注
② 赫拉克利翁(约公元前540—前480),古希腊哲学家,因宇宙论而闻名。他认为,火是一个有秩序的宇宙的基本物质要素。——译者注
③ 希腊语,意思为"我坏"。——译者注

'χειρου①'与'βέλτιου②'以及最高级'χετριστου③'与'βελτιστου④'怎样派生的人，才会紧锁双眉讨论他们的学科。哲学向来都让研究者感到兴趣盎然，其乐无穷，而不是愁眉苦脸，一脸忧色。"

> 身体不适，可以感受到心灵的不宁，
> 可也能猜出心灵的快乐，
> 因为两种状态都能写在脸上。⑤

心灵有了哲学，就能焕发健康，应当用精神的健康来促进身体的健康。心灵应让祥和愉悦展现在外，用自己的模子来塑造身体的举止，使之端庄高雅，轻灵活泼，自信纯朴。精神健康最鲜明的标志，就是始终快快活活。应该说，是三段论⑥而不是哲学本身使那些仆人们身上沾满泥水与灰尘。那些人只用耳朵来学习哲学。不是吗？哲学确信可以平息人们内心的风暴，教会人们欢快，却不是通过某个假想的本轮⑦，而是通过自然而具体的推理。哲学以美德为宗旨，可是美德不像学校里说的那样，位于难以攀登的陡峭的山峰上。相反，那些和美德接触过的人，认为它生活在富饶肥沃、满目鲜花的平原上。假如人们熟悉道路，依然可以通过绿树成荫、繁花盛开的道路到达那里，那是十分快乐的事情，山坡舒缓平

---

① 希腊语，意思为"更坏"。——译者注
② 希腊语，意思为"更好"。——译者注
③ 希腊语，意思为"最坏"。——译者注
④ 希腊语，意思为"最好"。——译者注
⑤ 原文为拉丁语。尤维纳利斯语。——译者注
⑥ 三段论是对某些逻辑结构的研究，这类逻辑结构可以从一些特定命题（前提）推出某一命题（结论）。——译者注
⑦ 在托勒密的宇宙体系里，地球是不动的中心，太阳与行星环绕地球运行。为了说明卫星运动的现象，认为每个行星在一个小圆上作等速运动，这个小圆叫做"本轮"。同时又假设本轮的中心在一个大圆上绕地球作等速运动，这个大圆叫做"均轮"。——译者注

坦,仿佛通往天堂的坡道。那美德至高无上,高贵威严,典雅含蓄,而且富有情趣,勇敢坚强,它和乖戾、忧伤、畏惧、拘束水火不相容。它跟随本性,和运气、愉快为友。然而有些人因没有接触过美德,孤陋寡闻,竟然想象它为愁眉苦脸、吵吵闹闹、满脸怒容、威逼利诱的形象,还把它置于高山顶上,让其离群索居,周围则是遍地杂草。这种空想出来的形象真让人茫茫然而不知所措。

老师不但应教学生敬仰美德,还要——甚至更要教他敬仰爱情,使美德与爱情充满他的心灵。老师会对他说,诗人作诗总是根据普遍的特征,把爱情当作永恒的主题,奥林匹斯山的诸神更愿意将汗水洒在通向维纳斯而不是雅典娜的道路上。当孩子自我意识刚刚崛起时,就应该把布拉达曼或昂热利克①介绍给他当情人:一个美在璞玉浑金,积极主动,慷慨大方,虽非男性却充满阳刚之气;另一个美在纤柔娇弱,举止造作;一个是男孩装束,戴闪光的高顶盔,另一个着女孩服饰,戴饰有珍珠的无边软帽。假如他做的选择和弗里吉亚那位女性味十足的牧羊人②相反,那么他就会觉得他的爱情富有阳刚气。老师将给他上新的一课,让他知道,美德真正的价值与精华之处,在于简单、实用与快乐,它离艰难很远很远,不论幼童还是长者,头脑简单的还是聪慧过人的,都一学就会。美德使用的手段是规定,而不是强制。它的第一个宠儿苏格拉底有意放弃强制的做法,在自然轻松中逐步获得美德。它就像母亲,用乳汁哺育人类的快乐:它让快乐变得合情合理,也就使它们变得真实

---

① 布拉达曼与昂热利克为亚里士多德的作品《愤怒的洛朗》里两位性格迥异的女主人公。——译者注
② 指希腊神话中的帕里斯,特洛伊王子。维纳斯、朱诺与密涅瓦三女神争一只金苹果,让帕里斯作裁判,他因愿得美女,而把金苹果判给了爱神维纳斯。——译者注

纯洁;假如节制快乐,也就使它们精神振奋,兴致勃勃;假如它去掉拒不接受的快乐,那会使我们对剩下的更感兴趣。它把我们本性所需的快乐全部留给我们,非常宽裕,使我们得以充分享受慈母般的关怀,直到心满意足,甚至感到厌倦(也许我们不愿说控制饮食是愉快的敌人,它使饮者未醉便休,食者还未胃返酸便停止吞咽,淫荡者未秃发便洗手不干)。倘若没有通常的好运,它就干脆避离甚至放弃,另外造就一个完全属于它自己的命运,而不是摇摇晃晃,变幻不定。它善于成为豪富、强者和学者,躺在用麝香熏过的床垫上。它热爱生活,热爱美丽、荣誉与健康。它特定的使命,便是善于合法地利用这些财富、也善于随时失去它们——这使命与其说艰难,毋宁说崇高。没有它,生命的任何进程便会违背常态,动荡不宁,丑陋不堪,也就只有暗礁、荆棘与怪物。假如这个学生颇为特殊,爱听老师讲奇闻轶事,而不是讲述一次快乐的旅行或明智的劝诫;假如他的伙伴们听到咚咚的战鼓声便热血沸腾,而他却禁不住街头艺人的诱惑,返身去观看他们的表演;假如他对风尘仆仆从战场凯旋而归兴趣不大,而更愿意在球场或舞会上大出风头——假如真是这样,那我也无能为力,只有劝说他的老师在无人时,趁早把他掐死,或者让他到城里去做糕点,即便他是公爵的儿子,因为根据柏拉图的教导,孩子将来立足于社会,不应靠父亲的财产,而应靠自己的本事。

既然哲学把生活的学问教给我们,既然人们在童年时期同在其他时期一样,可以从中获得好处,那么,我们为何不把哲学教给孩子呢?

> 黏土柔软湿润,应该立即行动,
> 让轻快的轮子转动起来,把它加工成器。①

---

① 原文为拉丁语,作者佩尔西乌斯。——译者注

直到人生进入尾声时，人们才教我们怎样生活。许多人在没有学到亚里士多德关于节欲的课程前，就已染上了梅毒。西塞罗说，即使他能活上两辈子，也不会浪费时间去研读抒情诗人的作品。我则认为那些诡辩论者比想象中的还要可悲和无用。我们的孩子没有太多的时间，他们只在十五六岁前受教育，此后便开始实践了。在如此短暂的时间里，应让他们学习必需的东西。给学生灌输繁难的诡辩论是错误的，应该把它从辩证法的教育中删除出去，因为诡辩论不能使我们的生存有所改善。应该选择简单的合理恰当的哲学论述——它们要比薄伽丘①描述的故事更易让人接受。孩子从吃奶时起，就能接受浅显易懂的哲学道理，这比读、写更容易。哲学既有适合老者的论述，也有适合幼童的道理。

　　我很赞同普鲁塔克的看法。他说，亚里士多德在教他的大弟子亚历山大时，不很注重三段论或几何定律，而热衷于教授他有关勇敢、大胆、宽容、节欲和无畏的训诫。亚历山大学到了这一切后，亚里士多德就派他去征服世界，只给他三万名步兵、四千匹战马以及四万二千枚埃居，而那时他尚未成年。普鲁塔克说，对其他艺术与学科，亚历山大也心怀敬意，称赞它们优秀与高雅，可是，按照他的兴趣，他却不会轻易地产生让它们付之于实践的欲望。

　　　　年轻的与年老的，请在其中选择可靠规则，
　　　　领取风烛残年时的生活费。②

　　伊壁鸠鲁在给迈尼瑟斯③的信中开头部分这样讲："但愿学童

---

①　薄伽丘（1313—1375），意大利文艺复兴时期人文主义先驱者，欧洲文学史上的重要人物之一。——译者注
②　原文为拉丁语，作者佩尔西乌斯。——译者注
③　迈尼瑟斯，伊壁鸠鲁的通信者。——译者注

不逃避哲学,老叟不厌倦哲学。"这似乎在讲,若不如此,不是还没有,就是不再有机会成功地生活。

为此,我不愿人们把您的孩子当作囚犯,不愿把他交给一个性情压抑、喜怒无常的老师看护。我不愿让他的心灵得到腐蚀,让他与其他孩子一样,每天学习十四五个小时,像脚夫那样受罪。若他性格孤僻忧郁,过于死啃书本,而人们明知他这样做不值得,却仍姑息迁就,我觉得这样很不妥当,这会影响孩子对社交生活和娱乐活动的兴趣的。我见过很多与我同时代的人盲目贪求知识,结果变得呆头呆脑,愚不可及。卡涅阿德斯①醉心于书本,以致神痴魂迷,竟连刮胡子与剪指甲都无暇顾及。我也不愿别人粗秽的言谈举止影响他的高贵。法国人的谨慎以前是人所皆知的,可是花虽开得早,却是虎头蛇尾,未能长久。其实,即便是今天,我们也能发现,法国孩子是最优秀的,只是他们经常辜负人们的希望,一旦长大成人,便不再出类拔萃了。我听到有些有识之士说,学校多如牛毛,人们把孩子送进去,出来以后孩子就变得傻里傻气。

而我们那个孩子,一间书室、一座花园、餐桌、睡床、孤身一人时,有人陪伴时、早晨、傍晚,任何时候都有他学习的机会,任何地方都是他学习的场所,因为哲学是他的主要课程,而哲学的特点就是无时无处不在,这就有利于培养他良好的判断力与习惯。在一次宴会上,有人请雄辩家伊索克拉底谈谈他的雄辩术,他的回答直到今天,还是人人都觉得非常有道理:"现在谈我会做的事不是时候,现在该做的,我却不会做。"因为人们在宴会上相聚是为了说说笑笑,品尝美味佳肴,这时候向大家介绍怎样利用雄辩术进行演讲

---

① 卡涅阿德斯(公元前214—前129),希腊新学院派哲学家,为怀疑主义辩护,反对斯多葛派和伊壁鸠鲁派。——译者注

或辩论,确实显得不伦不类,很不协调。其他学科也不适合在宴会上谈论。然而,哲学有一部分内容,涉及人及其义务与职责的,几乎所有的哲学家都认为,不应该拒绝在宴会上和娱乐时使用,这也是为了言谈的高雅。柏拉图把哲学请到了他的宴会上,尽管这里涉及的是哲学最精辟最实用的论述,但我们仍可以见到,它是如何以适应特定时间与场合的灵活方式使在场的人快乐的:

哲学于富人与穷人都有用,
不论老少,谁忘了哲学谁就要吃苦受累。①

因此,毫无置疑,我们的孩子不会像其他孩子那样闲着无聊。然而,犹如行走在画廊里,走的路要比实际路线多三倍,却不会感到疲劳。同样,我们的课程也是见什么教什么,不管何时何地,完全融入我们所有的行动中,并且进行在不知不觉中,就连游戏与活动,比如跑步、格斗、音乐、舞蹈、打猎、骑马、操练兵器等,也都是学习的重要内容。我希望,在塑造孩子心灵的同时,也要培养他得体的举止,要善于处世,要有一个健康的体魄。我们造就的不单单是一个心灵、一个身躯,而是一个人,不应把心灵与身躯区分开来。柏拉图说,不应训练其一而忽略其二,应用同等的态度对待它们,就像对待套在同一辕杆上的两匹马。从中我们可以感到,柏拉图并没有对身体锻炼给予更多的时间与注意力,而认为心灵与身体同样的重要。

另外,对孩子的教育应该做到既严格又温和;而不是像习惯那样,不是鼓励孩子们读书,而是让他们感到读书很可怕很残忍。

我不主张采用暴力和强制的做法。我认为没有比暴力和强制

---

① 原文为拉丁语,作者贺拉斯。——译者注

更能使孩子智力衰退与糊涂懵懂了。倘若你想让孩子有廉耻心和怕受惩罚，就不要让他变得麻木。要锻炼他不畏流血出汗，不怕严寒、狂风和烈日，藐视一切危险；教他在衣、食、住方面不挑剔，对什么都要适应。但愿他不是一个漂亮纤弱，而是一个健壮活泼的小男孩。我始终都这样认为的，不管在我孩提时代，还是在我成年与老年的时候。最令我不快的，是我们大部分学校的管理方式。假如能多一份宽容，孩子受到的伤害也许就可以少一点。学校是一座不折不扣的囚禁孩子的监狱。人们惩罚孩子，直到他们精神失常。您不妨去学校看看：您会听到孩子的求饶声与先生的怒斥声。孩子们是那样地怯弱，为所谓的激发他们的求知欲，教师却手握柳条鞭，板着凶恶的脸，强迫他们埋首读书，这到底是什么做法呀？这难道还不能说是极其不公正、极其危险的吗？在这问题上，我还可以引用昆体良①的看法。昆体良清醒地看到，教师的专横跋扈，特别是对孩子的体罚，只会带来危险的后果。照理说，他们的教室本该是铺满鲜花和绿叶，而不是沾满鲜血的柳条鞭的！我们应该让教师充满欢乐，洋溢着花神与美神的欢声笑语，就像哲学家斯珀西普斯②在他的学校里所做的那样。他们收获之处，也应是他们玩乐之处。对孩子有益的食物应该用糖水浸渍，而充满苦味的则是有害的食物。

令人感到惊奇的是，柏拉图在他的法律篇中，十分关注他所在城市青年人的愉悦和娱乐，对他们的赛跑、竞技、唱歌和跳舞等都

---

① 昆体良（约35—96），一译作昆体利安，古罗马修辞学家和教师。他的巨著《雄辩术》反映了古罗马后期的教育思想。他主张因材施教，使学生乐于学习和了解游戏、娱乐的价值，不赞成体罚学生。——译者注

② 斯珀西普斯（？—公元前339/338），古希腊哲学家，柏拉图之侄。在柏拉图去世后，成为希腊学院的领袖。——译者注

做有详细的记述。他说,古代这些活动是由阿波罗、缪斯和密涅瓦掌管的。

在谈及体操时,柏拉图大加发挥,阐述了许多条规则,而对文学却很少提及,仿佛是为了音乐才向人们介绍诗歌的。

我们的习惯与举止,应避免任何古怪与特殊,因为那是丑陋可憎的,会阻碍我们和社会的交往。

亚历山大的膳食总管得莫丰在黑暗中会流汗,太阳下会发抖。此种体质,谁会感到不惊奇呢?有的人一嗅到苹果味,就像遭到了火枪射击,马上逃之夭夭;有的人一见老鼠便大惊失色;有的人一看到奶油就感到恶心;还有的人看到人们拍打羽绒床垫,肠胃里面就要翻江倒海般地折腾,就像日耳曼库斯见不得雄鸡,也听不得它们打鸣。也许这里面还包含着什么神秘的因素,可我以为,如能尽早注意,是能够克服的。我的一些不良习性就是在受教育以后纠正的,当然也费了不少功夫。如今,我吃什么都津津有味,除了啤酒。因此,趁年幼尚能塑造时,应尽可能地适应各种习惯。但愿人们能控制意愿与欲望,大胆地培养年轻人对各种生活的适应能力,必要时,甚至可以让他尝尝没有规律的纵乐生活。要按照习俗来训练他。他应对任何事都有一手,而不应只做好事。卡利斯提尼斯①因不愿与主人亚历山大一起狂饮而失宠,对于他的做法,就连哲学家也不敢恭维。我们的孩子就要同君王一起嬉笑玩乐,寻欢作乐。我希望即使是在作乐时,他也要显得精力充沛,大胆果断,要比他的同伴稍胜一筹。假如他停止做坏事,那也不是因为他缺乏精力或不擅长,而是自己不想干。不想做坏事与不会做之间有

---

① 卡利斯提尼斯(约公元前360—前327),希腊历史学家。以史官身份随亚历山大大帝远征亚洲,后因指责亚历山大沾染东方某些习俗而被捕,死于狱中。——译者注

天壤之别。①

　　这里我想向一位贵族表示敬意。他在法国循规蹈矩，毫不放纵。我曾经问他，当他被国王派往德国，面对嗜酒的德国人，曾几次因为公务需要而喝醉过？他回答我说，他入乡随俗，先后有三次喝得酩酊大醉，还一一做了描述。有些人就缺乏这种本事，在和德国人交往时显得十分困难。我常常不胜钦羡地注意到，亚西比德②的超群本领，他善于随遇而安，适应各种习俗，也不怕对自己的身体不利。他时而奢华淫靡超过波斯人，时而勤俭朴素甚于斯巴达人。在爱奥尼亚③时，他挥霍无度，荒淫放纵，在斯巴达时他粗衣淡饭，完全改变了自己的习惯——

　　　　用阿里斯蒂的眼光来看，
　　　　任何服饰、生活、命运都是美好的。④

我也想这样培养我的学生，

　　　　倘若他穿好穿坏都潇洒自如，
　　　　穿破的不忧不躁，
　　　　穿好的妥帖相称，
　　　　我将对他赞赏备至。⑤

　　这就是我的忠告。付之于实践的人总比那些知而不做的人受益得多。明白了就听进去，听进去了也就明白了。

---

①　原文为拉丁语，作者塞涅卡。——译者注
②　亚西比德（约公元前450—前404），雅典政治家，以挥金如土、作战如虎而闻名于世。——译者注
③　爱奥尼亚，一译作伊奥尼亚，古地区名，包括今小亚西亚西岸中部和爱琴海东部诸岛，是古希腊工商业和文化中心之一。——译者注
④⑤　原文为拉丁语，作者贺拉斯。——译者注

在柏拉图的谈话中,有个人说:"但愿哲学非为学之不尽,非为艺术探讨。"

在所有艺术中占首位的是生活的艺术,
学会这一艺术要通过生活而不是学习。①

(周蓉蓉　玉　清　译)

---

① 原文为拉丁语,作者西赛罗。——译者注

相貌谈

我们的主张被人们所采纳,几乎都是依赖于自己的声望和信誉——这并不是坏事,在这样的时代,我们不能把这种现象怪之于其他的因素。我们之所以称赞苏格拉底的朋友们给我们留下苏格拉底的历次演讲,只因为我们尊重公众对他的赞赏,而绝非是因为我们对他讲话的精妙之处有何了解,因为苏格拉底并非是为我们适用而作这些演讲的。假如目前出现了相似的演讲,赞誉者很可能寥寥无几。

我们只看到讲演的生硬粗朴,而讲演中被埋藏在天真粗朴中的优雅之处,就很容易由于我们的粗心大意而疏忽掉。那种优雅里蕴藏着难以察觉出的柔和之美,必须有清澈纯净的眼睛,才能看出其中隐秘的光彩。依我们看,幼稚与愚蠢如出一辙,是应该受到责难的。苏格拉底的心灵是按普通自然的轨迹活动的。农夫怎么说啦,妇人怎么说啦,他嘴上常常挂着车夫、木匠、鞋匠和泥瓦工。① 他的话都是从人们最熟悉的行为中概括、推理出来的,因此人人都能理解。他能从卑微中撷取那些高贵典雅、光彩照人的精华,而我们却永远也不能,因为我们认为凡不受教义青睐的东西都

---

① 来源于柏拉图的《宴会》第三十七章。——译者注

是平庸的、卑贱的,我们只留意浮夸的华丽言辞。我们的社会是靠炫耀卖弄建立起来的:人由风吹起来,又像球一样地弹跳。苏格拉底从不天花乱坠地胡思乱想,他的目的是为我们提供有用的事例和训诫,使之能运用于我们的生活。保持分寸,注意界限,顺应自然……①小加图是无与伦比的,但同时又与苏格拉底相似。他不靠冲动,而靠自己的气度,最终上升到力量的顶点——更确切地说,他不提高什么,却强按下自己的力量,亲身经历的艰难困苦,使力量又反弹回原来的位置。在小加图身上,我们可清楚地看到,他的气度远远超过普通人的气度,他一生建立的功勋和他的死,都让我们感到他自始至终是高贵的。苏格拉底却过着寻常人的生活,他以一种平常的方式从容不迫地探讨最有意义的问题。不论在面对死亡时,还是处于人所能遇到的最艰辛困顿的逆境里,他都注意自己的人品。

　　生活中不乏这样的情况:最值得向公众推荐的典范往往就是我们身边最熟悉的人。历史上两位最富有智慧的人②使苏格拉底光彩夺目。我们的这两位苏格拉底的见证人对老师的忠诚以及他们自身的素质是令人叹服的。

　　理顺一个带孩子气的人的纯粹空想的确了不起,因此,我们无需篡改和展开,这空想便能在我们心灵中产生奇特的效果。他并不描绘心灵的崇高伟大和丰富多彩,而只表现心灵的健全明快。通过对平常的动机和本性的描述,通过一般的想象,他无需激动,无需生气,就能建立起不仅可以说是历史上最规范的,而且可以说是最伟大的信念、准则和道德。他尽了最大的努力也是他做的最

---

　　① 摘自卢卡努斯的《法尔萨卢斯》。此文谈的是小加图,小加图在被凯撒战败后自刎于乌提克。——译者注
　　② 指苏格拉底的两位学生柏拉图和色诺芬尼。——译者注

有益最伟大的工作是,他从天上把游荡的人类智慧带回到人间。看看他在法官面前如何辩护;看看他如何启迪自己勇敢顽强地面对战争的威胁;看看他如何增强自己的毅力以抵御诽谤、暴虐和死亡,还有他妻子的怒火!他不依靠什么手段,也不借助什么学识,最简单的人也能从他身上认出自己的能力,不会后退,也不会沉沦。他探测到了人类智慧的潜能,这是他对人类的伟大贡献。

任何人其实都比想象的更为富有,然而别人却引导我们去企求依赖别人的帮助,他们的训练,使我们习惯使用别人而不是自己。在任何方面人都不会满足——有了幸福,有了财富,有了权力,他还想要他要不到的东西——他是如此的贪得无厌。对知识的渴求,人也如此,永远是贪得不够多,并且总喜欢猎取超越自己的东西,以为所有知识都对他有用。殊不知,学识过多和其他东西过多一样,反而会使人痛苦不堪。① 塔西佗称赞阿格里高拉②的母亲控制她儿子对知识的欲望,认为她做得十分有理。用理智的眼光洞察人类很有好处,人拥有大量财富,也拥有大量的虚荣心,以及需付出很高代价的天生弱点。

购买知识要比购买其他物品(肉或饮料)更具风险。我们可以把我们买来的物品带回家存放好,还能检测物品的价值,可以考虑何时吃,吃多少。而知识却大不相同,我们不能把知识存放在任何容器里,只能往心里装。于是,我们边买边吞,刚从市场上出来就已患上了消化不良症。更何况,有的知识非但不能滋养我们,反而妨害我们的机体,增加我们的负担;还有些知识名为治病,实为毒害我们。

---

① 来源于塞涅卡的《书简一○六》。——译者注
② 阿格里高拉(40—93),塔西佗的岳父,曾担任罗马执政官和不列颠总督。——译者注

我希望看见人们能出于虔诚去许愿让自己无知,就像有些人为使自己贞洁而许愿挨穷受苦。改变我们对读书的嗜好,也是减弱我们过度的欲望,同时也是让我们由衷地拒绝用知识装门面的各种诱惑。知识贫乏才算圆满的想法还了让自己贫穷的愿。要生活富裕并不需要知识。按苏格拉底的说法,知识就在我们身上,他还教导我们怎样在自己身上发掘知识,运用知识。我们自身能力以外的东西几乎是多余的、毫无意义的,它不特别增加我们的负担,不特别打扰我们,就算是不错了。健全心灵的培养并不需要文学。① 文学是我们头脑过于狂热的表现,是致人糊涂的不安分工具。你仔细想一想,你一定会在你身上找到抵抗死亡的天然理由,这是最实在、最符合你需要的理由。哲学家和农人同样难免一死。在我未曾阅读《图斯库卢姆城居民》之前时,死亡难道会来得更可怕? 我以为不会。当我处在本我的状态时,我感到我的语言变充实了,心情也变得轻松了,完全处于纯天然中,而且勇气倍增,足以对付进军中的武力冲突。与其说书本给了我教益,毋宁说书本促我锻炼。知识在让我们尝试以新方法对付天然麻烦时,与其说它是用理性和敏锐性保护我们,毋宁说它是在我们思想上打上它本身的烙印。那确实可以说是敏锐,可它用敏锐来启迪我们却是白费功夫。请你们看一看,作者,甚至比较严谨比较颖悟的作者,也只是围绕一个好的主题,写些内容浮泛的东西,一些字面上的狡辩——那些主题或许有益,所以我不想格外进行挑剔。还必须留神,别把仅是高深的东西当作力量;别把仅是锐利的东西看作牢固;别把仅是漂亮的东西看作善良。品尝比喝更让人舒心。② 悦

---

① 摘自塞涅卡的《书简一〇六》。——译者注
② 摘自西塞罗的《图斯库伦辩论集》。——译者注

人的东西不一定都能让人得以受用。问题在于心灵,而不在于头脑。①

　　看见塞涅卡努力抗拒死亡,看见他在木杆上费力地挺着,真是苦难无比,而且挣扎了良久。倘若他在死去的那会儿没有以英雄气概保住自己的名望,我对他名望的信任真有可能产生动摇。他的冲动是如此地激烈,如此地频繁,说明他是个个性急躁、极易冲动的人。伟人说话更平静、更从容。② 并且不可能头脑是一种色彩,心灵是另一种色彩。③ 因此,我们不得不承认这一点,尽管这有损于他,或许还说明了他的敌人在向他步步紧逼。按照我的看法,普鲁塔克的桀骜不驯和豪爽使他显得更有气魄和说服力,我相信他的内心活动更为自信、更有规律。这两位之中,一位很急躁,他会猛然给我们一个刺激,使我们蓦地惊跳起来——这更触动心灵;另一位很冷静,总告诉我们些什么,向我们证明些什么,给我们增强些什么——那更触动智力。前者迫使我们判断;后者争取我们判断。

　　我也看过某些很受人尊敬的读物,它们在表现作者支持的反肉欲斗争时,把肉欲诱惑描绘得特别强烈、特别有力而难以战胜,使得我们这些蠢人既感到有必要去欣赏作者对此所做的抵抗,又禁不住地去欣赏肉欲刺激的奇异力量。

　　为什么我们会对知识的这些努力感到不满?让我们去看一看遍布大地的可怜的人们吧!在一天劳作之后他们只顾低着头,既不知道亚里士多德、加图,也不了解榜样、箴言之类。然而大自然

---

① 摘自塞涅卡的《书简三十五》。——译者注
② 摘自塞涅卡的《书简一一五》。——译者注
③ 摘自塞涅卡的《书简一一四》。——译者注

正是从他们身上看出韧性的,这比我们在学校里学习的韧性来得更纯粹、更直接。平时,我见到他们中有多少人对贫困表现出一种藐视,有多少人临危不惧,有多少人面对死亡既不惊恐也不忧伤!在花园里翻地的人说不定在上午埋葬了他的父亲或儿子。看那些人怎样称呼疾病,就可以缓解疾病的疼痛:他们称肺病为咳嗽,称痢疾为腹泻,称胸膜炎为感冒,他们把疾病说得越轻就越能忍受疼痛。只有在疾病已使他们无法做日常工作时,他们才认为病重了,他们卧床不起只是为了等待死亡的降临。朴实的容易理解的道德一旦成为知识,就变得模糊不清和难以捉摸了。①

我写这些的时候,正是我国动乱加剧的那几个月,各种重压向我劈头盖脑地袭来;②一边是大敌当前,一边是小偷窃贼这种最坏的敌人。战斗不是依靠武器,而是依靠歪门邪道。③ 而且我还同时蒙受各种军事行为造成的严重损失。

> 腹背受敌令人胆战心惊,
> 我已危若累卵。④

这场战争的残酷性还在于:别的战争是在外部进行的,而这场战争却是自己人打自己人,是用自己的毒液自我腐蚀!战争的性质是如此恶劣,破坏力是如此巨大,因此它将会和其他一切同归于尽!而目前战争双方却是如此疯狂地互相撕咬和吞噬!进行这种战争最终往往是自我灭亡,而不是被敌人消灭!一切法规都和

---

① 摘自塞涅卡的《书简九十五》。——译者注
② 1585年到1586年间,波尔多附近的圭也那遭到新教和天主教军队的残酷蹂躏,当时作者担任波尔多市长。——译者注
③ 原文为拉丁语,作者未标明出处。——译者注
④ 原文为拉丁语,作者为罗马诗人奥维德(公元前43—约公元17)。——译者注

战争无缘。战争原本是为了平息暴乱,却反而使暴乱四起;战争前去惩罚违法行为,却反而成了违法行为的榜样;战争意欲维护法律,却自行反叛以对抗自己的法律!我们已走到了这样的地步——连医药都在传染疾病。

> 我们的病痛想得到医治,
> 医治却使我们中毒。①
> 救治使病情更加恶化。②
> 我们的罪恶疯狂地搅乱是非,
> 诸神正确的旨意早已远离了我们。③

疾病一开始还能区分健康部位与有病部位,然而要是疾病久拖不愈(就如我们的疾病),病症就会扩散到全身,从头到脚任何部位都不会幸免。因为没有任何气体能像"放纵"那样能诱使人毫无节制地吮吸,那样自我蔓延,那样渗透!我们各路军队现在只能依赖外国的纽带维系下去,法国人已不善于组成一支常规的军队。这可真是奇耻大辱!只有在外来士兵身上我们才看到纪律。而我们,历来是我行我素,不听从指挥,只按自己的意愿行事,以至于长官们对付内部事件大大超过对付外部事件。做指挥官的是亦步亦趋地迎合下属,似乎只有他才该服从;其余的人则是自由自在,无拘无束。我宁可看到野心里包含着卑鄙怯懦,宁可看见野心勃勃的人为达到目的而卑躬屈膝,也不愿意看到一些个性温和、品德高尚的人在每天管理和指挥那些混乱中逐渐沉沦下去。长期的痛苦会产生习惯,习惯则产生赞同,赞同而模仿。过去也有众多邪恶之

---

① 原文为拉丁语,作者未标明出处。——译者注
② 原文为拉丁语,作者维吉尔。——译者注
③ 摘自罗马卡图鲁斯的《特提与蓓蕾祝婚诗》。——译者注

人,但却并没有因此败坏生性仁厚的人。因此,倘若我们再这样下去,即使我们的国家有幸重新获得健康,也难以找到可以托付国家健康的人。

>至少别去打扰这青年英才
>将来去拯救危难中的人民。①

有句古老的格言:士兵怕长官甚于怕敌人;②还有个令人叹服的范例:一棵苹果树被圈进罗马军营的驻地内,第二天罗马军队离开了,那棵苹果树上味道可人的成熟苹果却一个也没有少。③如今这格言和范例到底怎么了?我希望我们的年轻人别让时间在无意义的旅行和不受人尊敬的学艺上白白浪费掉,应把时间的一半放在观看罗得岛的一位优秀舰长指挥的海战上;④另一半放在考察土耳其军队的军纪上,因为土耳其军队的纪律不知在我们军队纪律的几倍以上。原因在于:我们的军队在出征中愈加变得放纵,而土耳其军队在出征中却愈加变得谨慎,愈加变得严格。在和平时期对小百姓的侵犯或扒窃是受笞刑处罚的,在战争时期则会被处死;拿百姓一只鸡蛋要挨五十大棒;偷食物以外的其他东西,无论怎么不值钱,也会被立即处死。⑤ 我在阅读有史以来最残忍的征服者色里姆的生平时,看到他在征服埃及以后,大马士革周围

---

① 摘自维吉尔的《农事诗》。维吉尔这首诗是针对奥古斯丁说的。作者引用此诗可能想到了纳瓦拉国王亨利(即后来的法国国王亨利四世),1584年,昂茹公爵去世后,亨利很有可能继承法国王位。——译者注
② 见茹斯特·李普斯的《政治》。——译者注
③ 来源于瓦莱尔·马克西姆的著作。——译者注
④ 希腊的罗得岛在1522年被土耳其占领,圣让·德·耶路撒冷骑士团被迫归顺马耳他。"一位优秀舰长"指骑士团一军舰的指挥官。——译者注
⑤ 土耳其军队纪律的细节来源于纪尧姆·波斯特尔的《土耳其人的历史》。——译者注

那些繁花似锦、精致绝美的园林虽然大开着,他的士兵却秋毫无犯,我真的感到很吃惊。

那么政府中存在的某些疾病是否应该用致命的烈药进行医治呢?法奥尼乌斯认为,一个国家的统治就算是十分残暴,也不应该篡夺其统治。① 柏拉图也认为,不能以暴力去治疗一个处于稳定状态中的国家的病患,对能引起流血和破产事件的惩罚行动他表示不能接受。② 一个正派人在那种情况下能做的,就是顺其自然,要不就虔诚地向上帝祈祷,让上帝伸出他那具有超凡力量的手进行干预。看得出,柏拉图对他的好友狄奥③略不相同的行事方式是感到不满的。

在这方面我曾与柏拉图的见解相同,尽管当时我还不知道柏拉图是谁。有人认为这样的人物应当排除在我们群体之外,而他却以他的良知得到了神的宠爱,从而超越了时代的界限,而且深入理解了属于基督教的思想。我的观点是,让一个异教徒来教导我们这并不合适,不期盼上帝本身的救援是多么不虔诚的行为!我常常怀疑,在插手此事的那些人中间是否有缺乏理解力的人,我们曾想说服人,他所谓的改革只是一种歪曲,使他灵魂得救的代价是我们因此而下地狱——是他推翻政府、打倒行政官员和毁灭法律(而上帝却是要他保护法律)的;是他让自己的母亲流血并因此使他昔日的敌人高兴;是他使手足反目为仇以致于骨肉相残的;是他引来狂暴的恶魔的,还自以为这样做是体现圣经神圣的仁慈和

---

① 来源于普鲁塔克的《布鲁图斯生平》第三章。——译者注
② 来源于柏拉图《书简七》。——译者注
③ 狄奥(公元前407—前353),叙拉古霸主狄奥尼苏斯二世的内弟,柏拉图之友。公元前357年他从狄奥尼苏斯的暴政下解放了自己的家乡,但最终死于别人的阴谋。——译者注

公正！你能想象得出世上还有比这更丑恶的嘴脸吗：恶毒言行竟然变得合法，并且披上德操的外衣？没有比以天意掩盖罪恶的迷信更具欺骗性了。① 柏拉图则认为：极端的不公正就是把不公正之事看作公正。②

> 所有乡野
> 是一片狼藉。③

内战中广大百姓遭受的侵害岂止是这些！还有那些巨大的未来损失。活着的人已饱受其苦，尚未出生的人也将不得不如此。百姓惨遭掠夺，并将一直掠夺到未来，把人们长期生活的一切都统通抢光。

> 不能拿走或牵走的
> 他们便加以破坏和消灭，
> 这邪恶的军队
> 使无辜的茅屋也灰飞烟灭。④
> 城里难得安全
> 乡间又遭劫难。⑤

除了这劫难，我还遭到其他打击。那是疾病减轻后出现的麻烦，几乎谁都能折磨我——吉布林说我是盖尔夫，盖尔夫说我是吉布林⑥，我认识的一位诗人就曾这么说，只是我不清楚是在哪里说

---

① 摘自于底特·里沃的《历史》。——译者注
② 出自柏拉图的《共和国》。——译者注
③ 原文为拉丁语，作者维吉尔，诗中指的是凯撒被谋杀后爆发的内战。——译者注
④ 原文为拉丁语，作者奥维德。——译者注
⑤ 原文为拉丁语，作者克罗第安。——译者注
⑥ 吉布林和盖尔夫，12至15世纪意大利两个主要党派。吉布林拥护教皇，盖尔夫拥护日耳曼皇帝。他们之间一直发生流血斗争，直到1494年法国入侵意大利。——译者注

的。我的家庭现状以及和邻里间的频繁往来使我的生活显现出一种面貌，而我个人的行为又使它出现另一种面貌。这倒没有遭到什么非难，因为实在是没什么刺儿可挑，我从不违反法律，要是真有问题他们早该满足了。这其实都是些背地里流传的上不了台面的怀疑，无非是嫉妒者或无能之辈制造出的乱七八糟的东西。通常我会帮助那些由命运女神散布的对我不公正的猜疑，我帮助的方法向来是避免进行自我辩护、解释和说明。我认为，为良心进行辩护不过是使良心遭受到牵连。"因为争论使明显的事实削弱。"①面对别人的指责，我不但不后退，反而迎上去嘲弄般地坦白承认，为那些谴责添油加醋，仿佛人人看我都像我看自己一样清楚；要不就将其看作不屑一谈之事，闭口缄言，不理不睬。不论是将我视作狂妄自大还是将我看作无法辩白者的人，都一样嫉恨我。特别是那些头面人物，他们向来认为不屈从的错误是错误中的错误，他们粗暴地对待所有自知自尊、不奴颜婢膝、不低三下四的正直人士。我是常常撞上这样的大柱的。要是换一个野心勃勃的人或一个悭吝的人，处在我当时的境遇里，准保会上吊自杀。而我从不为获取而烦恼，正如贺拉斯所写的那样：

> 但愿诸神保佑
> 让我在有生之年为自我而生活，
> 但愿我仅拥有我目前所拥有的，
> 即使再少些也不足惜。②

然而别人的不公正——扒窃或暴力——给我带来的损害，却几乎使我痛苦得像一个被吝啬一直折磨的守财奴。这种冒犯本身

---

① 摘自塞涅卡的《书简九十》。——译者注
② 原文为拉丁语。——译者注

比损失更严重,甚至严重到无法估计的程度。

各种各样的烦恼成千上万次地向我袭来,和大家在一起时或许我还能较容易地忍受那些烦恼。我已考虑,如我的晚年不仅不幸福还缺衣少食的话,那我能依靠哪位朋友呢?我的眼睛转来转去地四处寻找,最终还是一无所获。要想从高处坠落下来而被人从下面接住,那接应的手臂一定要强壮有力而又有走运的爱心——这样的爱虽然有,却十分罕见。总之,最好的办法还是将自己托付给自己。有一天我不再受命运的宠爱了,我就更努力地祈求用自己的恩宠保护自己,我将更依赖自己,更注意自己。人们一般遇到什么事,都喜欢依赖外部的力量,而不是自己保护自己,然而对善于运用自我的人来讲,唯有自我保护才是最可靠、最有力的保护。

我终于相信这些损害其实也是有用的。其原因首先是,当理性不能使坏学生觉醒时,就必须用鞭子抽打以示告诫,就像我们用火和钳子猛力将弯曲的铁条整直。我很早就开始告诫自己,依靠自己并脱离外来的力量,但我仍爱把眼睛转向一边:他人的羡慕与好脸色,大人物的一句好话,这些都会诱惑我。天晓得这类东西如今是否都已涨价,那些东西又究竟有什么含义!我如今还能不皱眉头就听见别人怎样引诱我经商,而我的抵抗力是如此之弱,就像我很愿意让他们说服我一样。对个性极为不驯的人必须予以敲打,而且要一打再打,用木棒狠狠地打,从而拴紧那艘自动滑脱而又裂口的大船。

其次,这也可以作为我一次练习,使我能有准备地对付可能出现的更险恶的事件发生。因此,如遇上命运的特别照顾,我说不定会于偶然间率先被风暴卷进去(本来我的生活态度会使我有望成为最后一批被风暴卷走的人),我就能及早适应新的情况。依赖自己去对付一切,这才是真正的自由。最能干的人就是依靠自己力量的人。①

在和平时期,人们做的思想准备不过是为应付常见的一般事件而已。然而在这三十年来的动乱中,所有法国人——不论就个别而言,还是从整体来说——每时每刻都能感到自己处在倾家荡产的悬崖边,他们必须使自己的内心更坚韧更富魄力。感谢命运女神吧,她使我们生活在一个既不是平淡无奇也不是碌碌无为的世纪——这样的世纪如没有其他名闻天下的途径,必然以其灾难重重而名垂青史。

在史书上我还未曾读到其他国家经历过这样的动乱,所以我对现在还不能更全面地思考这场大动乱并不感到遗憾。我甚至有时好奇地去亲自考察我们集体死亡时值得注意的情节,以及这种死亡的症状和形式——既然我无法推延这大规模的死亡,只好认命去现场察看并作调查。

这人类命运的残酷游戏我们还是设法尽量去观看为好,甚至可以捕风捉影或作无稽之谈!

在听人叙说那些事件时,我们并非毫无恻隐之心,但我们愿意用那些值得同情的事件的独特之处来唤醒我们的良知——不打便不痛。优秀的历史学家总会像避开死水或死海一样地避免平淡无奇的叙述,而着重于动荡不安的战争时期的描写,他们了解我们对那种时期的兴趣。

我怀疑我能否老老实实地承认我用一生中的安宁恬静换来的代价是何等地低廉!我在我们国家毁灭衰败的过程中度过了我的大半辈子,在国家遭遇的各种灾难中所付出的忍耐力,似乎一文不

---

① 摘自塞涅卡《书简九十》。——译者注

值,因为那些灾难并没有直接伤害我。假如有什么值得我抱怨的话,那就是我家里里外外保全下来的东西要比被侵害的多。我们这儿脱离一个灾难,那儿又避开了一个灾难,这值得欣慰,灾难是不断地在窥视我们,在我们身边肆意暴虐。在公共利益方面,我的爱心分布得越广,爱心也越显得微弱。下面这句话与之同工异曲:我们只是在公众的灾祸波及自身利益时才会感受到公众的灾祸。① 另一方面,我们来源于自然的健康也能自动减轻我们的苦恼(这里所说的健康,不是与疾病相对的那种健康,而是健康本身)。我们并不是从高处堕落下来,我认为披着尊严和秩序的腐败和打劫最使人深恶痛绝。体面的盗窃比我们偷偷摸摸的扒窃更为耻辱。如同互相竞争的肢体部分腐烂之后的接缝处,大都是那些久治不愈也不用治愈的老溃疡。

因此,这种毁坏与其说让我沮丧,不如说使我兴奋,这样说完全是出于我的良知。我的良知不仅可靠,而且还令我感到骄傲,我没有什么怨恨自己的理由。上帝给予人类的灾难不比福星多,我在那个时期的健康状况竟然比平时要好。要没有健康的体魄我会毫无作为的,有了强健的体魄,世上就少有我做不到的事了。健康使我有能力集中我全部的精神力量去迎接可能更大的灾难。我感到我身上蕴藏着某种足以抵抗命运的意志力,一般的波折是不会使我失去马鞍的。我这样说并非要触怒命运女神而致使她给我更惨重的打击。我是命运的奴仆,我向她伸手求援,看在上帝的份上,但愿她适可而止。我是否已感到她的恼怒?没有。正如被忧伤压得不能动弹的人时不时地试些小小的欢乐,还会露出一丝微笑,我也能用自己安宁的心境去摆脱烦恼的思虑,只是我时不时地

---

① 摘自底特·里沃的《历史》。——译者注

心血来潮,在我全副武装正准备与之斗争并将其赶走的关口上,突然会放弃任何努力,听任它们的袭击。

那些烦恼刚刚过去,更大的烦恼便接踵而至——瘟疫竟然来到我的家门口,而且是一种特别可怕的瘟疫①。只有重病才能把强壮的身体压垮。我周围的空气虽然还新鲜干净,而且凭我的记忆,瘟疫再逼近,也从未在此驻扎过,然而,这样的空气一旦自我中毒,那就会产生极其严重的后果。

> 乱葬于四处的老人青年越来越多,
> 谁也逃脱不了地狱女皇的肆虐。②

看见我的住宅我就忍不住战栗起来,但我却不得不忍受家里的这种可笑情景。住宅内外无一防范,谁进去都如入无人之境。我虽然向来慷慨好客,但却很难为我家找一处避难之所,因为这个家庭已误入歧途,它既让人害怕也自我害怕,不论把它安顿在何处都让人讨厌,只要家里有一人指尖发痛或遇到别的什么小毛病,整个一家子就得挪个地方。几乎所有的病都被看作是瘟疫,大家也不想花时间精力去予以识别。按医疗知识,接触过这种传染病的人在以后的四十天内是最容易患上此病的,因此,凡在这个范围内的人都在为自己担心。这本不是坏事,但胡思乱想却按照它的特有方法把你折磨得浑身发烧。

如果我不为别人的痛苦而痛苦,如果我不为那些遭到瘟疫威胁的人群当半年可怜的向导,那些事就不会如此地触动我,因为我自己身上一直带着预防药:决心和忍耐。我不会担惊受怕——疾

---

① 据吕尔布的《波尔多编年史》说,1585年6月至12月间,波尔多地区发生瘟疫,"传染相当严重,总共有一万四千人死亡。"——译者注
② 原文为拉丁语,作者贺拉斯。——译者注

病最忌讳这样的心情。如果我单身一人想去逃命的话，我一定会逃得很快很远。我不认为这种死亡属于最可怕的死亡：一般而言，这样的死亡遭受折磨的时间较短，死时又昏昏沉沉，痛苦较少；死于流行病这一点也可以让他们得到安慰；死亡时不举办仪式、不服丧，还免去了压力。至于其他人，有幸逃脱瘟疫的还不足百分之一——

> 牧人的王国荒无人烟，
> 猎网空悬在荒凉的大地上。①

此时我最大的收获还是物质上：需要一百人为我干的活被耽搁下来了，并长期地耽搁下去。

然而在当时，从大家的幼稚中可以看到怎样表决心的范例！那时，谁都不再为自己的生活操心忙碌。葡萄一直挂在葡萄藤上无人去摘，而这是当地的主要财富。人人都在准备着——毫不在乎地——迎接不知什么时候降临的死神。他们的面容和声音全都显得那样的无所畏，仿佛完全相信这种死亡的必然性，相信这种死亡是普遍的、在所难免的死刑判决。死亡确实永远是这样，然而死亡决心的根据是多么不牢靠！几个小时的时间，几个小时的差距，对周围熟人的一个念头，都足以使我们对死产生不同的心理。看看他们，儿童、青年、老人，只因他们可能在同一个月内都死亡，他们便就不再惊恐了，不再互相悲伤哭泣了。我见到一些人，他们处于令人可怕的孤独中，因此，他们唯恐死在后面，除了墓葬，他们什么都不操心了——眼看着尸横遍野，要被即将到来的野兽撕咬，他们悲痛无比（人类习俗观念差异之大真让人惊讶，被亚历山大征服

---

① 原文为拉丁语，作者维吉尔。——译者注

的尼奥利特人把人的尸体扔到森林深处让野兽吃掉，还认为那是最好的墓葬方法①）。有的人还很健康便已开始挖掘起自己的坟墓来了，甚至有的人活着就躺进了坟墓。我家一个干粗活的人死时还用自己的手和脚往身上堆泥土——不是说埋进土里可以睡得更舒坦吗？这还不如罗马士兵类似的举动来得更高明：在加纳日之后，人们发现罗马士兵把头伸进他们事先挖好的洞里，并用自己的手把洞填满堵死，而在洞里闷死。②

总之，整个民族都按习惯毫不通融地给安置掉了，其不通融性不亚于任何深思熟虑的决定。

能让我们瞩目的科学知识大都是门面多于内涵，装饰多于功用。我们抛弃了自然又反过来学习自然课，因为自然课对我们的引导既成功又稳妥。自然知识的点滴和人在愚昧状态中留下来的一些自然印象还是在这些目不识丁的人们的生活里烙下痕迹。科学天天利用着自然，使之成为科学学子们学习意志、纯洁、宁静的样板。这些学子虽然具有渊博的知识，却还得要模仿拙朴的自然，而且在初涉德操时就得模仿。我们虽然有出众的智慧，却要在一生中最重要最宝贵的时期向牲畜们学习最有用的学问，诸如人必定是有生有死，人要珍惜自己的物品，要养育和爱护自己的孩子，要维护正义——人类疾病的有力依据等等。理性听随我们任意操纵，显得千变万化、花样百出，却从来没有给我们留下自然的一点印迹。人操纵理性如同面油生产者操纵理性：他们给理性掺进了许许多多外来的论据和推理，使理性千差万别可以适应任何特定

---

① 来源于公元前1世纪的希腊历史学家狄奥多鲁斯·西库卢斯的《世界史》。——译者注

② 来源于底特·里沃的《历史》。加纳日指迦太基将军汉尼拔于公元前216年在加纳城打败罗马军队的那一天。——译者注

的人,同时也失去了自我,最终我们不得不去牲畜那里寻找真理,因为这样的真理是不会屈服于任何恩宠、贿赂和争斗的。牲畜本身虽然不懂得怎样准确地走自然之路(这可是千真万确的),它们却很少偏离自然之路——你总能看见道路上的这条车辙。这好比被人驾驭的马匹,它们虽然又跑又跳,却跳不出它的笼套,而且始终随着马夫走;也好比系着链子的鸟儿,虽然振翅高飞,却始终无法摆脱那根链子。

想想流放、酷刑、战争、疾病、意外事故……①为了你自己,别在灾难面前当新兵。② 凭好奇心去预测人类将遇到的全部麻烦,这对我们有什么好处?花大力气去准备应付那些也许我们根本不会遇上的麻烦又有什么益处?惧怕痛苦与痛苦本身一样使人痛苦。③ 不但敲打能打击人,连放屁也会打击人。这种人是不是像发烧的狂躁病人?你让人鞭打你,只因为你将来有一天可能会遭到鞭打,从圣约翰节来时你就穿上冬衣,原因是圣诞节之际必须要穿冬衣,这不是发烧的狂躁病人又是什么人呢?"快去体验可能到来的痛苦吧,特别是极端的痛苦——去痛苦中经受考验!去痛苦中让自己的信念更坚定!"他们如是说。其实恰好相反,最简单最自然的办法就是脱离这种思想负担。痛苦来得不够早,实际困难也存在得不够久,因此我们要在思想上将其扩大、延长,并且早些与痛苦交接融和起来,并一直保持这种状态,好像痛苦不会掌握分寸地折磨我们一样!痛苦降临时你会遭到严重的折磨。一位大师④如是说,这位大师并不属于那些温和学派,而是属于最严厉的

---

① 摘录于塞涅卡的《书简九十一》。——译者注
② 摘录于塞涅卡的《书简一〇七》。——译者注
③ 摘录于塞涅卡的《书简七十四》。——译者注
④ 指的是塞涅卡。——译者注

学派。痛苦即使降临你也应当照料好自己,你喜欢什么就相信什么吧。只因将来你会遭受痛苦,你就从现在开始痛苦,为将来而失去现在,这样到底于你何益?这可就是他的话。科学知识会告诉我们痛苦大小的精确度,这自然就给了我们有利的援助,忧心使人思想敏锐。① 如果我们对有些大的痛苦无知无感,那倒是件遗憾的事。

可以肯定地说,大多数人是担心死亡比忍受死亡更痛苦。古代一位极其敏锐的作者就曾说过这样的话:想象比忍受更痛苦。②

死亡在即的感觉有时会鼓励我们迅速下定决心不再逃避那逃避不了的事。古代,许多罗马士兵在战斗时很胆怯,但随后却勇敢地接受了死亡,他们用喉咙迎接敌人刺过来的矛头。③ 正视即将来临的死亡需要的是难以具备的坚定性,要是你不善于死的话,那就别总是把死放在心上,大自然会教你怎样死,而且教得既全面又准确,你就不要自寻烦恼了。

> 人,你们白费心思去了解那不确定的
> 死亡时辰,
> 还有死亡的途径。④
> 长期的忧虑
> 比承受那突然而确定的灾祸更难以忍受。⑤

我们为担忧死而烦恼生,又为担忧生而烦恼死。生让我们操心,死让我们恐惧。我们做思想准备并非为了拒绝死亡,死亡实在

---

① 原文为拉丁语,作者维吉尔。——译者注
② 摘录于坎提利安的《演讲法规》。——译者注
③ 来源于塞涅卡的《书简三十》。——译者注
④ 原文为拉丁语,作者普罗佩尔修斯。——译者注
⑤ 原文为拉丁语,作者高卢。——译者注

是太短暂了,一刻钟无后果无危害的痛苦是不值得用什么箴言警句来特别告诫的。说实在的,我们做思想准备反对的只是为死亡做准备的做法。哲学先吩咐我们要把死亡时时放在心上,要能预见死亡,要在死亡降临之前好好地琢磨死亡;然后它才告诉我们死亡的规律和应该采取的预防措施,以此来提防我们预见死亡和琢磨死亡时所遭到的损害。医生也正是如此,他们不惜把我们抛入病痛的折磨里,以使他们的药品和医术有用武之地。如果我们不善于生活,那么教我们如何死亡以及用各种方式结束生活中的一切便有失公正。如果我们善于生活,而且生活得安稳而平静,那么我们的死同样会安稳而平静。哲学家们爱夸口就让他去夸口吧。哲学家的一生都在准备死亡。① 而我认为死不是生活的目的,而是生活的终结。生活有它自身的目标、自身的构想,对生活的探讨就是怎样自我调整、自我引导、自我容忍。处世之道的范围内也包含了死亡之道。只要我们不给死亡之道增加恐惧的负担,这门课程将会是最轻松的一门课程。

  从单一的课程中包含的实用性和朴素真理来看,这课程并不比某些学说所鼓吹的东西更差劲,甚至可以说是恰恰相反。不同人的情趣和能力也各不相同,必须因人而宜地引导人改善自己。不论风暴将我带到何处,我都将以主人的身份上岸。② 我还从没有见过我家周围的农人考虑怎样镇定自信地迎接最后的时刻,大自然教会他只在自己的死亡的时候才想到死。与亚里士多德相比,他们更能够心甘情愿地去赴死,而亚里士多德却要承受双倍于他们的压力,这不仅是因为死亡本身,也是因为他长期以来对死亡

---

① 摘录于西塞罗的《图斯库伦辩论集》。——译者注
② 摘录于贺拉斯的《书简诗》卷一。——译者注

的预见。因此凯撒会认为：最意想不到的死亡是最幸福最无负担的死亡。在痛苦来临之前就已感到痛苦的人，在痛苦到来时会感到更痛苦。① 对死亡的胡思乱想之所以有如此大的力量，实在应归功于我们的好奇心。我们总是自己与自己过不去，总妄想着超越自然规律并想操纵自然规律。其实只有医生才应该在年富力强时为此类冥想而紧皱眉头，并且一想到死亡就茶饭不香。一般人只在死亡逼近时才需要医治和安慰，他们对死亡重视的程度正与他们感觉到的程度成正比。我们不是说凡夫俗子的愚钝和无知使他们具备很强的痛苦承受力和对未来不幸的极度麻木，因为他生性拙劣，反应迟钝，对这类事情不够敏感，因此也不会为此而痛苦不已。要真是这样，那么为了上帝，以后我们就拜愚钝为师吧！这正是科学知识引导我们取得的特殊成果。

  我们不缺乏优秀的教师，他们是纯朴自然的表述者，苏格拉底就是其中的一个，他对掌握他生死大权的法官们的讲话就是这样②："先生们，如果我请求你们不要判我死罪，我怕会自投罗网，撞在原告起诉书的矛头上去。起诉书说我比别人更会假充内行，显出对各种事物都更深一层了解的样子。而我知道我既不曾经常见到死亡，也认不出死亡，也不曾见谁为教育我对死亡的认识而去查验死亡的各种性质。害怕死亡的人必须首先了解死亡。至于我，我既不知道死亡为何物，也不知道另外那个世界为何种世界。死亡或许是一件无所谓的事，或许是一件令人神往的事。（不过，倘若死亡意味着由一个世界迁居到另一个世界，那倒要相信，去和众多过世的伟人一起生活，同时避免与众多不公正的腐败法官打

---

  ① 摘录于塞涅卡的《书简九十五》。——译者注
  ② 以下这一段是作者对《苏格拉底的辩护词》中一些章节的概括。——译者注

交道,一定会使生活得以改善。倘若死亡意味着生命的终结,那么,进入宁静的漫漫长夜仍可说是一种改善,我们活着的时候从未经历过比宁静深沉的睡眠更美妙的事。)我一直注意避开我所知道的所有坏事,诸如损害他人,不服从上司(人或神)。是好是坏我不清楚的事,我是不会惧怕的。如果我去死而将你们留在世上,那么只有诸神知道是你们还是我将有所改善。正因为这些,有关我的事你们喜欢怎样处理就怎样处理。不过,根据我劝人办事要公正有益的处世之道,我要强调,如果你们在我的案子上看得不如我远,那么为了你们的良心,请你们最好远远地离开我。我希望在判决时请你们考虑我以前处理的公私事务,考虑我本人的意愿,考虑众多青年和老人每天从我的讲话中得到的收益,以及我为你们所有的人办事的成果,你们其实只有安排我由雅典议院常务会公费赡养(我实在很穷),才会使你们对我的功劳欠下的义务有所减轻。我常常看见你们公费赡养别人,其理由并不充分……出于习惯,我不曾向你们哀告并恳请你们的同情,你们可别把我的这种态度看成是顽固或是对你们的蔑视。我有朋友和亲人(如同荷马所说的那样,我和别人一样,并非是从木头或石头中蹦出来的),他们都会带着眼泪和哀容出现,我的三个泪流满面的儿女,他们的眼泪也可以得到你们的同情。然而,我这样的年纪,又以智慧过人闻名天下而招致控告,倘若做出这样怯懦的行动,那就会丢我们城市的脸,以后别人将会怎样评说我们雅典人呢?我经常告诫听过我演讲的人不要靠无耻行径挽救自己的性命。在我国历次战争中,不论是在安菲波利、波提德、伍德里,还是其他我待过的地方,我都表达了我对靠耻辱来保全自己的行为是多么不屑一顾。还有,我要敦促你们注意自己的义务,注意丑恶之事,因为说服你们不是靠乞求,而是靠正义提出的正确充足的理由。你们曾对诸神发誓要坚持下去,好像是我怀疑你们、谴责你们、不相信诸神的存在似的。而我自己却要承认我对诸神的不信任(虽然我应当相信他们),因为我怀疑不愿把我的事完全交托给他们。我完全相信诸神的存在,而且可以肯定地说,诸神是根据是否于你们和我更合适,来确定对此事的态度的。好人不论活还是死都无须害怕诸神。"

这不是一篇干脆明了的辩护词吗?既正确又通俗,其中的高傲令人难以想象,却又真实坦率,有情有理,超过所有同类的辩护词,而且这又是在怎样的情况下讲的呀!苏格拉底宁愿用他这一篇而不用大演说家利希亚斯为他专门撰写的那一篇辩护词。① 利希亚斯的那篇辩护词尽管很符合法庭辩护词的风格,却不配为如此高尚的被告辩护。苏格拉底的取舍是很有道理的。大家可曾听到苏格拉底的嘴里发出过苦苦哀求的声音?那样高尚的德操难道会在它淋漓尽致地充分表现时突然停止?以他丰富刚强的个性难道他会将自己性命攸关的事托付给雄辩术?在他受到最严酷的考验时,难道他会抛弃他演说中的朴素真理而去用一篇满是修辞和虚构的学究式演讲来为自己装饰?难道他不想延迟自己衰弱的生命而去败坏不可败坏的生活内涵和人类生存方式的圣洁形象,从而放弃自己一生的光辉?他的选择正如他自己认为的那样是十分明智的。他活了一生并不感激自己,而是感激世间的典范,如他无所作为地卑贱地结束这样的一生,那难道不是众人的遗憾吗?

的确,他对自己的死所表现出的从容和豁达理应得到后人的格外尊重——后人也正是如此。为了正义命运对他大加推崇,为此还让大家做了再也正确不过的事:雅典人对控告苏格拉底的人

---

① 此处来源于狄奥热纳·拉尔斯的《苏格拉底生平》和西塞罗的《论演说家》。利希亚斯是古希腊演说家,善写辩护词。——译者注

恨得咬牙切齿,他们像躲避瘟疫一样躲避那些人,那些人摸过的东西都被看作是污染;在浴室里没有人愿和他们一块洗澡;平时谁也不向他们打招呼问好,也没有人愿与他们往来。终于,他们无法忍受公众的敌视而上吊了。

倘若有谁认为,我在谈到苏格拉底的演讲时,可供我挑选的例子很多,而我却不恰当地选择了以上那部分;倘若此人判断苏格拉底这篇演讲被抬高了,抬高到了高出普遍的看法,那可是我有意而为。因为我的判断与众不同,我认为这篇演讲在层次结构和情理方面都远远低于普遍的看法:它以毫不造作的勇气和天真的平静再现了纯正的原始感受和天然的无知。因为有一点是确信的:我们天生怕痛,而不怕死;不怕死的原因就在于死亡本身。死是人的一部分,和生一样是必不可少的一部分。大自然可能促使我们互相仇恨、互相敌视,其目的何在?原来在大自然创造物的延续、更替中仇恨是十分有用的,在这万有世界里,仇恨与其说意味着破坏和消灭,不如说意味着出生和增长。

　　　　事物便如此新陈代谢。①
　　　　一死得千生。②

一个生命的消亡可以使千百个生命得以新生。大自然让牲畜们懂得了怎样照料自己、保护自己。这些牲畜害怕互相争斗,互相残害,害怕我们用链条拴住它们、打它们,它们的感官和经验告诉它们那都是不幸。然而它们却不会害怕我们对它们的宰杀,也不会思考死亡,更不会对死亡做出结论。为此人们甚至说,牲畜们对死亡不仅感到快乐(马多数会在嘶鸣中死亡,天鹅则歌唱着死亡),

---

① 原文为拉丁语,作者吕克莱斯。——译者注
② 原文为拉丁语,作者奥维德。——译者注

而且有的牲畜还会出于某种需要去寻找死亡,大象就会如此。

此外,苏格拉底作自我辩护时提出论据的方式也是既朴实又猛烈,使人不得不赞叹。的确,像亚里士多德那样说话,像凯撒那样生活,比像苏格拉底那样说话和生活容易得多。这里存在着最大限度完善自我的问题——技巧是毫不济事的。我们却并没有按照正确的方式训练我们的才能。我们的才能既没有得到锻炼,也没有得到我们的认识。我们使用别人的才能却把自己的才能扔在一边。

有人或许会说我在这里只搬来了一堆外国的花,属于自己的东西不过是捆花的带子。确实,我向舆论界说过,说那些外来的装饰品适用于我,但我的话并不是指那些饰物遮没了我,我的初衷正好与之相反,我只想表现自己的东西,而且是自己天然的东西。如果我很自信,我会全部用自己的话说。但本世纪的变幻风云和他人的激励使我只能这样做,而且日甚一日,与我个人的决心和原先的思维方法越来越远。如果说这与我并不相宜(我确信如此),那也无妨,因为总可以适宜于其他什么人。某人从没有看过柏拉图和荷马的作品却能援引这些作品,而我有相当多的引证并非出自原作。① 这并不困难,也无须多能干,因为有千卷著作在此为我的写作提供参考。此刻,如我喜欢的话,我尽可以从一大堆废话连篇的作品(这些作品平时我是不翻阅的)里引用一些东西来重新装饰一篇《相貌谈》。只要引用某德国作者写的卷首诗就足以使我的作品里塞满引语,以此便可达到欺世盗名的目的。

很多人研究的课题只是些陈词滥调的大杂烩,除了有助于自

---

① 作者援引的大师语录很多是出自他同时期的评论家和编纂家的作品,尤其是茹斯特·李普斯的作品。——译者注

我卖弄以外,它不能给我们任何帮助,成为知识的滑稽产品。苏格拉底曾十分有趣地批评《厄提登》①以反对那些东西。我曾听说有人用他从未研究过、甚至从未听说过的东西写书,作者把要研究的各种课题交付给他各种各样的学者朋友,他自己只管计划,最后投机取巧地编纂出一捆自己也知道的废话——这大概只有纸和墨水是属于他的吧!凭良心说,那只是买书、借书,而不是著书。那等于是向人告白:人是不会写书的(当然他们可以对此表示反对)。有一位法院院长向我夸口说他亲自写的一份判决书上有两百来处外来引语。他向每个人都做此宣传,使他得到的恭维也黯然失色。照我看,这真是荒谬的吹嘘。在大量的外来引语中,我很高兴能窃得其中的一部分,并将它们乔装打扮,让它们改头换面,从而使它们发挥新的作用。我曾对人说,由于不知道它们的原始用处,我便增加更多的灵活性以为我所用,从而减少它们的外来意义。而有些人却喜欢炫耀他们的抄袭行为,并将其记入账下,他们比我倒是更相信法律。我们这些大自然的学生,总相信创造比引证更为荣誉。

如果我想凭知识说话,我能说得更早②,能在学生时代结束不久后就写作,那时我的智力和记忆力都超过现在,如果我愿意以写作为业,我当然更寄希望于那个年龄的精力而不是现在的精力。进一步讲,通过作品我就可能在更美好的年龄阶段得到命运的垂爱。我的两位熟人(两位都是知识渊博的大人物),拒绝在四十岁发表作品,而要等到六十岁,依我的看法,这会使他们的一半损失掉。成熟和年轻气盛同样有自己的缺陷,而且可能更坏些。老年

---

① 《厄提登》为柏拉图所著,厄提登为人名。——译者注
② 作者将近四十岁才开始写作。——译者注

人既不适应这种性质的工作，也不适应其他什么工作。谁要是想表达自己并不郁郁寡欢或昏昏欲睡的心情，而又将其托付于衰老，那真可以说是在发疯。人在衰老时，其思想也是闭塞衰朽的。我在谈及无知时，讲得既庄重又充分，而在谈及知识时却说得捉襟见肘；对无知的谈论是特意的、主要的，对知识的谈论是偶尔的、附带性的。除了论述虚无，我什么都不论述，除了论述无知的知识，我什么知识都不论述。我选择的写作时间正是我要让我的生命全部展现出来的时候，我生命中剩下的只是些更靠近死亡的东西。就我的死亡来说，如果我碰到它时它像其他人一样爱唠唠叨叨的话，我走时自然还会向大家提出忠告。

苏格拉底所有的品质都高尚完美得可称作为最好的典范，而他的体形外貌却让人大为扫兴。人们说，他的体形外貌与他的心灵真有天上人间之别，可他本人对美却是情有独钟——大自然对他确实不公平。本来形神互为结合、互为衬托要比其他东西都更具可能性，西塞罗就说：灵魂安置于怎样的身体对灵魂是至关重要的，因为身体的许多种功能会使心灵敏锐。① 其实西塞罗谈到的是反常的畸形的身体，然而我们却把脸上不大讨人喜欢的东西叫作丑陋，而且不讨人喜欢的原因又常常是微不足道的，如脸色、雀斑、粗鲁表情等。人丑而心灵极美的拉波埃提的所谓丑陋就属于这一类。这种表面上的丑陋看似十分严重，对人精神的损害却很小，而且不能作为评判人的依据。另一种丑陋，则是实质性的丑陋，其更确切的名称应叫作畸形，这种丑陋或畸形往往会给人带来严重的影响。显示脚形的并不是那些漂亮的皮鞋，而是鞋形好的鞋。

---

① 摘录于西塞罗的《图斯库伦辩论集》。——译者注

苏格拉底在谈到自己的丑陋时说,假如他不是人为地矫正他的丑陋,他的丑陋一定会在他的心灵上准确地显现出来。① 但我认为,根据他的习惯,他这是在开玩笑。美好心灵不是天生的。

我不可能总是说我如何重视美,这种既有利又有影响的品质。坎特·库尔斯把美称作是短期的霸道,柏拉图则把它看作是自然的特权。② 世上没有什么东西的声望能超过美。美在人们的生活中占了首要位置;美可以先声夺人,以其极大的威力和给人的绝好印象引诱我们,从而干扰我们的判断力。弗里内③倘若不曾撩起她的裙衩用她鲜见的美丽诱惑法官,她就会败诉于一位优秀的律师。居鲁士、亚历山大和凯撒这三位世界的统治者在建立他们伟大事业的同时,也没有忘记美。大西庇奥④也是如此。美和善在希腊文中是同一个词,人们通常把他认为美的人叫作好人。一首被柏拉图称为家喻户晓的歌⑤对人类财富排列的顺序是:健康、美丽、财富。我当然同意那样的排列。亚里士多德认为,指挥的权利属于俊美的人⑥,当某些人接近诸神雕塑般的俊美时,他们同样可以获得人们的敬仰之情。亚里士多德在回答有人问他为什么人们与俊美的人往来更频繁而且时间更长时说:这个问题只应由盲人提出。⑦大多数哲人,甚至最伟大的哲人都用他们的俊美交学费而获得智慧。

---

① 来自西塞罗的《图斯库伦辩论集》。——译者注
②⑦ 来自狄奥热纳·拉尔斯的《亚里士多德生平》。——译者注
③ 弗里内为古希腊的名妓,曾出资重建被马其顿王亚历山大摧毁的底比斯城。这些来源于坎提利安的《演讲法规》卷二。——译者注
④ 指西庇奥·阿非利加(公元前236? —前184),罗马军事指挥官,以在第二次布匿战争中获胜而知名。——译者注
⑤ 来源于柏拉图的《戈尔加斯》。——译者注
⑥ 来源于《政治》卷一。——译者注

不仅对侍候我的仆人,对动物也一样,我总认为他(它)们的美和善十分相近。据我认为,脸部的线条、表情和轮廓等都能有助于推断某些内在的气质和未来的命运。它们似乎并不直接也不单纯属于美和丑的范畴,正如香味和新鲜空气不一定都能使人健康,瘟疫流行期间的恶浊空气也不一定都能传染病毒一样。认为女人越是美貌品行就越糟糕的说法也不一定有道理,因为一张并不十分端正的脸也可能有正直忠勇的神情。相反,我有时在美丽的面庞中却看到了令人讨厌的奸诈和残忍。也有些相貌确实能使人产生好感,如在许多获胜的敌人中间,你可能会马上选出其中的一个向他交付自己的生命,不过你选择的依据并不一定只是对方的外表的美与丑。

外貌是并不准确的依据,不过外貌仍有其重要性。假如我要谴责恶人的话,那么我谴责得最厉害的将是那些外表厚道而内心狡诈的人。我们见到有些人显出福相,另一些人又似乎是薄命相。我认为有某种技巧可以区别人的各种相类似的品质,诸如敦厚和愚钝,严厉和粗鲁,狡猾和机敏,高傲和阴险,等等。有些美女不仅高傲,而且尖刻,而有些美女则是既温和又耐看。至于通过相貌推测人今后的命运,则留待我今后来解决。

正如我在别处所讲,我是从我出发直截了当地援引这句古老格言的:我们不能疏于对大自然的追随,最灵验的格言是"顺其自然"。我没能像苏格拉底那样以理性的力量来改变自己的天生气质,也没有人为地搅乱我的爱好。我向来不与什么事物过不去,总是抱着既来之则安之的态度。我家两间正房和平相处,互不干扰,不过,感谢上帝,我吃的牛奶倒还可以,水掺得还不多。

我是否应该顺便讲讲,某些洁身自好的经院式形象的比喻,本来只在我们狭窄的范围内有用,如今却被捧得很高,远远高出了它原有的价值,而且在希望和惧怕下竟变成了格言?我之所以喜欢这些比喻,并不是因为它是法律和宗教所创选,而是因为它为法律和宗教所完善,所核准。它无须帮助便能自己站稳脚跟,因为它能给所有正常人传播普遍理性,从而在大家身上扎根生长。这种普遍理性弥补了苏格拉底的不足之处,使他服从那些发号施令的人和神,也使他临危不惧。他如此作为并不是因为他灵魂不死,实在是因为他是个必死的人。所谓人无须修身养性、只需信仰宗教便能取悦于神之类的告诫,对一切秩序和一切政府都具有毁灭性,是损害有余而巧妙机智不足。在虔诚和良知之间,我们看到的差距是极大的。

我还要说,不论外貌还是言谈举止,我都能给人以好感——

> 我说些什么?我有!
> 我应该说"我曾有过",克列梅斯!①
> 如今你只能看见我,
> 一个瘦骨嶙峋的人。②

我的外貌举止与苏格拉底的外貌举止完全不一样。我常常会遇到这样的情况:一些与我素不相识的人仅仅因为我的外表和风度,便会在他们和我的事务中表现出对我的万分的信任;在国外我也因此而获得过奇特、罕见的优待。下面这两件事或许值得我大书特书。

某某先生搞突然袭击前来拜访我家和我个人。他采取的伎俩是先只身来到我家门口急切地敲门,我久闻其名,也有理由像相信邻居而不是盟友那样相信他,便命人给他开了门。他一进门便惊

---

① 摘自于特伦克的拉丁文喜剧《自我惩处者》第一幕,第一场。——译者注
② 摘自于高卢的拉丁文戏剧。——译者注

慌不已,他骑的马也气喘吁吁,疲惫不堪。他对我编了一通离奇的话,说他刚才在离我家半里路左右的地方遇到了他的宿敌,这人我也认识,也听说过他们之间的争吵。他说这仇人对他紧追不舍,而他根本就没有防备,在人数上也处于劣势,因此只能到我家来避难。他还表现出为自己的随行人员焦虑不安,担心他们被打死或被俘虏。我傻乎乎的,竟对他好言安慰并请他在我家休息。过一会儿,他手下的四五个兵丁来了,与他一样的惊恐神情,走进我家的大门。随后又接二连三地来了几批,都是全副武装,而且装备精良,最后人数竟然有近三十人,并且一个个装出被敌人追赶的样子。这情景终于引起了我的怀疑,我知道我所生活的时代,也知道我家会遭到人怎样的妒忌,而我的熟人中遭此不幸的也大有人在。这时我已感到,我如果终止对他们业已开始的讨好,那反而会坏事,甚至会弄得鸡飞蛋打。于是我索性就听其自然,便照惯例——让他们进门——实际上我也天生不好怀疑而好宽厚待人,我招待全按规矩,并相信这种待人处世方法正常合理。我这样做,既不是为什么威力所逼,也不是受什么魔鬼和奇迹的胁迫。我既为人,便自然乐于顺从命运,并不顾一切地将自己交给命运。因此直到现在我都可以理直气壮地为自己庆幸,从不抱怨自己。我认为命运比我自己的考虑更加周密,更有利于我的发展。我一生中有些行为既可以被人准确地称作为挑剔行为,也可叫作聪明行为(如果有谁愿意的话),做这些行为三分之一靠自己,三分之二靠命运。人不愿完全顺应自然,人对自己的行为总是抱着不切合实际的要求,这几乎是人类的通病,也正因为这样,人才经常出现错误的意图。我们过分扩大人类智慧的权利范畴,老天对此一定十分嫉恨,认为这有损于它的权利,因此我们扩大多少,它便缩小多少。

那些全副武装的兵丁骑着马在我的院子里等着,他们的首领则在大厅里和我在一起。首领一直不让别人把马牵进马厩，声称他一旦得到所有手下人的消息便马上离开。他眼看着自己已能进行这次行动，而且可以立刻下手……事后他常说（他是不怕把事情张扬开去的），是我的面容和我的坦诚迫使他的拳头背叛了他。他又跨上了马，重又出了大门。他的那些兵丁本来一直盯着他，只要他稍有示意，他们马上就会行动。当他们看见他放弃了即将到手的胜利时，可真是大吃一惊。

还有一次，我对各路军队公布的什么停火协定信以为真，便在旅行中经过一些极危险的地带。我并没有发现当时有三四支人马从各不相同的地点出发追赶我。其中的一支在第三天追上了我。将近二十个蒙面贵族子弟开枪向我袭击，他们的身后还有一大批弓箭手。我被俘了，投降了。他们把我带进附近一片森林的深处，夺走了我的坐骑和银箱，我的行李被翻了个遍，马匹和随从都分给了新的主人。我和他们在丛林中为我的赎金问题争吵不休，他们对我的估价是如此之高，可见他们并不认识我。后来，他们又为我的生死问题激烈争吵起来——我已遇到多起危及我生命的类似情况了。

> 正是这时你需要勇气，伊尼，
> 正是这时你必须信心百倍。①

我以停战为由一直没有答应他们什么赎金，而只把他们从我行李中获得的价值不薄的物品留给他们。这样在林中待了两三个小时以后，他们便让我骑上一匹使我逃走不了的马，并命十五至二十个火枪手押送我上路，我的仆人则分散交给其他火枪手。火枪

---

① 原文为拉丁语，作者维吉尔。——译者注

手们奉命将我们这些俘虏押上不同的道路。当我被带出两三个射程远的地方，他们那边突然发生了出人意料的变化。只见他们的首领来到我身边，说话的口气也一下子变得温和了。他焦急地去队伍里寻找我那些已被分散了的衣服物品，找到多少就还给我多少，连银箱也找回来了。当然他们送我的最好礼物是把自由还给了我，对其余的东西我倒无所谓。那看不出任何明显动机的全新变化和那奇特的幡然醒悟竟然发生在那样的时刻，而且还是在深思熟虑的慎重的协商之后（在一般情况下，这种协商应变为正义之举，而我一到就向他们承认我是站在哪一方的）发生的，这其中的真实原因我直到现在也不明白。他们中那位最显眼的还摘掉了面具并把姓名告诉了我。他再三对我说，我应该把我的解救归功于我的相貌，归功于我言谈举止的洒脱和语气的坚定，我这些特点使他们认为我不该遭受那样的不幸。他让我放心，说不会再有类似的事发生了。可能是神出于慈悲而利用这无聊的东西来保全我吧。大慈大悲的神还庇护我在第二天没有遭到更凶险的伏击（那些人已把埋伏的事告诉了我）。前面所说的一位不久前已经被杀，后面提到的一位则还在，还可以胡吹。

假如没有我的相貌为我担保，假如人们从我的眼睛与声音里看不出听不出我的纯朴，我就不可能这么长时间不与人争吵或受人侵害，也不可能这么无所顾忌想到什么就说什么，也不可能大胆地评判事物。这种行为方式完全有理由被认为不文明，不适合我们的习惯，但我却从未见到有人认为它具有污辱性和恶意，也未见到有人对我的无拘无束感到恼恨——只要他亲耳听到我说的话。复述的话，犹如另一种声音，会有另外的含义。因此，我不恨任何人，何况我特别缺乏冒犯他人的决心，单为了听从理智盼咐我就不会去冒犯什么人。在我有机会参加判决时，我多半是缺席的。我但愿大家都别犯错误,因为我没有足够的勇气去惩治他们。① 据说,有人曾指责亚里士多德,说他对某个恶人太心慈手软。实际上,亚里士多德说,我不是对恶,而是对人心慈手软。② 出于对恶行的仇恨,一般审判都因复仇的要求而使情绪激化。就这一点便使我消减了对审判的热情,憎恨第一次凶杀使我也憎恨第二次凶杀;憎恶一次残忍行为使我憎恶一切残忍行为的翻版。我只是一张不值钱的草花纸牌,大家可以对我运用对斯巴达王查理卢斯用过的原则:他不可能善,因为恶人不以他为恶。③ 或者也可以这样说(因为普鲁塔克对善恶,犹如对其他许多事物一样,是以不同的甚至相反的方式描述的):他必定善,因为连恶人都以他为善。④ 对不喜欢合法行为的人,我不为合法行为尽力;同样,对认可非法行为的人,说真的,我也不会为非法行为尽心尽力。

(周蓉蓉 玉 清 译)

---

① 原是底特·里沃《历史》卷二十九中的引语。——译者注
② 来源于狄奥热纳·拉尔斯《亚里士多德生平》。——译者注
③ 来源于普鲁塔克的《论忌妒和仇恨》。——译者注
④ 来源于普鲁塔克的《吕库古斯生平》。——译者注